大学受験　高速マスター（一問一答）シリーズ

漢文一問一答【完全版】

東進ハイスクール・東進衛星予備校　講師

三《み》羽《わ》邦《くに》美《み》

東進ブックス

まえがき

要領よく正攻法の勉強を！

漢文は、実は、中身もなかなかためになるし、返り点を返って読むなんていうやり方も、面白いと思えば面白い科目なのですが、漢字ばかりの堅苦しさゆえに、敬遠されがちな科目でもあります。

勉強というのは、漢文に限らず、どんな科目でもそうですが、「わかる」ようになったり、「できる」ようになったりするまでには、つらくても我慢して努力しなければならない段階があります。

そのときに大事なのは、**安易な方法はないが、要領のいいやり方はある**ということです。時間も無限にあるわけではなく、根気も限度がある以上、できるだけ効果的に勉強することは、大切なことです。

この「一問一答」は、それを第一のコンセプトとして企画しました。中身はあくまで正攻法の手順ですが、これが、どんな奇抜な方法論よりも、最も要領のよい、真っ当なやり方なのです。

ポイントに気づく知識を身につけよ！

漢文は、**「知識」の土台**が必要な科目です。問題の演習の段階に入るためには、土台になる知識を身につけなくてはなりません。

その点は、古文の勉強も同じで、古典文法や古文単語や古典常識や文学史などの勉強をするはずです。

ところが、漢文の場合、そのやらなければならない勉強の分量、身につけなければならない知識の分量が、古文に比べて非常に少ないのです。それでいて、共通テストなどでは、古文も漢文も五十点ですから、漢文は、少ない労力で得点源になりやすい科目だと言っていいでしょう。

漢文の問題は、出題者の側に「漢文であまり深い問題を出すのは厳しいだろう」という手加減の意識があります。そのため、ついつい、使役形の読み方とか、反語形の解釈とか、何をきいているかのポイントが見えやすい問題を出しがちです。

要は、そこに気づくことが大切なのです。

漢文の勉強はとにかく「句法」だ！

返り点をたどって読める「**訓読**」の力は、受験レベルとしては前提としておきますが、大事なのはスピーディーに訓読できることです。

訓読して「読めた」内容が「わかる」のが「**読解力**」です。読解力のもとになるのが「**句法**」の知識で、漢文の受験勉強はとにかく「句法」です。

例えば、次のような、送りがなのない傍線部を書き下し文にせよという問題があったとします。

王使㆓管仲事㆒。

これを見たときに、すぐに、あ、これは、「…をして…しむ」と読む使役の公式だと気づかなければいけません。「使」が「しむ」ですが、直下の名詞、ここでは人名の「管仲」に「ヲシテ」という送りがなが必要だということは、考えてわかるものではありません。

そして「事」から「しむ」へ返るのですが、ここで必要なのは、「事」は「つかふ（＝仕える）」と読む動詞だという「**漢字**」の知識と、「つかふ」は八行下二段活用で、「しむ」へ返るには未然形にしなければならないという「**古典文法**」の知識です。

答は、「王管仲《わうくわんちゆう》をして事《つか》へしむ」です。

どうでしょうか？

「**句法**」「**漢字力**」「**古典文法**」が、漢文の力の三本の柱です。

その土台の知識をもとに、あとは、実際の入試問題ではどんな問題が出るのかを練習することが、もちろん大切です。実戦的な問題練習の量をこなすことが、本番の問題を目の前にするときの自信につながります。

「**敵を知り、己れを知れば、百戦あやうからず**」です。しっかり対策を練りましょう。

この「一問一答」が、まずは土台をしっかり身につけるための、要領のよい勉強の力になってくれることを願っています。

三羽邦美

本書の使い方

HOW TO USE

第1章　第2章　第4章

SUMMARY

本書は、全４章（全22節）の漢文の問題集です。各節は「基本事項の確認」→「実戦問題」という構成になっており、効果的に学力を伸ばすことができます。
※第03節「置き字」には、実戦問題はありません。

基本事項の確認

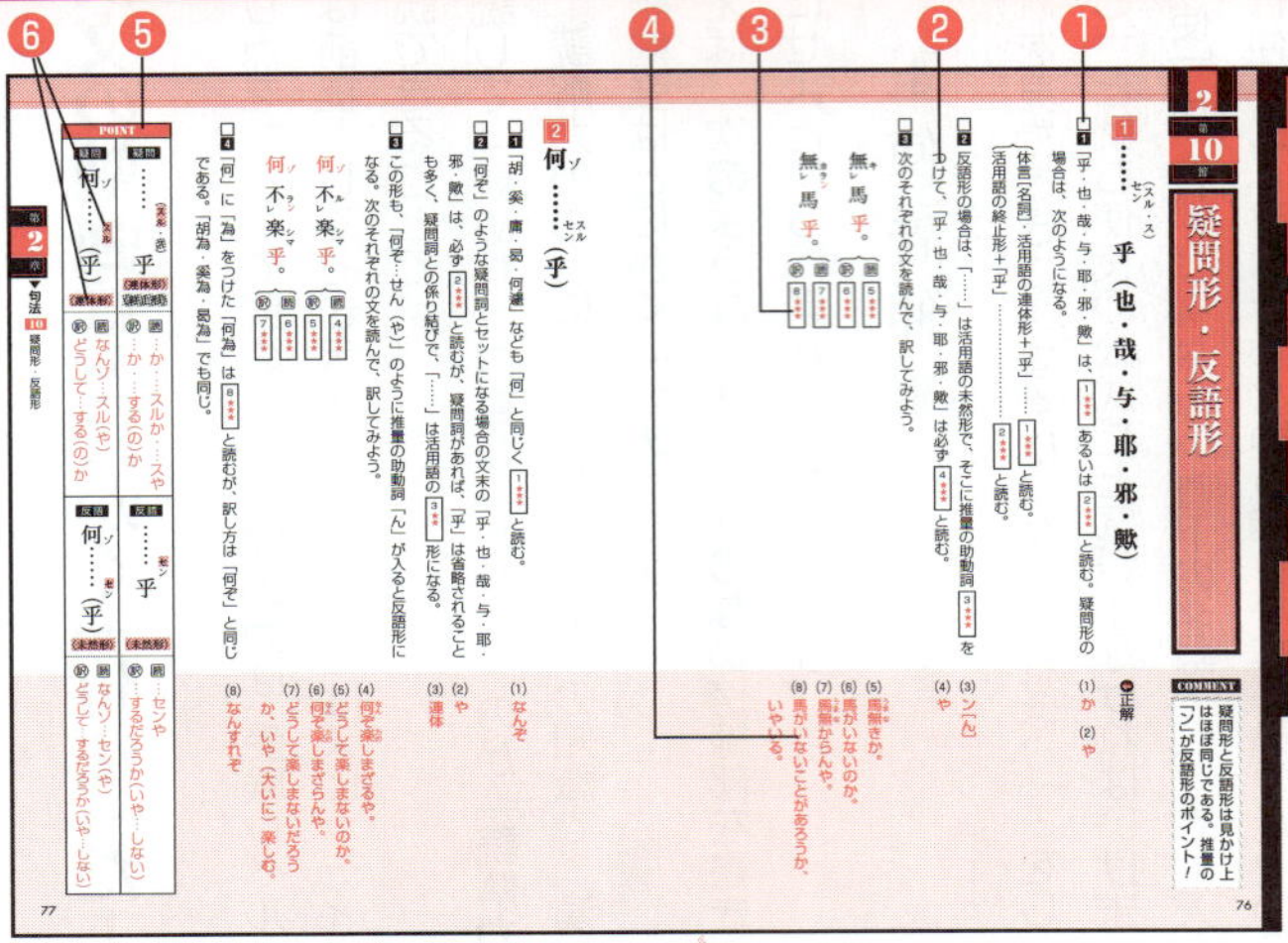

① チェックボックス

▼間違った問題にチェック✓を入れ、あとで集中的に攻略する際などに使ってください。

② 設問

▼各テーマごとに、一問一答形式の出題で、基本事項の確認ができるようになっています。

③ 空欄（＋重要度）

▼重要な知識が空欄になっています。空欄内の★印は、大学入試における重要度を3段階で表したもので、★印が多いものほど重要な知識となります。

★★★【最重要】…知っておかなければならない最重要の基礎知識。全員必修。

★★【重　要】…重要な知識。共通テストだけの生徒も、国公立大二次・私大志望の生徒も基本的に全員必修。

第3章

③

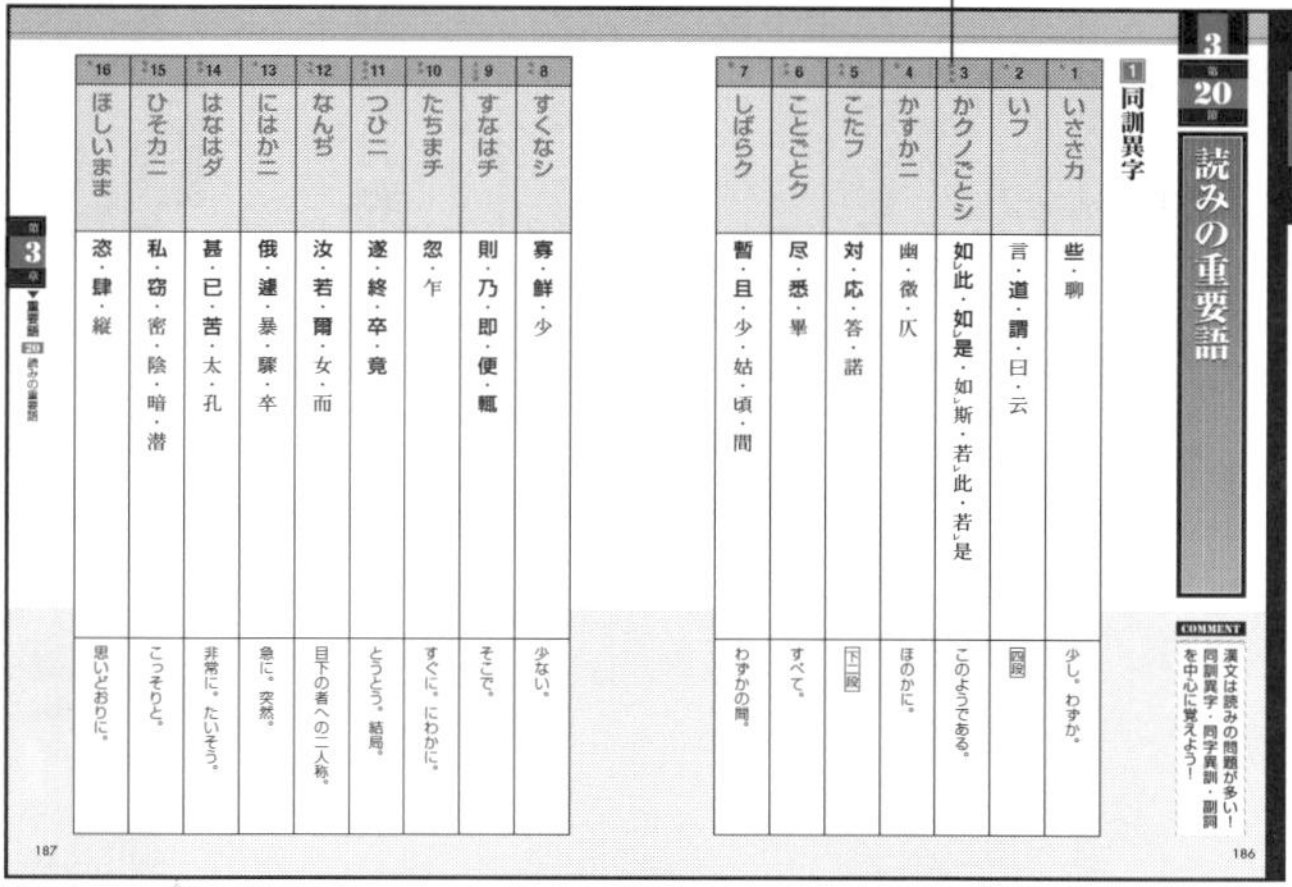
3 第20節 読みの重要語

COMMENT 漢文は読みの問題が多い！同訓異字・同字異訓・副詞を中心に覚えよう！

1 同訓異字

1	いささカ	些・聊	少し。わずか。
2	いフ	言・道・謂・曰・云	四段
3	かクノごとシ	如レ此・如レ是・如レ斯・若レ此・若レ是	このようである。
4	かすかニ	幽・微・仄	ほのかに。
5	こたフ	対・応・答・諾	下二段
6	ことごとク	尽・悉・畢	すべて。
7	しばらク	暫・且・少・姑・頃・間	わずかの間。
8	すくなシ	寡・鮮・少	少ない。
9	すなはチ	則・乃・即・便・輒	そこで。
10	たちまチ	忽・乍	すぐに。にわかに。
11	つひニ	遂・終・卒・竟	とうとう。結局。
12	なんぢ	汝・若・爾・女・而	目下の者への二人称。
13	にはかニ	俄・遽・暴・驟・卒	急に。突然。
14	はなはダ	甚・已・苦・太・孔	非常に。たいそう。
15	ひそカニ	私・窃・密・陰・暗・潜	こっそりと。
16	ほしいまま	恣・肆・縦	思いどおりに。

186

第3章 ▼重要語 20 読みの重要語

187

★【標準】…その知識（語句）そのものを設問として問われることはほとんどないが、理解しておくべきもの。

※同じ答えが入る空欄は、基本的に同じ番号（1〜9など）で表示されています。

④ **正解**

▼問題の正解です。正解は赤シートで隠し、1つ1つずらしながら解き進めることもできます。

⑤ **POINT**

▼重要な知識や句法についてまとめています。しっかり押さえましょう。

⑥ **接続**

▼活用語に接続する場合、どの形に接続するかを表しています。

第3章は、重要語をまとめています。★印が表している重要度は、第1章・第2章・第4章のものと同じです。赤シートを活用しながら、読み・意味を覚えていきましょう。

実戦問題

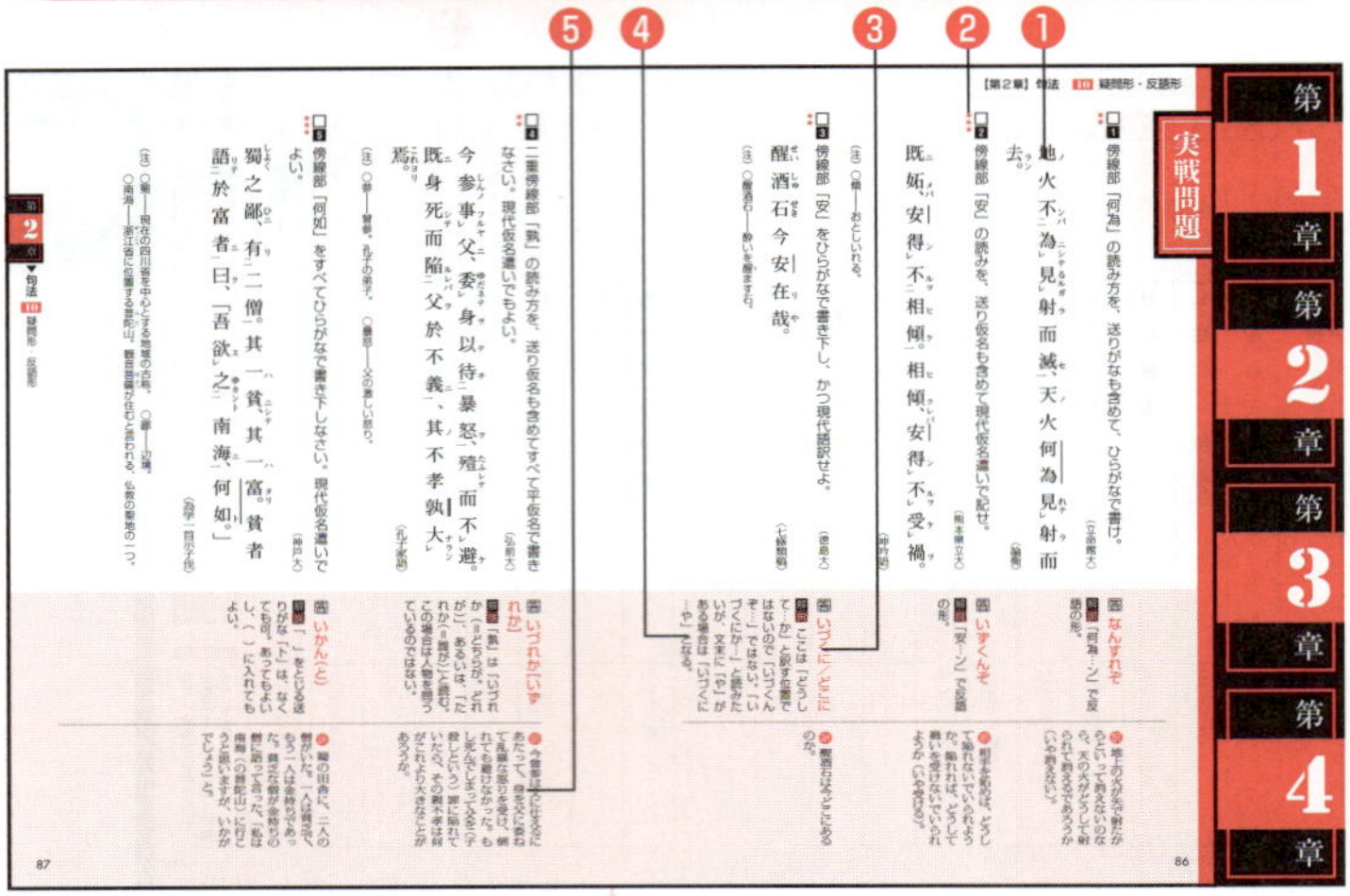

①問題文

▼膨大な大学入試問題をデータベース化し、各テーマに適した問題を厳選して収録。問題文はできる限りそのままの形で収録していますが、抜粋時の都合や解きやすさを考えて改編したり、読みがなを付したところもあります。問題文のあとには出題された大学名が表示されています。

②★印（重要度＋頻出度）

▼実戦問題のチェックボックス横の★印は、このような形式の問題が出題される頻出度を表しています。

★★★【基本】…全員必修の頻出出題形式。

★★【標準】…共通テストだけの生徒も、国公立大二次・私大志望の生徒も基本的に全員必修。

★【難関】…国公立大二次レベル。

③答

▼問題の正解です。正解は赤シートで隠し、1つ1つずらしながら解き進めることもできます。

■本書の学習方法■

▼「基本事項の確認」で重要な知識を押さえ、「実戦問題」で実際の入試で問われる形式に慣れていきましょう。

① 基本事項の確認

＝知識の土台を固める！

▼空欄補充形式の一問一答で、重要項目を押さえながら理解を進めることができます。左ページの「POINT」は重要情報が整理されています。復習に活用し、効果的な学習を進めましょう。

② 実戦問題

＝実戦で量をこなす！ よく出る形式に慣れる！

▼実際の大学入試問題から良問を厳選して収録しています。「基本事項の確認」で学習したことを思い出しながら、問題を解いていきましょう。実際の入試で問われる形式に慣れ、実戦力を高めましょう。その後、自分が受験する大学の過去問で、制限時間内に解く練習に進みましょう。

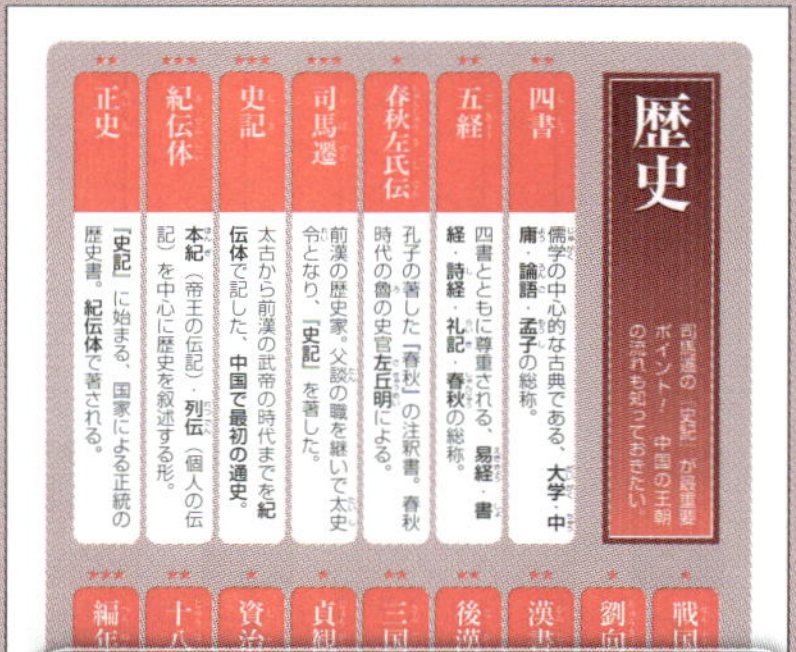

第１章・第２章・第３章の最後に、それぞれ「歴史」「思想史」「文学史」について、重要項目をまとめています。自分が受験する大学・学部の過去問を見て、必要であれば覚えましょう。

★印は、「基本事項の確認」と同じく、「重要度」を表しています。

④ 解説

▼解法や着眼点を説明しています。

⑤ 訳

▼問題の漢文の訳です。現代語訳の問題で答に訳がある場合は、その部分を——で表しています。

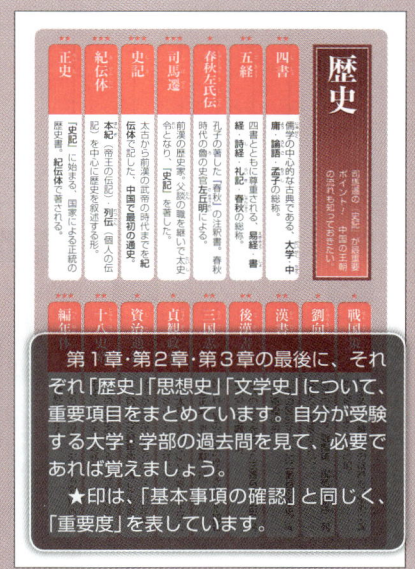

目次

CONTENTS

第1章 CHAPTER

訓読《くんどく》

PARAGRAPH

1

第01節

返り点

1 レ点《れてん》

□1 左下に「レ点」があった場合、その「レ点」をはさんでいる下の字を先に読み、「レ点」に従って［1 ★★★］字上の字に返って読む。

□2 次の例文を読んでみよう。

我登ル㆑山ニ。［2 ★★★］

我不ず㆑登ラ㆑山ニ。［3 ★★★］

我登リ㆑山ニ下《くだ》ル㆑山ヲ。［4 ★★★］

2 一二点《いちにてん》・一二三点《いちにさんてん》

□1 「一二点」は、［1 ★★★］字以上隔てた上の字へ返る場合に用いる。

□2 左下に「二」点があった場合、その字はとばして、左下に「一」点のついている字まで読み終えてから、左下に「二」点のある字に返って読む。次の例文を

COMMENT

返り点の返り方・付け方は漢文学習の基本中の基本！しっかり練習しよう！

正解

(1) 一

(2) 我山《われやま》に登《のぼ》る。

(3) 我山《われやま》に登《のぼ》らず。

(4) 我山《われやま》に登《のぼ》り山《やま》を下《くだ》る。

(1) 二

読んでみよう。

我登ル二富士山ニ一。　2 ★★★

尽クシテ二人事ヲ一待ツ二天命ヲ一。　3 ★★★

□**3** 「一二三点」は、「一」点と「二」点の間と同じように、「二」点と「三」点の間も 4 ★★★ 字以上隔てて返る。「四」点まであっても同じである。次の例文を読んでみよう。

送ル三孟浩然ノ之《ゆ》クヲ二広陵ニ一。　5 ★★★

□**4** 二字（三字の場合もあり）の熟語に返る場合は、熟語の二字の間に「-」を入れる。次の例文を読んでみよう。

吾《われ》日ニ三-省ス二吾《わ》ガ身ヲ一。　6 ★★★

POINT

レ点	レ点をはさんだ下の字から、一字上の字へ返る。
一二点・一二三点	二字以上隔てた上の字へ返る。

(2) 我《われ》富士山《ふじさん》に登《のぼ》る。

(3) 人事《じんじ》を尽《つ》くして天命《てんめい》を待《ま》つ。

(4) 二

(5) 孟浩然《まうかうねん》の広陵《くわうりよう》に之《ゆ》くを送《おく》る。

(6) 吾日《われひ》に吾《わ》が身《み》を三省《さんせい》す。

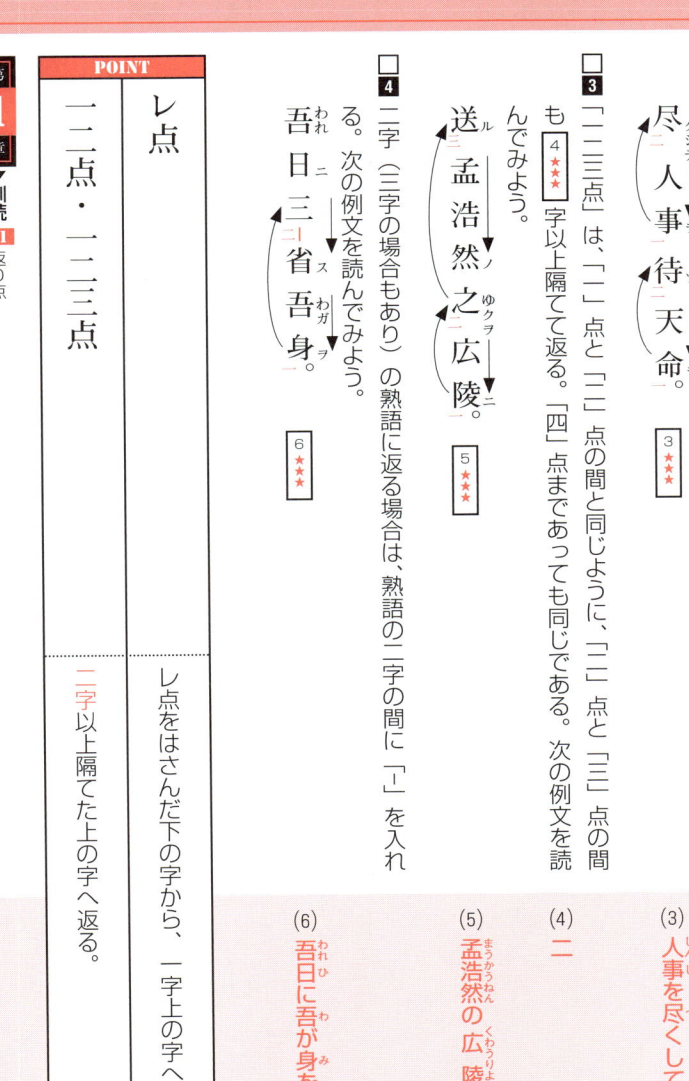

3 上下点《じょうげてん》・上中下点《じょうちゅうげてん》

□1 「上下点」は [1 ★★★] をはさんでさらに上の字へ返る場合に用いるが、下の [2 ★★★] 点から、上の [3 ★★★] 点への返り方は「一二点」と同じである。次の例文を読んでみよう。

有リ下登ル二富士山一者。上

[4 ★★★]

□2 「上中下点」は、返り方は [5 ★★★] と同じである。「上」と「中」、あるいは「中」と「下」の間に「一二点」をはさむ。次の例文を読んでみよう。

不《ず》下為《ため》ニ二児孫ノ一買ハ中美田ヲ上。

[6 ★★★]

4 甲乙点《こうおつてん》・甲乙丙丁点《こうおつへいていてん》

□1 「甲乙点」は [1 ★★★] をはさんでさらに上の字に返る場合に用いる。次の例文を読んでみよう。

欲《ほっ》ス乙得テ下有ル二才智一者ヲ上用ヒント。甲

[2 ★★]

正解

(1) 一二点
(2) 上
(3) 下
(4) 富士山《ふじさん》に登《のぼ》る者《もの》有《あ》り。
(5) 一二三点
(6) 児孫《じそん》の為《ため》に美田《びでん》を買《か》はず。

(1) 上下点
(2) 才智《さいち》有《あ》る者《もの》を得《え》て用《もち》ひんと欲《ほっ》す。

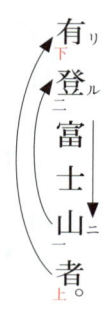

□★★2「一二三点」を用いたあと、「上中下点」では返りきれない（「一二三四点」の「四点」へのような返り方をする）場合、「上中下点」をパスして、「甲乙丙丁点」を用いることがある。次の□に読み順の数字を入れよ。

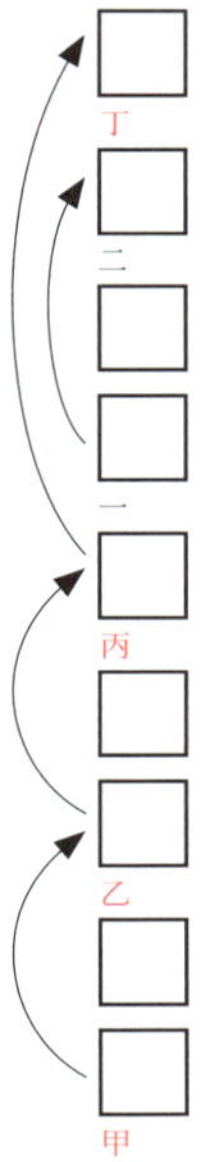

9丁 3二 1 2一 8丙 4 7乙 5 6甲

5 レ点・上レ点

□1「レ」「上レ」があった場合は、「レ点」を読んでから「二→一」「下→上」へと返る。次の例文を読んでみよう。

不《ず》二以《もつテ》レ言《ヲ》挙《あゲ》一レ人《ヲ》。

1★★★

(1) 言《げん》を以《もつ》て人《ひと》を挙《あ》げず。

POINT

上下点・上中下点	一二点を用いた句を中にはさんで、さらに上の字に返る。
甲乙点・甲乙丙丁点	上下点を用いた句を中にはさんで、さらに上の字に返る。

実戦問題

□**1** ★★★ 傍線部は「君家君と日中を期す」と訓読する。返り点を記せ。〈中京大〉

君与家君期日中。日中スレドモ不レ至ルハ、則チ是レ無レシ信。〈世説新語〉

□**2** ★★ 傍線部は「今より以来、また人を樹《う》ゑじ」と読む。返り点をつけよ。(送り仮名不要)〈都留文科大〉

陽《やう》虎《こ》、北ノカタまみエテ見二箇子一ニ曰ハク、自今以来、不復樹人矣。〈説苑〉

(注)○陽虎——魯《ろ》の家臣。晋《しん》に逃れた。　○箇子《かんし》——晋の宰相。　○樹人——人物を推挙する。

□**3** ★★★ 傍線部は「某人を除して某官と為さんと欲す」と読む。返り点をつけよ。(送りがなは不要)〈弘前大〉

趙《てう》晋《ふ》嘗テ欲除某人為某官。〈十八史略〉

(注)○除——新しい官職に就ける。

1

答 君与二家君一期二日中一。

解説 「与」が「と」と読む返読文字。「家君《かくん》」は父。「期」は約束すること。「日中」は正午。

訳 あなたは父と正午に会う約束をした。正午になっても来なかったのは、信義にもとる。

2

答 自レ今以来、不二復樹レ人矣。

解説 「自」が「より」と読む返読文字。「不」を打消意志の「じ」と読んでいる。「矣」は読まない置き字。

訳 陽虎が、北方の晋の箇子に謁見して言った、「今後、二度と人を推挙しません」と。

3

答 欲下除二某人一為中某官上。

解説 「某官《ぼうくわん》と為《な》さんと欲《ほっ》す」は「某人《ぼうじん》を除《じょ》して」の一二点をはさむ。

訳 趙晋はかつてある人物を新しい官職に就けようと思ったことがあった。

★★ **4** 傍線部は「りひとをしておのおのしふいつさうをつくらしむ」と読む。返り点をつけよ。（早稲田大）

吏令人各作楫一双。〈晋書〉

（注）○楫――船のかい。

★★ **5** 傍線部は「そのせいをそこなひせいをやぶるにおいてはひとしきなり」と読む。返り点を施せ。（山口大）

二人ナル者ハ、所㆑死スル不ルモ㆑同ジカラ、其於残生傷性均也。〈荘子〉

（注）○二人者――君子とされる伯夷《はくい》と、有名な盗賊の盗跖《とうせき》のことをさす。
○性――人の本性。

★★ **6** 傍線部は「みんぞくをろんじてくわんきふをせつするゆゑんなり」と読む。返り点を施せ。（県立広島大）

法《はふ》度《ど》者《は》、所以論民俗而節緩急也。〈淮南子〉

（注）○法度――法律。

---

4 答 吏令㆔人各作㆓楫一双㆒。

解説 「令」が「しむ」と読む返読文字。「楫」の読みが「しふ」。

訳 役人は民に命じて一人一本ずつ船のかいを作らせた。

5 答 其於㆓残㆑生傷㆑性均也。

解説 二つの「せい」は「生」と「性」、語順どおりにあてはめる。「残」が「そこなひ」、「傷」が「やぶる」、「均」が「ひとし」。

訳 二人の者は、死に場所は同じではないが、二人とも生命を損ない本性を傷つけた点では同じことである。

6 答 所㆘以論㆓民俗㆒而節㆗緩急㆖也。

解説 「所以」が「ゆゑん」。二字の熟語に返るので、間に「-」を入れる。

訳 法律とは、民衆のことを考えて緩急（ゆるめたり厳しくしたり）を調節されるべきものである。

□７ ★★ 傍線部は「汝が人をして我を知らしめしを恨むのみ」と読む。返り点と送りがなをつけよ。（山梨大）

仲曰ハク、「恨汝使人知我耳」。

〈列仙伝〉

（注）○仲――瑕《か》邱《きゅう》仲《ちゅう》という仙人。

□８ ★★ 傍線部は「おうのだいをさして、そのそくをたたしむるにいたりては、ふじんのはなはだしきものなり」と読む。返り点と送りがなをつけよ。（大阪大）

至於刺王之台、使絶其息、不仁之甚。

〈小畜集〉

（注）○王之台――蜂の王が卵を産みつける台座。　○其息――蜂の王が生んだ子の命。

□９ ★★ 傍線部は「大丈夫は当に大塊に有る所の学を集め、以て大塊に無き所の言を立つべし」と読む。返り点と送りがなをつけよ。（熊本大）

大丈夫当集大塊所有之学、以立大塊所無之言。

〈贈小林炳文〉

（注）○大丈夫――立派な男子。　○大塊――天地。

答 恨ム三汝ガ使メシヲ二人ヲシテ知ラレ我ヲ耳。

解説 「使（しむ）」の送りがなは二音目から。「耳」が「のみ」。

訳 仲は言った、「おまえが私のことを人に知らせてしまったことを恨んでいるのだ」と。

答 至リテハ下於刺シテ二王之台ヲ一、使ムルニ上レ絶タ二其ノ息ヲ一、不仁之甚シキモノナリ

解説 「於」は置き字。「之」は「の」。「はなはだし」の送りがなは「甚し」。

訳 王の台を刺して、蜂の王が生んだ子の命を断絶させるのは、甚しく思いやりのない行いである。

答 大丈夫ハ当ニシ下集メ二大塊ニ所レ有ル之学ヲ一、以テ立ツ中大塊ニ所レ無キ之言ヲ上。

解説 「当」は「まさに…べし」と読む再読文字。

訳 立派な男子たる者は当然天地（この世）にある（すべての）学問（の成果）を集めて、天地にない学説を立てるべきである。

「まさに」の送りがなは「ニ」、「べし」の送りがなは左下に「シ」。上中下点が必要になる。

□10 ★★ 傍線部は「誰か、この遠くからの要請に応じて、日本国に向かい教えを伝えるものはいないか」という意味である。返り点をつけよ。送り仮名は不要。 （早稲田大）

今我ガ同法ノ衆ノ中、誰有応此遠請向日本国伝法者乎。

〈唐大和上東征伝〉

答 誰有下応二此遠請一向二日本国一伝レ法者上乎。

解説 字の読み順は「誰→此→遠→請→応→日→本→国→向→法→伝→者→有→乎」となり、読み方は「誰《たれ》か此《こ》の遠《ゑん》請《せい》に応じて日本国に向かひ法《はふ》を伝ふる者有るか」となる。

訳 今我々仏法を修める僧たちの中で、——

書き下し文

COMMENT

返り点・送りがなに従って読み、日本語の文にしたものを「書き下し文」という。

1 文語文法・歴史的仮名遣いに従う

□1 次の文を書き下し文にしてみよう。

有レバレ備ヘ無シレ憂ヒ。 [1★★★]

2 読まない字（置き字）は書かない →26ページ

□1 次の文を書き下し文にしてみよう。

良薬ハ苦《にが》ケレドモ二於口ニ一而利アリ二於病《やまひ》ニ一。 [1★★★]

3 助詞・助動詞に読む字はひらがなにする

□1 日本語の助詞にあたる読み方をする字には、次のようなものがある。

① 疑問や反語の「[1★★★]・か」…乎・也・哉・与・邪・耶・歟
② 詠嘆の「[2★★]」…夫・矣・哉・与
③ 限定の「[3★★]」…耳・已・爾・而已・而已矣・也已・也已矣

正解

1 (1) 備《そな》へ有《あ》れば憂《うれ》ひ無《な》し。

2 (1) 良薬《りやうやく》は口《くち》に苦《にが》けれども病《やまひ》に利《り》あり。

3 (1) や (2) かな (3) のみ

④ 係助詞「4★」…者
⑤ 格助詞「5★」…之
⑥ 格助詞「6★★★」…与
⑦ 格助詞「7★★★」…自・従

□2 日本語の助動詞にあたる読み方をする字には、次のようなものがある。
① 受身の「8★★★・らる」…見・為・被・所
② 使役の「9★★★」…使・令・教・遣
③ 打消（否定）の「10★★★」…不・弗
④ 可能その他の「11★★★」…可
⑤ 断定の「12★★・たり」…也（なり）・為（たり）
⑥ 比況の「13★★」…如・若

□3 次の文を書き下し文にしてみよう。

貧ト与《とハ》レ賤是レ人之《の》所レ悪《にくム》也《なり》。 1★★★

4 再読文字の二度目の読みはひらがなにする

→28ページ

□1 次の文を書き下し文にしてみよう。

未《いまダ》《ず》二嘗《かつテ》見レ人ヲ。 1★★★

(4) は
(5) の
(6) と
(7) より

(8) る
(9) しむ
(10) ず
(11) べし
(12) なり
(13) ごとし

(1) 貧《ひん》と賤《せん》とは是《こ》れ人《ひと》の悪《にく》む所《ところ》なり。

(1) 未《いま》だ嘗《かつ》て人《ひと》を見《み》ず。

実戦問題

★★ □1 傍線部「桓公読書於堂上」の読み方として最も適当なものを次の中から一つ選べ。（南山大）

桓公読書於堂上。輪《りん》扁《べん》斲《けづ》ル二輪ヲ於堂下ニ一。〈荘子〉

（注）○桓公――斉の桓公。　○輪扁――車大工の扁（人名）。　○斲輪――車輪を削る。

ア　桓公　読書　堂上に於いてす
イ　桓公　書を読みて堂上にあり
ウ　桓公　書を読みて堂に上る
エ　桓公　書を堂上に読む

★★ □2 傍線部「為昆明所閉」の書き下し文（全文平仮名にしてある）として最も適当なものを次の中から一つ選べ。（早稲田大）

昆明国有二滇《てん》池一。方三百里。漢使求二身毒国一、而為昆明所閉。漢欲レ伐レ之。〈漢書〉

（注）○昆明国――中国西南の雲南の地にあった国。　○身毒国――インド。

答 エ

解説 直後の一文と同じ形になっていることがヒント。「於」は「堂《だう》上《じやう》に」「堂下に」の「に」にあたる働きをする置き字。「堂上」は補語で、「書」は目的語である。

訳 桓公が表座敷で書物を読んでいた。車大工の扁が座敷の近くで車輪を削っていた。

答 イ

解説 傍線部の前後も送りがなが省いてあるが、読み方は、前は「昆《こん》明《めい》国に滇《てん》池《ち》有り。方《はう》三百里。漢の使ひ身《しん》毒《どく》国を求めて」、後ろは「漢之《これ》を伐《う》たんと欲す」となる。「所」は「見・為・被」と同じく、受

訳 昆明国に滇池という池がある。三百里四方もある。漢の使者がインドを探して（行く途中）、昆明国によって妨げられた。漢は昆明国を討とうとした。

イ　こんめいのためにとぢらる。
ロ　こんめいをつくらんとしてとぢらる。
ハ　こんめいのためにとぢるところとなる。
ニ　こんめいをつくらんとしてとぢるところとなる。
ホ　こんめいのためにとぢらるるところとなる。

★★★ □3 傍線部「速止則可矣、否則爾之見罪不久矣」を、書き下し文に改めよ。（九州大）

速ヤカニ止メバ則チ可ナリ矣、否《しか》ラズンバ則チ爾之見レ罪セラルルヤ不レ久シカラント矣。〈説苑〉

★★★ □4 傍線部「孔子聞之、使子貢止之」を書き下し文に改めよ。（九州大）

子路為リ二蒲《ほ》ノ令ト一、備ヘテ二水災ニ一、与レ民春ニ修ム二溝瀆《とく》ヲ一。為ニ二人ノ煩苦一スルガ故ニ、人ゴトニ与フ二一簞《たん》ノ食《し》、一壺ノ漿ヲ一。孔子聞レ之、使二子貢止一レ之。〈説苑〉

（注）○子路——孔子の弟子の一人。名は由、字は子路。○蒲令——衛国の蒲という町の長官。○溝瀆——用水路。○一簞食——一人分の飯。○一壺漿——一人分の飲み水。○子貢——孔子の一番弟子。名は賜、字は子貢。

身の「る・らる」と読むことがある（↓110ページ）。

答 速《すみ》やかに止《や》めば則《すなは》ち可《か》なり、否《しか》らずんば則《すなは》ち爾《なんぢ》の罪《つみ》せらるるや久《ひさ》しからざらんと。

解説 「矣」は置き字。

訳 すぐに止めるならばよいが、止めないならばおまえはすぐにでも罰せられるであろうと。

答 孔子《こうし》之《これ》を聞《き》き、子《し》貢《こう》をして之《これ》を止《や》めしむ。

解説 「之」は直前までの子路の行動を指す。後半は「…をして…しむ」と読む使役形（↓100ページ）。「使」が「しむ」である。

訳 子路は蒲の町の長官となり、水害に備え、民とともに春に用水路を修理した。人々が（作業に）苦しんでいたので、一人ひとりに一人分の飯と、一人分の飲み水を与えた。孔子はこれを聞いて、子貢にそれ（＝子路が人々に飯と飲み水を与えること）を止めさせた。

★★★ □5 傍線部「人雖不知、即未発覚之盗也」を漢字・ひらがなまじり文に書き下せ。（大分大）

盗《ぬす》ミハ只ダ是レ欺レクノミ人ヲ。此ノ心有二ラバ一毫モ欺レキ人ヲ、一事モ欺レキ人ヲ、一語モ欺レクコト人ヲ、人雖レ不レ知、即未二発覚一之盗也。〈呻吟語〉

（注）〇一毫――ほんのわずか。

★★★ □6 傍線部「未嘗入城府」を、すべて平仮名を用いて書き下し文に改めよ。現代仮名遣いでもよい。（大阪大）

龐《はう》公《こう》ナル者ハ、南郡ノ襄《じやう》陽《やう》ノ人也。居二リ峴《けん》山《ざん》之南一ニ、未三嘗入二城府一。〈後漢書〉

（注）〇龐公――後漢の時代の有名な隠者。　〇城府――襄陽の町の城内。

★★ □7 傍線部「管荘子将刺之」を、書き下し文にせよ。（大阪市立大）

有二リ両虎ノ争レヒテ人ヲ而闘一フ。管荘子将刺之。〈戦国策〉

（注）〇管荘子――春秋時代の勇士。

答 人《ひと》知《し》らずと雖《いへど》も、即《すなは》ち未《いま》だ発覚《はつかく》せざるの盗《たう》［盗《ぬす》み］なり。

解説 「雖」は「…といへども」と返読する。「未」は「いまだ…ず」と読む再読文字。

訳 盗人はただ人を欺くだけである。（が、）自分の心がほんのわずかでも人を欺き、たった一つの事でも人を欺き、ほんの一言でも人を欺くのであれば、たとえ人が気づかなくても、それはまだ露見していない（というだけの）盗人なのだ。

答 いまだかつてじやう［じょう］ふにいらず。

解説 「未」が再読文字。「城」は歴史的仮名遣いなら「じやう」。「入」は「いる」。

訳 龐公という者は、南郡襄陽の人である。峴山の南に住んでいて、一度も城内に入ったことがなかった。

答 管《くわん》荘《さう》子《し》将《まさ》に之《これ》を刺《さ》さんとす。

解説 「将」は「まさに…んとす」と読む再読文字。「之」は「虎」。

訳 二匹の虎が人を奪い合って闘っていた。管荘子がいまにも虎を刺し殺そうとした。

★★ □8 傍線部「不知所在」を、全部ひらがなで書き下し文にせよ。〈埼玉大〉

有リレ姉。幼ニシテ為ラル二賊ニ虜一去セ。不知所在。

〈広陽雑記〉

★★ □9 傍線部「何舎為子乃為臣乎」を書き下し文にせよ。〈防衛大学校〉

楚ニ有リレ士、曰フ二申鳴一ト。治メレ園ヲ以テ養ヒ二父母ヲ一、孝聞コユ二於楚ニ一。王召スレ之ヲ。申鳴辞シテ不レ往カ。其ノ父曰ク、王欲スレ用ヒントレ汝ヲ、何ゾ謂ハンレ辞ストレ之ヲ。申鳴曰ク、何舎為子乃為臣乎。

〈韓詩外伝〉

（注）○舎――「捨」に同じ。

答 あるところ［しよ］をしらず。

解説 「不」「所」ともに返読文字であるから、返り点は「不レ知レ所レ在」となる。「所在」を熟語と考えて「不レ知二所在一」でも間違いとはしにくいが、「所」が返読文字であることは、大切なポイントである。

訳 姉がいました。幼い頃に賊に連れ去られました。どこにいるかわかりません。

答 何《なん》ぞ子《こ》たるを舎《す》てて乃《すなは》ち臣《しん》と為《な》らんや。

解説 「何…乎」は「何ぞ…んや」の反語形（→77ページ）。「舎」は（注）にあるように「捨《す》つ」（タ行下二段動詞）。一度目の「為」は断定の「たり」と読む返読文字の用法で、「子《こ》たり」。二度目は「(…と）なる」と動詞に読む方がよく、「臣と為《な》る」。

訳 楚の国に男がおり、名を申鳴《しんめい》といった。田畑を耕して両親を養い、（申鳴の）親孝行ぶりは楚の国中に知れ渡っていた。楚王が申鳴を召し抱えようとした。申鳴は辞退して行かなかった。申鳴の父は言った、「王様がおまえを登用しようというのに、どうして辞退するなどと言ったのか」と。申鳴は言った、「どうして子であることを捨ててそこで臣下となれましょうか（いや臣下にはなれません）」と。

置き字

COMMENT
いろいろな働きをするが訓読上読まない字をいう。書き下し文には書かない。

1 而《ジ》

□1 文中で、接続助詞の働きをする。直前の語の送りがなが「テ・シテ・デ」の場合は[1 ★★]、「ド・ドモ」の場合は[2 ★★]になる。

□2 文頭、または句頭では、自立語の接続詞として読み、「しかシテ・しかうシテ」と読む場合は[3 ★★]、「しかルニ・しかルヲ・しかモ」と読む場合は[4 ★★]になる。

2 於《ヲ》・于《ウ》・乎《コ》

□1 文中で[1 ★★]の上に置かれて、対象・場所・動作の起点・比較など、さまざまな働きをする。

□2 下にくる補語の右下につく送りがな「[2 ★★★]・[3 ★★★]・ヨリ・ヨリモ・ヲ」の働きにあたる。

□3 「於」は「於レA」の形で「Aニ[4 ★]」と読むこともある。

□4 「乎」は、文末で、疑問・反語の「[5 ★★]・[6 ★★]」と読んだり、詠嘆の「かな」と読んだりすることもある。

正解

1 (1) 順接 (2) 逆接 (3) 順接 (4) 逆接

2 (1) 補語 (2) ニ (3) ト (4) おイテ (5) や (6) か

3 矣《イ》・焉《エン》・也《ヤ》

□1 文（または句）末で、[1 ★]や断言の意を表す。直前の語の送りがなにあたるということもない。

□2 「矣」は、文末で、詠嘆の「[2 ★★]」と読むこともある。

□3 「焉」は、文頭で、疑問詞「[3 ★★]」として用いることもある。

□4 「也」は、文末で、疑問・反語の「や・か」と読むほか、断定の「[4 ★★]」と読むこともある。

4 兮《ケイ》

□1 主に[1 ★]の中で用いられ、調子をととのえる働きをする。

POINT

而	文中で、順接・逆接の接続助詞の働きをする。
矣・焉・也	文末で、強調や断言の意を表す。
於・于・乎	文中で補語の上に置かれて、補語の送りがなの働きをする。
兮	詩の中で、調子をととのえる働きをする。

（3）
(1) 強調［強意］
(2) かな
(3) いづくんぞ
(4) なり

（4）
(1) 詩

再読文字

COMMENT

一つの字を二度読む特殊な字を「再読文字」という。超重要語である。

1 未《いまダ》《ず》二……セ一

□1 再読文字は、一つの字を二度読む特殊な語で、左下の返り点は無視して一度目を読み、その後返り点どおりに返って二度目を読む。「未」の場合、[1 ★★★]と一度目を読んだ後、下から返って二度目の[2 ★★★]を読む。

□2 二度目の読みの「ず」は、古文の[3 ★★]の助動詞であるから、「……」の語の活用形は[4 ★★]にして返らなければならない。

□3 漢文ではサ変動詞を用いることが多いので、「……」の語をサ変動詞に読むと、右の「未二……一」の読みは[5 ★★★]で、訳し方は[6 ★★★]となる。

□4 一度目の読みの送りがな[7 ★]は「未」の右下につけ、二度目の読みが、例えば連体形「ざる」になった場合、二音目の[8 ★]を左下につける。

□5 書き下し文にするときは、「いまだ」は漢字のままで[9 ★★★]、二度目の読みはひらがなで[10 ★★★]とする。

□6 次の文を読んで、訳してみよう。

未ダ二嘗《かつテ》敗北セ一。

読 [11 ★★★]
訳 [12 ★★★]

正解

(1) いまだ
(2) ず
(3) 打消
(4) 未然形
(5) いまだ…せず
(6) まだ…しない
(7) ダ
(8) ル
(9) 未だ
(10) ず
(11) 未《いま》だ嘗《かつ》て敗北《はいぼく》せず。
(12) まだ一度も敗れたことがない。

2 将《まさ》ニ二……セント一　す

□**1** 「将」は、[1 ★★★]と一度目を読み、「……」の語の未然形に[2 ★★★]をつけて、二度目の読みに返り、[3 ★★★]と読む。

□**2** 「……」の語につける「んと」の「ん」は、古文の[4 ★★]の助動詞「む」で、二度目の読みの「す」は[5 ★★]活用の動詞である。

□**3** 右の「将二……一」全体の読みは[6 ★★★]、訳し方は[7 ★★★]・[8 ★★★]のようになる。書き下し文では、「将に」は漢字、「す」はひらがなにする。

□**4** 「[9 ★★★]」も「将」と同じように用いる。

□**5** 次の文を読んで、訳してみよう。

王 将ニレ死セント。

読 [10 ★★★]
訳 [11 ★★★]

POINT

未ダ二……セ※一〈未然形〉	読 いまダ…セず 訳 まだ…しない	「未だ」は副詞、「ず」は打消の助動詞。「ず」は未然形に接続する。「ず」の活用にも注意！
将ニ二……セント一〈未然形〉	読 まさニ…セントす 訳 いまにも…しそうだ	「且」も同じように用いる。「…ントす」という返り方が読み方のポイント！

※活用形は、漢文では特に用いられることの多いサ変動詞の形で代表させている。（以下同）

(1) まさに　(2) んと
(3) す
(4) 推量
(5) サ行変格
(6) まさに…せんとす
(7) いまにも…しそうだ
(8) いまにも…しようとする
(9) 且
(10) 王将《わうまさ》に死《し》せんとす。
(11) 王はいまにも死にそうだ。

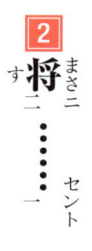

3 当《まさ》ニ《ベシ》二 ……ス一

□1 「当」は、[1 ★★★]と一度目を読み、「……」の語の終止形（ラ変動詞は連体形）から返って、二度目の[2 ★★★]を読む。

□2 右の「当二……一」全体の読みは[3 ★★★]で、訳し方は[4 ★★★]になる。書き下し文では、「当に」は漢字、「べし」はひらがなにする。

□3 「当」は当然の「べし」にあたるが、読み方も同じである「応」と同じように、「きっと…だろう」と[5 ★★]の意になることもある。

□4 次の文を読んで、訳してみよう。

当ニシレ殺スレ之《これ》ヲ。

読 [6 ★★★]
訳 [7 ★★★]

4 応《まさ》ニ《ベシ》二 ……ス一

□1 「応」は、「当」と同じく、[1 ★★★]と一度目を読み、「……」の語の終止形（ラ変動詞は連体形）から返って、二度目の[2 ★★★]を読む。

□2 右の「応二……一」全体の読みは[3 ★★★]で、訳し方は[4 ★★★]になる。書き下し文では、「応に」は漢字、「べし」はひらがなにする。

□3 「応」は推量の「べし」にあたるが、「当」と同じように、「…しなければならない」と[5 ★★]の意に訳す場合もある。

正解

3
(1) まさに
(2) べし
(3) まさに…すべし
(4) 当然…すべきだ
(5) 推量
(6) 当《まさ》に之《これ》を殺《ころ》すべし。
(7) 当然これを殺すべきだ［これを殺さなければならない］。

4
(1) まさに
(2) べし
(3) まさに…すべし
(4) きっと…するだろう
(5) 当然

□**4** 次の文を読んで、訳してみよう。

応ニシレ知ル二故郷ノ事ヲ一。

読 [6 ★★★]
訳 [7 ★★★]

5 宜《よろシク》ベシ二……ス一

□**1** 「宜」は、[1 ★★★]と一度目を読み、「……」の語の終止形（ラ変動詞は連体形）から返って、二度目の[2 ★★★]を読む。

□**2** 右の「宜二……一」全体の読みは[3 ★★★]で、訳し方は[4 ★★★]になる。書き下し文では、「宜しく」は漢字、「べし」はひらがなにする。

□**3** 次の文を読んで、訳してみよう。

宜シクシレ従フレ師ニ。

読 [5 ★★★]
訳 [6 ★★★]

POINT

当ニシ二……ス一〈終止形〉	読 まさニ…スベシ 訳 当然…すべきだ	当然の「べし」にあたる。「応」と同じように推量の意味になることもある。
応ニシ二……ス一〈終止形〉	読 まさニ…スベシ 訳 きっと…するだろう	推量の「べし」にあたる。「当」と同じように当然の意味になることもある。
宜シクシ二……ス一〈終止形〉	読 よろシク…スベシ 訳 …するのがよい	適当の「べし」にあたる。

(6) 応《まさ》に故郷《こきやう》の事《こと》を知《し》るべし。
(7) きっと故郷のことを知っているだろう。

(1) よろしく
(2) べし

(3) よろしく…すべし
(4) …するのがよい

(5) 宜《よろ》しく師《し》に従《したが》ふべし。
(6) 先生に従うのがよい。

6 須《すべか》ラク二……ス一（ベシ）

□1 「須」は、[1 ★★★]と一度目を読み、「……」の語の終止形（ラ変動詞は連体形）から返って、二度目の[2 ★★★]を読む。

□2 右の「須二……一」全体の読みは[3 ★★★]で、訳し方は[4 ★★★]になる。書き下し文では、「須らく」は漢字、「べし」はひらがなにする。

□3 次の文を読んで、訳してみよう。

須ラク三（シ）常ニ思フ二病苦ノ時ヲ一。

読 [5 ★★★]
訳 [6 ★★★]

7 猶《なほ》二……一（ごとシ）（体言＋ノ／スルガ）

□1 「猶」は、[1 ★★★]と一度目を読み、「……」が名詞の場合は送りがな[2 ★★★]を、「……」が活用語の場合は連体形に[3 ★★★]をつけて、二度目の読み[4 ★★★]に返る。[4 ★★★]は比況の助動詞である。

□2 右の「猶二……一」全体の読みは[5 ★★★]で、訳し方は[6 ★★★]になる。書き下し文では、「猶ほ」は漢字、「ごとし」はひらがなにする。

□3 「[7 ★★]」も、「猶」と同じように用いる。

□4 次の文を読んで、訳してみよう。

正解

(1) すべからく (2) べし
(3) すべからく…すべし
(4) …する必要がある
(5) 須《すべか》らく常《つね》に病《びやう》苦《く》の時《とき》を思《おも》ふべし。
(6) 常に病気で苦しんだ時を思い出す必要がある。

(1) なほ (2) ノ
(3) ガ (4) ごとし
(5) なほ…の[するが]ごとし
(6) あたかも…のようだ
(7) 由

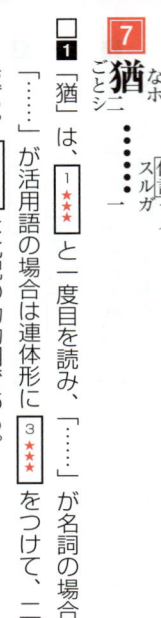

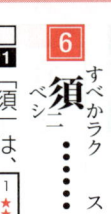

8

盍なんゾ ざル 二・・・・・・セ一

□1 「盍」は、[1 ★★★]と一度目を読み、「……」の語の未然形から返って、二度目の[2 ★★★]（打消の助動詞「ず」の連体形）を読む。

□2 右の「盍二……一」全体の読みは[3 ★★★]で、訳し方は[4 ★★★]であるが、[5 ★★★]のように勧誘型に訳すこともある。

□3 次の文を読んで、訳してみよう。

盍ゾ ルレ 学バ 乎や。

読 [6 ★★★]
訳 [7 ★★★]

猶ホ キレ 山ノ 也。

読 [8 ★★★]
訳 [9 ★★★]

(1) なんぞ
(2) ざる
(3) なんぞ…せざる
(4) どうして…しないのか
(5) …したらどうか
(6) 盍《なん》ぞ学《まな》ばざるや。
(7) どうして学ばないのか。
(8) 猶《な》ほ山《やま》のごときなり。
(9) あたかも山のようだ。

POINT

須ラク シ二……ス一 〈終止形〉	読 すべかラク…スベシ 訳 …する必要がある	必須（必要）の「べし」にあたる。
猶ホ シ二……体言＋ノ／スルガ一 〈連体形〉	読 なホ…ノ［スルガ］ごとシ 訳 あたかも…のようだ	名詞＋「の」、連体形＋「が」から「ごとし」へ返る。「由」も同じように用いる。
盍ゾ ル二……セ一 〈未然形〉	読 なんゾ…セざル 訳 どうして…しないのか	勧誘（…したらどうか）の訳し方も大事。「何不二……一（何ぞ…ざる）」と同じ。

実戦問題

□1 ★★ 傍線部「未之嘗聞」の訓読として正しいものを次の中から一つ選べ。〈獨協大〉

民不《シテ》レ足《ラ》而可《キ》レ治《ム》者《ハ》、自《リ》レ古及《ブマデ》レ今《ニ》、未之嘗聞。〈漢書〉

1 いまだこれをかつてきかず
2 いまだこれをかつてせずときく
3 いまだかつてきくことあり
4 いまだかつてこれをきく
5 いまだこれあることをきかず

□2 ★★ 傍線部「宜以刀字為韻」の訓読として適当なものを一つ次の中から選べ。〈立教大〉

「卿《ハ》武人《ナリ》。宜以刀字為韻。」〈詩律武庫〉

1 すべからくたうじをもつてゐんとなすべしと。
2 よろしくたうじをもつてゐんとなすべしと。
3 むべなるかなたうじをもつてゐんとなせしことと。
4 むべなるかなたうじをもつてゐんをつくりしことと。

答 1

解説 「未」が再読文字「いまだ…ず」。「聞」が動詞で、ここから二度目の読み「ず」に返る。

訳 民の生活が足りていないのに民を治めることができた者など、昔から今に至るまで、いまだこのようなことはかつて聞いたことがない。

答 2

解説 「宜」が再読文字「よろしく…べし」。「すべからく」は「須」。「むべなるかな」と読むには、「宜」の下に「かな」と読む字「矣・哉」などが必要である。

訳 「そなたは武人である。『刀』という字で韻をふむのがよかろう」と。

5 よろしくたうじをもつてゐんをつくりしと。

□ **3** ★★ 傍線部「先須三熟読、使二其言皆若レ出二於吾之口一」の書き下し文として最も適当なものを、次の①～⑥のうちから一つ選べ。（センター）

大《たい》抵《てい》観ミルニハレ書ヲ、先須三熟読、使二其言皆若レ出二於吾之口一。〈朱子文集〉

（注）○観レ書――四書五経などを読み、考察する。

① まづまさに熟読し、その言をして皆吾の口より出づるがごとからしむべし。

② まづよろしく熟読し、その言の皆をして吾の口に出づるがごとからしむべし。

③ まづすべからく熟読し、その言をして皆吾の口より出づるがごとからしむべし。

④ まづまさに熟読し、その言の皆をして吾の口に出づるがごとからしむべし。

⑤ まづよろしく熟読し、その言をして皆吾の口より出づるがごとからしむべし。

⑥ まづすべからく熟読し、その言の皆をして吾の口に出づるがごとからしむべし。

答 ③

解説 「須」は「すべからく…べし」と読む再読文字。①・④の「まさに…べし」は「当・応」、②・⑤の「よろしく…べし」は「宜」でなければならない。③・⑥に絞った後は意味を考えてみる。

訳 およそ四書五経などを読んで考察するにあたっては、まず十分に熟読し、それらの書物の言葉がまるで自分の口から出てきたもののようにさせるべきである。

□4 ★★★ 傍線部「子将㆓安之㆒」をすべてひらがなで書き下し文にせよ。（鹿児島大）

昔荊《けい》之梟《ふくろふ》将ニ㆔徙《うつリテ》巣《すツクラント》㆓於呉ニ㆒。鳩《はと》遇《あヒテ》㆑之ニ曰ハク、「子将㆓安之㆒。」〈曹子建集〉

（注）○荊――春秋時代の楚の国の別名。　○呉――荊の隣国。

□5 ★★★ 傍線部「当㆓屢顧㆑帝」をすべて平仮名で書き下し文にせよ。現代仮名遣いでもよい。（島根大）

漢ノ武帝ノ乳母、嘗テ於イテ㆑外ニ犯ス㆑事ヲ。帝欲ス㆑申《のベント》㆑憲ヲ。乳母求ム㆓救ヒヲ東方朔ニ㆒。朔曰ハク、「此レ非ズ㆓唇舌ノ所ニ㆑争フ㆒。爾《なんぢ》必ズ望マバ㆑済《すくハレンコトヲ》者、将ニ㆑去ラント時、但ダ当㆓屢《しばしば》顧㆑帝。慎ミテ勿カレト㆑言フコト。」〈世説新語〉

（注）○漢武帝――漢の皇帝。　○申㆑憲――法律によって罰すること。
○東方朔《とうほうさく》――漢の武帝の側近。

答 しまさにいづくにかゆかんとする（と）。

解説 「将」が再読文字「まさに…んとす」。「安」は場所を問う「いづくにか」。疑問詞があるので、文末を連体形にする必要がある。

訳 昔荊の梟が呉に移って巣を作ろうとした。鳩がたまたま梟に会って言った、「あなたはどこに行こうとしているのか」と。

答 まさにしばしばていをかへ［え］りみるべし。

解説 「当」が再読文字「まさに…べし」。

訳 漢の武帝の乳母が、かつて宮廷の外で罪を犯したことがあった。皇帝は法律に照らして厳正に処罰しようと思っていた。乳母は東方朔に救いを求めた。東方朔は言った、「これは言葉で解決できる問題ではない。あなたが絶対に助かりたいなら、ちょうど（陛下の前から）去ろうとする時に、ただもう何度も陛下の方を（思い入れたっぷりに）振り返って見るしかない。くれぐれも言葉を発してはならない」と。

★★★ □6 傍線部「未レ及レ問二姓名一而絶」を書き下し文にせよ。（名古屋大）

王忳《じゅん》字ハ少林、廣漢新都ノ人也。忳嘗テ詣リ二京師一、於テ二空舎中ニ一見ル二一書生ノ疾困スルヲ一、愍《あはれ》ミテ而視ルレ之ヲ。書生謂ヒテレ忳ニ曰ハク、我当タリテレ到ルニ二洛陽ニ一而被リレ病ヲ、命在リ二須臾《しゅゆ》ニ一。腰ノ下ニ有リ二金十斤一、願ハクハ以テ相ヒ贈リ、死後乞フレ藏ムルヲ二骸骨ヲ一。未レ及レ問二姓名一而絶。〈後漢書〉

（注）○廣漢新都《こうかんしんと》――地名。　○京師《けいし》――みやこ。

★★★ □7 傍線部「宜二決心精進一而已」を平仮名のみで書き下せ。現代仮名遣いでよい。（熊本県立大）

学道ノ人ハ惟ダ宜二決心精進一而已。毋《な》カレレ懐クコト二僥倖之図ヲ一。〈竹窓随筆〉

（注）○僥倖《ぎょうこう》――まぐれの幸運。

答 **未《いま》だ姓名《せいめい》を問《と》ふに及《およ》ばずして絶《た》ゆ。**

解説 「未」が再読文字「いまだ…ず」。「及」は「…に及《およ》ぶ」と読む。二度目の「ず」の読みの後には、「而」の接続助詞の働きを考えて「シテ」を補いたい。

訳 王忳は字を少林といい、広漢新都の人である。以前に忳が都に行った時、空き家に一人の学生が病気で苦しんでいるのを見つけ、可哀相に思って看病した。書生が忳に言うには、「私は洛陽に到着した時に病気にかかり、余命はあと少しです。私の腰の下に金が十斤あります、お願いですからこのお金を差し上げますので、私が死んだ後に遺骸を葬っていただきたい」と。忳がまだ姓名を聞かないうちに書生は亡くなった。

答 **よろしくけっしんしょうじんすべきのみ。**

解説 「宜」が再読文字「よろしく…べし」。二度目の「べし」は文末の「而已(のみ)」に続けるために連体形にする。

訳 学問の道を求める人は決心して精進するのがよい。まぐれの幸運を思い描いてはならない。

□8 ★★ 傍線部「方下与レ妻対飯、妻以二小金鎞一刺二臠肉一、将上入レ口、門外有二客至一」を、平易な現代語に訳せ。（東京大）

木《ぼく》八《はつ》刺《らつ》、字ハ西瑛《えい》、西域ノ人ナリ。一日、方《あた》リテ下与レ妻対飯シ、妻以テ二小金鎞《へい》ヲ一刺シ二臠《れん》肉ヲ一、将ニ上入レントレ口ニ、門外ニ有リ二客ノ至ル一。西瑛出テ粛《すす》ムレ客ヲ。妻不ルニレ及バレ啖《くら》フニ、且ク置キ二器中ニ一起チテ去《ゆ》キ治ムレ茶ヲ。〈輟耕録〉

（注）○鎞――かんざし。　○臠肉――小さく切った肉。
○粛レ客――客を家の中へ迎え入れる。

□9 ★★ 傍線部「当下志二其大一、捨二其細一、先二其急一、後二其緩一、専利二国家一、而不中為レ身謀上」をわかりやすく訳しなさい。（静岡大）

居ル二是ノ官ニ一者ハ、当下志二其大一、捨二其細一、先二其急一、後二其緩一、専利二国家一、而不中為レ身謀上。〈諫院題名記〉

（注）○是官――王を諫める官。　○志――記す。

答　妻と向かい合って食事をしていた時、妻が小さな金のかんざしで小さく切った肉を刺して、いまにも口に入れようとすると、門の外に客がやって来た。

解説「将」は「いまにも…しようとする」意の再読文字。

訳　木八剌は、字を西瑛といい、西域出身の人であった。ある日、――西瑛が出て客を迎え入れた。妻は(肉を)食べる間がなく、とりあえず器に入れたまま立ってお茶をいれに行った。

答　当然重要なことは記し、些細なことは捨て、急を要するものを優先させ、急を要しないものは後に回し、もっぱら国家の利益をはかり、自分の利益をはかってはならない。

解説「当」が「当然…すべきだ」の意の再読文字。送りがながないが、字義を考えて訳す。

訳　この官職についている者は――

□10 ★★ 傍線部「宜レ読二本草一。遇二虫所レ不レ応者一当二取服レ之」とはどういうことを言っているのか、わかりやすく説明せよ。（東京大）

余ガ友劉伯時、嘗テ見二ユ淮西ノ士人楊勔《べん》一ニ。自ラ言ヘラク中年ニシテ得二異疾一ヲ、毎二発言応答一スル、腹中輒チ有二リ小声一ノ効《なら》レフ之ニ。数年ノ間、其ノ声浸《やうやく》大ナリ。有二リテ道士一見テ而驚キテ曰ク、「此レ応声虫也。久シク不レレバ治セ、延《ひ》キテ及二バン妻子一ニ。宜シレシク読二ム本草一ヲ。遇二ハバ虫ノ所レノ不レル応ゼ者一ニ、当シ二ト取リテ服レスヲ之。」楊勔如レクス言ノ。読ミテ至二レバ雷丸一ニ、虫忽チ無レシ声。乃チ頓ニ餌二セバ数粒一ヲ遂ニ愈ユ。

（注）○淮西——淮水の西方。いまの河南省南部。
○本草——薬材の名称・効能などを記した書物。

答 『本草』に出ている薬の名を声に出して読み、腹の中の虫が答えなかった薬を取り寄せて飲めば治るということ。

解説 「宜」は「…するのがよい」の意の再読文字。「当」はここでは「応」と同じで、「きっと…するだろう」の意の再読文字。

訳 私の友人の劉伯時は、以前に淮西の士人である楊勔にお目にかかった。（そのとき楊勔が）自ら言うには中年になって奇病にかかり、言葉を発し受け答えするたびに、腹の中でその言葉をまねる小声がする。数年で、その声は次第に大きくなったと。一人の道士が（そんな楊勔を）見て驚いて言った、「これは応声虫だ。放っておくと、ひいては妻子にも伝染するだろう。『本草』を（声に出して）読むとよい。（読む声に）虫が応答しない薬の名に出会ったらそれを服用すべきである」と。楊勔は言われた通りにした。（『本草』を）読んで雷丸（という薬の名）に至ると、急に声が途絶えた。そこですぐさま（雷丸を）数粒服用したところそのまま（奇病は）治ったのだった。

歴史

司馬遷の『史記』が最重要ポイント！　中国の王朝の流れも知っておきたい。

★★
四書《しょ》

儒学《じゅがく》の中心的な古典である、**大学《だいがく》**・**中《ちゅう》庸《よう》**・**論語《ろんご》**・**孟子《もうし》**の総称。

★★
五経《ごきょう》

四書とともに尊重される、**易経《えききょう》**・**書《しょ》経**・**詩《し》経**・**礼記《らいき》**・**春秋《しゅんじゅう》**の総称。

★
春秋左氏伝《しゅんじゅうさしでん》

孔子の著した『春秋』の注釈書。春秋時代の魯《ろ》の史官**左丘明《さきゅうめい》**による。

★★★
司馬遷《しばせん》

前漢の歴史家。父談《たん》の職を継いで太史《たいし》令《れい》となり、『**史記**』を著した。

★★★
史記《しき》

太古から前漢の武帝の時代までを**紀伝体**で記した、**中国で最初の通史**。

★★★
紀伝体《きでんたい》

本紀《ほんぎ》（帝王の伝記）・**列伝《れつでん》**（個人の伝記）を中心に歴史を叙述する形。

★★
正史《せいし》

『**史記**』に始まる、国家による正統の歴史書。**紀伝体**で著される。

★
戦国策《せんごくさく》

戦国時代の**縦横家《じゅうおうか》**の策略を、国別に集めた書。漢の劉向の編。

★
劉向《りゅうきょう》

前漢の学者。**戦国策**・**説苑《ぜいえん》**・**新序《しんじょ》**・**列女伝**など著書が多い。

★★
漢書《かんじょ》

前漢の歴史を記した**二番目の正史**。後漢の**班固《はんこ》**の撰。

★★
後漢書《ごかんじょ》

後漢の歴史を記した**三番目の正史**。南朝の宋の**范曄《はんよう》**の撰。

★★
三国志《さんごくし》

魏《ぎ》・呉《ご》・蜀《しょく》の三国の歴史を記した**四番目の正史**。晋の**陳寿《ちんじゅ》**の撰。

★
貞観政要《じょうがんせいよう》

唐の太宗《たいそう》の言行を記した書。帝王学の教科書として愛読された。

★
資治通鑑《しじつがん》

周代から五代末までの一三六二年間を、**司馬光《しばこう》**が**編年体**で著した史書。

★★
十八史略《じゅうはっしりゃく》

元初の**曽先之《そうせんし》**による、初学者向けの**編年体**による中国の通史。

★★★
編年体《へんねんたい》

年月の順を追って史実を記す記述法。『**春秋**』に始まる。

第 CHAPTER 2 章

句《く》法《ほう》

PARAGRAPH

否定の基本形

1 不㆓……《セ》㆒（弗）

□1 「不・弗」は、古文の打消の助動詞［1★★★］にあたる。助動詞であるから、書き下し文にする場合は必ずひらがなにする。

□2 「不・弗」は、必ず返り点で返って読む「返読文字」で、「……」の語の活用形を［2★★］形にして「不・弗」へ返る。

□3 「不㆓……㆒」は「…せず」で、訳し方は［3★★★］となる。

□4 次の文を読んで、訳してみよう。

不《レバ》㆑学《バ》不㆑知《ラ》道《ヲ》。

読［4★★★］
訳［5★★★］

2 無《シ》㆓……体言《スル（モノ）》㆒（莫・勿・毋）

□1 「無・莫・勿・毋」は、形容詞［1★★★］である。自立語であるから、書き下し文にする場合、語幹にあたる「無・莫・勿・毋」は漢字で書く。

□2 「無」には、「……」が［2★★］の場合は送りがなしで返読する。「……」が活用語の場合は［3★★］形、あるいは［3★★］形＋「モノ」から返読する。

COMMENT

「不・無・非」で打ち消すのが否定の基本形。いずれも下から返る返読文字！

正解

1
(1) ず
(2) 未然
(3) …しない
(4) 学《まな》ばざれば道《みち》を知《し》らず。
(5) 学ばなければ道理がわからない。

2
(1) なし
(2) 体言［名詞］
(3) 連体

□**3**「無ニ……一」は「…なし」あるいは「…スル（モノ）なし」で、訳し方は[4 ★★★]、あるいは「…するものはない」のようになる。

□**4** 次の文を読んで、訳してみよう。

水清《ケレバ》無《シ》ニ大魚一。

読 [5 ★★★]
訳 [6 ★★★]

3 非《ズ》ニ……体言スルニ＋ニ一（匪）

□**1**「非・匪」は、読み方は[1 ★★★]で、必ず「……」に送りがな[2 ★★★]をつけて返読する。「……」は体言か、活用語の連体形である。

□**2**「非ニ……一」の訳し方は[3 ★★★]、あるいは「…なわけではない」となる。

□**3** 次の文を読んで、訳してみよう。

富《ふう》貴《きハ》非《ズ》ニ吾《わガ》願《ヒニ》一。

読 [4 ★★★]
訳 [5 ★★★]

POINT

不ニ……セ一〈未然形〉	読 …せず 訳 …しない 未然形から返読する。
無《シ》ニ……体言スル（モノ）一〈連体形〉	読 …（スル（モノ））なシ 訳 …（するもの）は[が]ない
非《ズ》ニ……体言スルニ＋ニ一〈連体形〉	読 …（スル）ニあらズ 訳 …ではない 必ず「ニ」から返読する。
	「無ニAB一（ABトなク）」「無レA無レB（AトなクBトなク）」の形は「ABを問わず」と訳す。

(4) …は[が]ない

(5) 水清《みづきよ》ければ大魚《たいぎよ》無《な》し。
(6) 水が澄んでいると大魚はいない。

(1) あらず (2) ニ

(3) …ではない

(4) 富貴《ふうき》は吾《わ》が願《ねが》ひに非《あら》ず。
(5) 富貴は私の望みではない。

実戦問題

1 ★★★ 傍線部「弗」の読みをひらがなで示せ。（京都教育大）

十金ニシテ弗レ与ヘ。〈尹文子〉

2 ★★★ 傍線部「莫」の漢字の訓《よ》み方を、送り仮名も含めてすべて平仮名で記せ。（東北大）

人之所ハレ有スル、孰《いづ》レカ為サン二不ルレ借ラ者ト一。〈中略〉率《おほむ》ネ以テ為シテ二己ガ有ト一、而終ニ莫之省。〈稼亭先生文集〉

3 ★★★ 傍線部「無二敢儒服者一」を、すべてひらがなで書き下し文にせよ。現代かなづかいでもよい。（大阪教育大）

於イテレ是ニ哀公号スレ之ヲ。五日ニシテ而魯国ニ無二敢儒服者一。〈荘子〉

（注）○之――儒者としての道理を身につけずに儒者の服を着ている者は死刑にするという命令。

---

1 答 ず

解説 「弗」は「不」と同じ。

訳 十金では与えなかった。

2 答 なし

解説 「莫」は「無」と同じ。人間の有するものはすべて借りものであるのに、それを自分の所有するものと思っているという文章の一部。「莫二之省一」と返って読む。

訳 人が所有するものは、どれが借りものでないことがあろうか。〈中略〉誰もが（借りものを）自分の所有するものと思い、結局（借りものであることを）省みる者はいないのである。

3 答 あへ[え]てじゅふくするものなし。

解説 「儒服」は「儒服《じゅふく》す」とサ変動詞に読む。「無」は体言からは送りがなしで返る。

訳 そこで哀公はこのような命令を下した。五日経つと魯の国であえて儒者の服を着ようとする者はいなくなった。

★★★ □4 傍線部「非三薬石所二能治一也」をひらがなだけの書き下し文にせよ。現代かなづかいでよい。（千葉大）

某公喜ビ極マリテ而狂ス。喜ベバ則チ心《しん》竅《けう》開帳シテ而不レ可カラ二復タ合ス一、非三薬石所二能治一也。〈広陽雑記〉

（注）○喜——科挙に合格したことによる喜び。
○心竅——心臓の穴。人間の精神活動を左右すると考えられていた。
○薬石——薬と鍼（はり）。

★★ □5 傍線部「苟富貴無二相忘一」を現代語に訳しなさい。（小樽商大）

陽城ノ人陳勝、字ハ渉。少《わかクシテ》与《ためニ》レ人ノ傭畊ス。輟メテレ畊ヲ之《ゆ》キ二隴上ニ一、悵然久シクシテ之ヲ曰ク、「苟《いやシクモ》富貴トナラバ無ケント二相ヒ忘ルルコト一。」傭者笑ヒテ曰ク、「若為ス二傭畊ヲ一、何ゾ富貴トナラン也ト。」〈十八史略〉

（注）○傭畊《ようこう》——他人に雇われて働く耕作者。 ○隴《ろう》——田の中の小高い所。

答 やくせきのよくなおすところにあらざるなり。

解説 「薬石《やくせき》」が「治す」の主語になるので主格の「の」を補う。「能」は「よく」。

訳 この者は（科挙に合格した）喜びのあまり発狂した。喜びすぎたので心臓の穴が開いてしまいふさぐことはできず、薬や鍼でも治すことができるものではない。

答 もし（私が）裕福で高貴になってもあなたのことを忘れたりはしないだろう。

解説 「無けん」の「ん」は意志・推量の「む」。

訳 陽城の人陳勝は、字を渉といった。若い頃他人に雇われて耕作をしていた。（ある時）耕作の手を休めて小高い所に行き、しばらくのあいだ嘆いていたがこう言った、「——」と。（そう言われた同じ）雇われ人が笑いながら言った、「おまえは他人に雇われて耕作をしているのだ、（それがどうして）裕福になったり高貴になったりするであろうか」と。

★★ □ **6** 傍線部「不二真実一、不レ足二以言㆑詩」を現代語訳しなさい。（岡山大）

詩ハ貴ブ二真実ヲ一。不ズンバ二真実ナラ一、不レ足ラ二以テ言フニ㆑詩ト。〈雲陽集〉

★★ □ **7** 傍線部「待レ君久、不レ至已去」の意味として最適なものを次から選べ。（中京大）

陳《ちん》太《たい》丘《きう》與レ友期シテ行ク。期スルニ二日中ヲ一、過グルモレ中ヲ不レ至ラ。太丘舎《す》テテ去ル。去リテ後乃チ至ル。元《げん》方《ぼう》時ニ年七歳、門外ニ戯《たはむ》ル。客《かく》問フ二元方ニ一、尊君在《あり》ヤ不《いな》ヤト。答ヘテ曰ク、待レ君久、不レ至已去。〈世説新語〉

（注）○陳太丘・元方——ともに人名、親子である。

① 長い間あなたを待っているうちに気が変わり、出発を止めて家に帰りました。

② あなたを長い間待っていましたが、おみえにならないので出かけました。

答 真実を詠んだものでなければ、詩と言うことはできない。

解説 「…ならずんば」は「…に非ずんば」と同じで、「…でなければ」の意。

訳 詩は真実を詠むことを尊ぶ。——

答 ②

解説 「君《きみ》を待つこと久しきも、至らざれば已《すで》に去る」と読む。「日《にっ》中《ちゅう》を期《き》するに、中を過ぐるも至らず。太《たい》丘《きゅう》舎《す》てて去る」のことを言っている。③は「我慢できず」がよけいで、「至らざれば」の訳が不足。

訳 陳太丘が友人と約束して出かけることになった。正午にと約束したが、（友人は）正午を過ぎても来なかった。太丘は友人を待たずに出かけた。出かけた後に（友人が）やって来た。元方は当時七歳で、門の外で遊んでいた。客が元方に尋ねた、「お父さんはいますか」と。（元方は）答えて言った、「——」と。

③ 長期間あなたをお待ちしていましたが、我慢できずとうとう出かけました。

④ 毎日毎日あなたをお待ちしていましたが、ついに本日出発してしまいました。

⑤ 一日中あなたをお待ちしていましたが、帝との約束の時間が近づき出発しました。

☐8 ★★ 後漢の隠者龐公《ほうこう》は、荊州の長官劉表《りゅうひょう》のたびたびの要請にも応じず、出仕する気がなかった。傍線部「雖二所レ遺不一レ同、未レ為レ無レ所レ遺也」を、

(1) すべて平仮名を用いて書き下し文に改め（現代仮名遣いでもよい）、

(2) わかりやすく口語訳しなさい。

（大阪大）

劉表指《シテ》而問《ヒテ》曰《ク》、「先生苦《ミテ》居《リ》二畎《けん》畝《ぽニ》一而不レ肯《がへんぜ》二官禄《ヲ》一、後世何《ヲ》以遺《テカのこスト》二子孫《ニ》一乎。」龐公曰《ク》、「世人皆遺《スニ》レ之《ニ》以《テシ》レ危《キヲ》、今独《ひとり》遺《スニ》レ之《ニ》以《テスルハ》レ安《キヲ》、雖二所レ遺不一レ同、未レ為レ無レ所レ遺也。」劉表歎息《シテ》而去《ル》。

〈後漢書〉

（注）○指――指し示す。ここでは、一緒にいる妻子を指し示すことをいう。
○畎畝――田畑。　○官禄――官位と俸禄。

答 (1) のこすところおなじからずといへ［え］ども、いまだのこすところなしとなさざるなり。

(2) （世間の人と私とでは）子孫に残すものの中身は同じでないが、残すものが何もないとは思っていない。

解説 「遺」は直前の文に送りがながあるので、「のこす」。「雖」は「…といへども」と返読する。「未」は再読文字。文末の「なり」への接続にも注意。

訳 劉表は一緒にいる（龐公の）妻子を指さして尋ねた、「先生は田畑で苦労なさり、官職を得て禄を得ようとなさらぬが、後々子孫に何を残されるおつもりですか」と。龐公は言った、「世の中の人は皆子孫に危険を残している、今私だけは子孫に安全を残すのは、――」と。劉表は嘆息して立ち去った。

不可能形

COMMENT
「できない」意の不可能形は「べからず」「あたはず」「え ず」がベスト3！

1 不レ可《カラ》二……《ス》一

□1 「不レ可」は、[1 ★★★]と読み、不可能の意で[2 ★★★]と訳す。書き下す場合はすべてひらがなにする。

□2 「不レ可」へは、活用語の[3 ★★]形から返る。

□3 「不レ可」は不可能の場合と[4 ★★★]の場合とがある。

□4 「不レ可二勝A一」の形は、[5 ★★★]と読み、[6 ★★★]のように訳す。次の文を読んで、訳してみよう。

不レ可《カラ》二勝《ゲテ》数《フ》一。 読[7 ★★★] 訳[8 ★★★]

2 不レ能《ハ》二……《スル(コト)》一 ・ 無《シ》二能《ク》……《スル(モノ)》一

□1 「不レ能」は、[1 ★★★]と読み、活用語の[2 ★★]形、あるいは[2 ★★]形＋「コト」から返る。「能ふ」は動詞なので、書き下す場合は漢字のままでよい。

□2 「無二能……一」の形は、「[3 ★★★]…する(もの)[4 ★★★]」と読み、「…すること

正解

1
(1) べからず (2) できない
(3) 終止
(4) 禁止
(5) あげてAすべからず
(6) Aしきれないほど多い
(7) 勝《あ》げて数《かぞ》ふべからず。
(8) 数えきれないほど多い。

2
(1) あたはず (2) 連体
(3) よく (4) なし

のできるものはない」という訳になる。

□ **3** 次の文を読んで、訳してみよう。

不レ能ハレ鳴ク。 読 [5] 訳 [6]

無シ二能ク仰《あふ》ギ視ルモノ一。 読 [7] 訳 [8]

3 不レ得二……一スルヲ

□ **1** 「不レ得二……一」は、「…する [1] えず」と読み、必ず活用語の [2] 形に [1] をつけて返る。

□ **2** 次の文を読んで、訳してみよう。

不レ得レ帰ルヲ漢ニ。 読 [3] 訳 [4]

POINT

句形	接続	読・訳
不レ可二カラ……一ス	〈終止形〉	読 …スベカラず 訳 …(することが)できない
無シ二能ク……一スル(モノ)	〈連体形〉	読 よク…スル(モノ)なシ 訳 …することのできるものはない
不レ能ハ二……一スル(コト)	〈連体形〉	読 …スル(コト)あたハず 訳 …(することが)できない
不レ得二……一スルヲ	〈連体形〉	読 …スルヲえず 訳 …(することが)できない

(5) 鳴《な》く能《あた》はず。
(6) 鳴くことができない。
(7) 能《よ》く仰《あふ》ぎ視《み》るもの無《な》し。
(8) 仰ぎ見ることのできるものはない。

(1) を (2) 連体

(3) 漢《かん》に帰《かへ》るを得《え》ず。
(4) 漢に帰ることができない。

実戦問題

★★★ □1 傍線部「殆不レ能レ堪也」を、ひらがなのみを用いて書き下し文に改めよ。現代かな遣いでもよい。（新潟大）

先祖母石《せき》氏、一日忽《チ》苦《シム》二臂《ひ》疼《とうニ》一。是《ノ》時先祖知《タリ》二随州《ニ》一。請《ヒテ》レ医《ニ》命《ジ》レ薬《ヲ》、無《シ》レ所《ロ》レ不《ル》レ至《ラ》。其《ノ》臂疼日《ニ》甚《ダシク》、殆不レ能レ堪也。

〈甕牖閑評〉

（注）○先祖母――既に死亡した祖母。　○臂――腕。
○知随州――随州の知事となる。随州は地名、現在の湖北省随州市一帯。

★★★ □2 傍線部「疾不レ可レ為矣。不二以レ旬数一矣」を平易な現代語に訳しなさい。（千葉大）

明末高《かう》郵《いうニ》有《リ》二袁《ゑん》体《たい》庵《あんナル》者一、神医也。有《リ》三挙子《ノ》挙《ゲラルル》二於郷《ニ》一、喜《ビ》極《マリテ》発狂《シ》、笑《ヒテ》不レ止《マ》。求《メテ》二体庵《ヲ》一診《シムルニ》レ之《ヲ》、驚《キテ》曰《ク》「疾《ハ》不レ可《カラ》レ為《ム》矣。不二以《テ》レ旬《ヲ》数《ヘ》一矣。子宜《シク》二急《ギ》帰《ル》一。」

〈広陽雑記〉

（注）○高郵――地名。　○挙子――科挙の郷試に合格した人。

答 ほとんどたふ[う]る(こと)あたは[わ]ざるなり。

解説 「殆」は「ほとんど」。「不レ能」へは連体形、あるいは連体形＋「コト」から返る。「堪ふ」は下二段活用。文末は断定の「なり」。

訳 亡くなった祖母の石氏は、（生前の）ある日突然腕の痛みに苦しんだ。その時祖父は随州の知事であった。医者に請うて薬を頼み、万全の治療をした。（しかし）祖母の腕は日に日にひどくなり、ほとんど堪えられないくらいであった。

答 （この）病気は治すことができない。（命は）十日と持たないであろう。

解説 「為」は「をさむ」で「病気を治す」の意。「旬」は「十日」。「矣」は置き字。

訳 明末、高郵に袁体庵という者がおり、神医として知られていた。郷試に合格して推挙される人がいて、喜びのあまり発狂し、笑いが止まらなくなった。体庵に頼って診察してもらったところ、驚いて言うことには「――あなたは急いで帰るがよい」と。

★★ □ **3** 傍線部「我父老時、入レ之将レ棄。不レ能二更作一」を、①書き下し文にし、②人物の関係と「之」の内容を明らかにして現代語訳しなさい。 （信州大）

孝孫原《げん》谷《こく》者《は》楚人也。其ノ父不孝ニシテ、常ニ厭フ二父之不ルヲレ死ナ。時ニ父作リレ輦《こし》ヲ入レレ父ヲ、与二原谷一共ニ担ヒ、棄テ二-置キテ山中ニ一還ルレ家ニ。原谷走リ還リ、賷下-来タル載《の》スル二祖父ヲ一輦ヲ上。呵責シテ云ハク、「何故ニ其レ持チ来タル耶《や》ト。」原谷答ヘテ云ハク、「人ノ子ハ老父ヲ棄ツルレ山ニ者也。我父老時、入レ之将レ棄。不レ能二更作一。」爰《ここ》ニ父思二-惟シテ之ヲ一更ニ還リ、将《ひき》ヰテ二祖父ヲ一帰ルレ家ニ。還《また》為ル二孝子ト一。

〈孝子伝〉

答 ①我《わ》が父《ちち》の老《お》いし時《とき》、之《これ》に入《い》れて将《まさ》に棄《す》てんとす。更《さら》に[更《あらた》めて]作《つく》る(こと)能《あた》はず(と)。
②私の父が年老いた時に、この輦に載せて捨てようと思います。改めて作ることができないので。

解説 「之」は父が祖父を載せてきた輦。「更」は「改めて」の意。

訳 孝行な孫、原谷は楚の国の人である。原谷の父は親不孝であって、いつも自分の父親が死なないでいるのを嫌に思っていた。ある時、原谷の父は人を載せる輦を作り、自分の父親を載せ、原谷といっしょに担いで、山中に（原谷の祖父を）捨てたまま家に戻った。原谷は走って（山中に）戻り、祖父を載せた輦を持ち帰ってきた。原谷の父が（原谷を）叱って言った、「どうしてそもそも（輦を）持ってきたのか」と。原谷は答えて言った、「人の子は老いた父を山に捨てることになっています。私の父上が年老いた時は、これに載せて捨てようと思っています。改めて（輦を）作ることはできませんから」と。そこで父親は原谷の言葉をよく考えて再び（山中に）戻り、祖父を連れて家に帰った。そして（原谷同様に）孝行息子となった。

★★ □ **4** 傍線部「懼三其選耎阿諛使二一日不レ得レ聞二其過一」とはどういうことか。二つの「其」がそれぞれ何を指すかわかるように、説明せよ。（東京大）

君能ク納ルトモレ諫《かん》ヲ、不ンバレ能ハレ使ムル二臣ヲシテ必ズ諫《いさ》メ一、非ズ二真ニ能ク納ルルレ諫ヲ之君ニ一。夫レ君之大ハ、天也、其ノ尊ハ、神也、其ノ威ハ、雷《らい》霆《てい》也。人之不ルハレ能ハ三抗シレ天ニ触レレ神ニ忤《さから》フ二雷霆ニ一、亦タ明ラカナリ矣。聖人知ル二其ノ然ルヲ一。故ニ立テテレ賞ヲ以テ勧ムレ之ヲ。猶ホ懼《おそ》ル三其ノ選《せん》耎《ぜん》阿《あ》諛《ゆ》シテ使ムルヲ二一日モ不レラ得レ聞クヲ二其ノ過ヲ一。〈嘉佑集〉

（注）○雷霆――かみなり。　○忤――逆らう。　○選耎――びくびくと恐れるさま。
○阿諛――おもねる。

答 **聖人は、臣下が主君をびくびくと恐れおもねり、主君である自分の過ちを諫めることができないようであることを危惧したということ。**

解説 前半の「其」は臣下たちのこと。後半の「其」は主君（＝自分自身）のこと。傍線部の主語は二文前の「聖人」。

訳 主君が（臣下の）諫言を受け入れることができても、臣下に必ず諫言させることができなければ、本当に諫言を受け入れることができる主君とはいえない。そもそも主君の偉大さは、天のようなものであり、その尊さは、神のようなものであり、その威力は、雷のようなものである。人が天に抗ったり神を汚したり雷に逆らったりすることができないのもまた明らかである。聖人はそれがそのとおりであることを知っている。だから褒美を設けてそれ（＝臣下に諫言させること）を勧める。（古代の聖人も）やはり臣下が（自分を）びくびくと恐れおもねって一日でも自分の過失（を指摘する臣下の諫言）を聞くことができないようにさせるのではないかと心配した。

□ **5** ★★ 傍線部「不レ可二以為一レ政」とあるが、管仲はなぜそう言ったのか。その理由として最も適当なものを、①〜⑤のうちから一つ選べ。（センター）

及ビ二仲寝ヌルニレ疾ニ、桓公詢《はか》ルニ以テシ二政柄ノ所ヲレ属《しょく》スル、且ツ問フ二鮑叔之為リヲレ人ト。対ヘテ曰ハク、「鮑叔ハ君子也。千乗之国モ、不レバレ以テセ二其ノ道ヲ一、予《あた》フルモレ之ヲ不ルレ受ケ也。雖モレ然リト、其ノ為リハレ人ト好ミテレ善ヲ而悪《にく》ムコトレ悪ヲ已-甚《はなはだ》シク、見レバ二一悪ヲ一、終身不レ忘レ、不ト可カラ二以テ為スレ政ヲ。」

〈千百年眼〉

（注）○仲——管仲のこと。　○桓公——斉の君主。
○鮑叔——春秋時代の斉の重臣。
○千乗之国——兵車千両を出すことのできる大国。

① 鮑叔は好き嫌いが激しく、度量が小さいから。
② 鮑叔は不正を嫌うあまり、融通がきかないから。
③ 鮑叔は行動を慎みすぎて、積極性に乏しいから。
④ 鮑叔は名誉を求めるのに急で、忍耐力に欠けるから。
⑤ 鮑叔は過去にとらわれて、革新的でないから。

答 ②

解説 傍線部そのものは「鮑叔は政治を行うことはできません」ということ。理由は直前の、「其《そ》の人と為《な》り（人柄）は善を好みて悪を悪《にく》むこと已甚《はなはだ》しく、一悪を見れば、終身《しゅうしん》忘れず」という人物だからである。

訳 斉の桓公は（管仲が病に伏した時、管仲に）政治の実権を委ねるべき人物について相談し、さらに鮑叔の人柄について尋ねた。（管仲が）答えて言うには、「鮑叔は徳を備えた立派な人物です。（兵車千両を出すことのできるような）大国でも、大義にはずれていれば、これを与えたとしても受け取ろうとはしません。しかしながら、鮑叔の人柄はこのうえなく善行を好んで悪事を憎み嫌う心が甚しく、一つの悪事を見れば、一生忘れない（不正を嫌うあまり、融通のきかない人物であるので）、政治を行うことはできません」と。

禁止形

COMMENT

禁止形は「なかれ」か「べからず」のみ。「不可」は不可能形か禁止形かに注意！

1 無《カレ》二……《スル（コト）》一（勿・莫・毋）

□1 「無・勿・莫・毋」を用いて返読する点では「なし」と読む形と同じであるが、禁止形として用いる場合は、「なし」の命令形で [1 ★★★] と読む。

□2 「なし」と読む場合と同様、活用語の [2 ★★] 形から返読するが、後に体言［名詞］を補う場合は「モノ」ではなく [3 ★★] を補って返る。

□3 「無二……一」は、読み方は「…する(こと) [1 ★★★] 」で、[4 ★★★]・[5 ★★★] のように訳す。

□4 次の文を読んで、訳してみよう。

勿《カレ》レ難《ズルコト》二人《ノ》短《ヲ》一。

読 [6 ★★★]
訳 [7 ★★★]（短＝短所）

2 不レ可《カラ》二……《ス》一

□1 「不レ可」は、不可能形と形はまったく同じであるから、見かけ上は、不可能の [1 ★★★] なのか、禁止の [1 ★★★] なのかは区別できない。

正解

(1) なかれ
(2) 連体
(3) コト
(4) …するな
(5) …してはいけない
(6) 人《ひと》の短《たん》を難《なん》ずること勿《な》かれ。
(7) 人の短所を非難してはいけない。

(1) べからず

□**2** 「不レ可」へは、活用語の［2 ★★］形から返る。

□**3** 「不レ可」は、禁止形の場合も読み方は不可能形と同じく、「…すべからず」で、訳し方は「…する(こと)なかれ」と同じく、［3 ★★★］・［4 ★★★］のように訳す。

□**4** 次の文は、右は禁止、左は不可能である。読んで、訳してみよう。

一寸ノ光陰不レ可カラレ軽ンズ。

読 ［5 ★★★］
訳 ［6 ★★★］（光陰＝時間）

朽《きう》木《ぼく》ハ不レ可カラレ彫《ゑ》ル。

読 ［7 ★★★］
訳 ［8 ★★★］（朽＝腐った／彫＝ほる）

POINT

無カレ二……スル(コト)一 〈連体形〉	読 …スル(コト)なカレ 訳 …するな・…してはいけない	「勿・莫・毋」も同様に用いる。活用語の連体形、あるいは連体形＋「コト」から返る。
不レ可カラ二……ス一 〈終止形〉	読 …スベカラず 訳 …するな・…してはいけない	不可能形と見かけ上の区別はつかないので注意。活用語の終止形から「べからず」へ返る。

(2) 終止
(3) …するな
(4) …してはいけない
(5) 一寸《いつすん》の光陰《くわういん》軽《かろ》んずべからず。
(6) わずかな時間も無駄にしてはいけない。
(7) 朽木《きうぼく》は彫《ゑ》るべからず。
(8) 腐った木はほることができない。

実戦問題

□**1** ★★★ 二重傍線部「勿」の読み方を、送り仮名も含めてすべて平仮名で答えよ。（弘前大）

孔子聞《キテ》レ之《ヲ》而怒《リ》、告《ゲテ》二門弟子《ニ》一曰《ク》、「参《しん》来《ラバ》勿レ内《いルル》」。〈孔子家語〉

（注）○参――孔子の弟子、曾参のこと。

□**2** ★★ 傍線部「我与人不同、勿以火照我也」に返り点を付けよ。（滋賀大）

談生《ナル》者、年四十《ニシテ》、無《シ》レ婦。夜半、有《リ》三女子《ノ》年可《ばかりナル》二十五六一、姿顔服飾、天下《ニ》無《シ》レ双《ビ》。来《リテ》就《ちかづキ》レ生《ニ》、為《ラントシテ》二夫婦《ト》一、乃《チ》言《ヒテ》曰《ク》、「我与人不同、勿以火照我也。三年之後、方《まさニ》可《キ》レ照《ラス》耳《ト》。」〈捜神記〉

答 なかれ（と）

解説 「内」は「入」と同じ。孔子が曾参のことを「怒」っていることから、「勿」は禁止と考える。

訳 孔子はこれを聞いて怒り、門弟に告げて言った、「曾参が来たら中に入れてはならない」と。

答 我与レ人不レ同、勿二以レ火照レ我也。

解説 「与（と）」「不」は返読文字。「以」も「…ヲ以テ」と返って読む。禁止の「勿かれ」へは動詞「照らす」から返る。文末の「也」は置き字。

訳 談生という者は、四十歳になっても、妻がなかった。ある夜更け、年のころ十五、六歳くらいの女性がいて、姿・顔つき・着物・飾りが、この世に並ぶ者のないほど美しかった。談生のところにやって来て、夫婦になろうとして、そこで言うことには、「私はほかの人とは違っています、明かりで私を照らさないでください。三年を過ぎたら、照らしてもかまいません」と。

★★ □ **3** 傍線部「自今勿復為此飾」の返り点の付け方と書き下し文の組合せとして最も適当なものを一つ選べ。（センター）

魏国長公主在リ二太祖ノ朝ニ一、嘗《かつテ》衣《きテ》二貼《てふ》繍《しう》鋪《ほ》翠《すい》ノ襦《じゅ》ヲ一入ル二宮中ニ一。太祖見レ之ヲ、謂ヒテレ主ニ曰ハク、「汝《なんぢ》当ニシ二以テレ此レヲ与フレ我ニ。自今勿復為此飾。」〈楊文公談苑〉

（注）○魏国長公主――宋の太祖のむすめ。以下「主」と略称されている。
○太祖――宋の初代皇帝。　○貼繍鋪翠襦――翠羽（カワセミの羽）で飾った短い上着。

① 自レ今 勿二復 為レ此 飾一
今より復た此れが為に飾ること勿しと

② 自レ今 勿二復 為レ此 飾一
今より復た此れが為に飾ること勿かれと

③ 自レ今 勿三復 為二此 飾一
今より復た此の飾りを為すこと勿しと

④ 自レ今 勿三復 為二此 飾一
今より復た此の飾りを為すこと勿かれと

⑤ 自レ今 勿三復 為二此 飾一
今より復た此の飾りの為にすること勿しと

答 ④

解説 直前の「此」は公主が着ていた「貼繍鋪翠の襦」を指しているから、太祖は、①・②「此れが為に飾ること」、⑤「此の飾りの為にすること」を禁じているのではなく、③・④「此の飾りを為すこと」を禁じているのである。「勿」は②・④の「なかれ」。

訳 魏国長公主は（父）太祖の朝廷にいたが、かつてカワセミの羽で飾った短い上着を着て宮中に入ったことがあった。太祖はこれを見て、公主に言った、「おまえはその着物を私によこしなさい。今後そのような飾りの着物を着てはならない」と。

□★★★ **4** 傍線部「勿三遽取二捨於其間一」はどういう意味か。最も適当なものを一つ選べ。（センター）

大抵《たい てい》観《み》ルニハレ書ヲ、先ヅ須ラクシ三熟読シ、使ム二其ノ言ヲシテ皆若カラレ出ヅルガ二於吾之口一ヨリ。継《つ》グニ以テシ二精思一ヲ、使ム二其ノ意ヲシテ皆若カラレ出ヅルガ二於吾之心一ヨリ。然ル後可キ二以テ有ルレ得ルコト爾《のみ》。至リテハ二於文義ニ有リテレ疑ヒ、衆説紛錯スルニ一、則チ亦《また》虚心静慮シテ、勿カレ三遽《にはか》ニ取二捨スル於其ノ間ニ一。

〈朱子文集〉

（注）○観レ書――四書五経などを読み、考察する。　○紛錯――いりみだれる。

① 性急にあれこれの説のよしあしを決めてはいけない。
② あわててあれこれの説にまどわされない方がよい。
③ あわてるとあれこれの説から正解をとり出すことができない。
④ いきなりあれこれの説から結論を導き出せるはずがない。
⑤ 性急のあまりあれこれの説の要点を見落としてはいけない。

□★★ **5** 次の文章は、劉邦が項羽を滅ぼしてのち、洛陽で酒宴を催したときの群臣との会話である。傍線部「毋敢隠朕、皆言其情」を書き下し文にせよ。（福岡教育大）

答 ①

解説 「勿かれ」に禁止の意があるのだから、即①・⑤に絞る。あとは、「取捨す」の解釈が、「よしあしを決める」と、「要点を見落とす」のどちらがよいかを判断する。

訳 およそ四書五経などを読んで考察するにあたっては、まず十分に読みこんで、それらの書物の言葉がまるで自分の口から出てきたもののように感じられるほどにするべきである。次にその内容をじっくりと考え、その意味がまるで自分の心の中から出てきたもののように感じられるほどにするべきである。そうして後にはじめてその書物から得られるものがあるのである。文意に疑問があり、諸説が入り乱れているような時は、先入観抜きで落ち着いて考え、――

答 敢《あ》へて朕《ちん》に隠《かく》す（こと）毋《な》かれ、皆《みな》其《そ》の情《じやう》を言《い》へ。

訳 高祖劉邦が洛陽の南宮で酒宴を催した。皇帝（＝劉邦）は言った、「おまえたち、決してわしに隠し

帝置二酒《ス》洛陽《ノ》南宮《ニ》一。上曰《ク》、「通侯《ヨ》諸将《ヨ》、毋敢隠朕、皆言其情。吾《ノ》所三以《ノ》有《スル》二天下《ヲ》一者《ハ》何《カ》。項羽之所三以《ノ》失《フ》二天下《ヲ》一者《ハ》何《カト》。」

〈漢書〉

（注）○置酒――酒盛りをする。　○上――皇帝のこと。
○通侯――諸侯のこと。列侯ともいう。

★★ □ **6** 傍線部「衣レ之食レ之、勿二命以一レ所レ不レ能」を、「之」の内容がわかるように、平易な現代語に訳せ。

（東京大）

『天方典礼』《ニ》引《キテ》二謨罕墨特《ヲ》一云《フ》、「妻《ト》暨《とハ》レ僕、民之二弱也。衣《セ》レ之《ニ》食《ハセ》レ之《ニ》、勿《カレト》二命《ズルニ》以《テスル》一レ所《ヲ》レ不《ル》レ能《クセ》。」蓋《けだシ》持《スル》レ世《ヲ》之人未《ダ》レ有《ラ》下不《ル》二計《リテ》及《バ》一レ此《レニ》者上。

〈癸巳存稿〉

（注）○『天方典礼』――清代の書物。　○謨罕墨特――マホメット。

解説「毋」が禁止の「なかれ」。「朕」は皇帝の自称。動詞「隠す」から「毋かれ」に返る。「言」は文脈から考えて、命令形にする。

立てをするな、みなその真情を言え。わしが天下を取った理由はいったい何か。項羽が天下を失った理由とはいったい何か」と。

答 妻や下僕には衣食を満たしてやり、できないことを命じたりしてはいけない。

解説 二カ所の「之」はいずれも、直前の「民の二弱」である「妻」と「僕（＝下僕・使用人）」を指す。後半は「能くせざる所を命ずる勿かれ」の意である。

訳『天方典礼』にマホメット（の言葉）を引用してこう言っている、「妻と下僕とは、民の二大弱者である。――」と。思うに世の中を治めるほどの人は必ず（弱者に対して）思いやりの心を持っているということであろう。

二重否定

1 無シレ不ル(ハ)二……セ一・無シレ非ザル(ハ)二……一

□1 「無レ不二……一」は、[1 ★★★]と読み、訳し方は[2 ★★★]となる。

□2 「無レ非二……一」は、[3 ★★★]と読み、訳し方は[4 ★★★]となる。

□3 次のそれぞれの文を読んで、訳してみよう。

無シレ不ルハレ知ラ。　読 [5 ★★★]　訳 [6 ★★★]

無シレ非ザルハ二王土ニ一。　読 [7 ★★★]　訳 [8 ★★★]　（王土＝王の領土）

□4 「無」と「不」の間に体言（名詞）が入る場合、体言に送りがな[9 ★★★]がついて、「…で…しないものはない」と訳す。次の文を読んで、訳してみよう。

無シ二木トシテ不ルハレ枯レ一。　読 [10 ★★★]　訳 [11 ★★★]

COMMENT

「不・無・非」の組合せによる二重否定は超重要。イコール強い肯定の意味になる。

正解

(1) …せざる(は)なし
(2) …しないものはない
(3) …にあらざる(は)なし
(4) …でないものはない
(5) 知《し》らざるは無《な》し。
(6) 知らないものはない。
(7) 王土《わうど》に非《あら》ざるは無《な》し。
(8) 王の領土でないものはない。
(9) トシテ
(10) 木《き》として枯《か》れざるは無《な》し。
(11) 木で枯れないものはない。

2 非ズㇾ不ルニ……セ一・非ズㇾ無キニ……一

□**1** 「非ㇾ不二……一」は、[1 ★★★]と読み、訳し方は[2 ★★★]あるいは「…しないわけではない」となる。

□**2** 「非ㇾ無二……一」は、[3 ★★★]と読み、訳し方は「…がないのではない」、あるいは[4 ★★★]となる。

□**3** 次のそれぞれの文を読んで、訳してみよう。

非ザルㇾ不ルニㇾ能ハ也。 読[5 ★★★] 訳[6 ★★★]

非ザルㇾ無キニ二賢人一也。 読[7 ★★★] 訳[8 ★★★]

POINT

無シㇾ不ル(ハ)ニ……セ一〈未然形〉	読…セざル(ハ)なシ 訳…しないものはない	「……」を未然形にして「不」へ返り、「無」へは「不」の連体形「ざる」(+は)から返読する。
無シㇾ非ザル(ハ)ニ……一	読…ニあらザル(ハ)なシ 訳…でないものはない	「……」に送りがな「ニ」をつけて「非」に返り、「非ざる」(+は)から「無し」へ返る。
非ズㇾ不ルニ……セ一〈未然形〉	読…セざルニあらズ 訳…しないのではない	「……」を未然形にして「不」へ。「不」の連体形「ざる」+「ニ」から「非ず」に返る。
非ズㇾ無キニ……一	読…なキニあらズ 訳…がないのではない	「無し」の連体形「無き」+「ニ」から「非ず」へ返る。

(1) …せざるにあらず
(2) …しないのではない
(3) …なきにあらず
(4) …がないわけではない
(5) 能《あた》はざるに非《あら》ざるなり。
(6) できないのではない。
(7) 賢人《けんじん》無《な》きに非《あら》ざるなり。
(8) 賢人がいないのではない。

3 未《ダ》二嘗《テ》不《ンバアラ》レA《セ》

□1 「未二嘗不レA」は、[1 ★★★]と読み、訳し方は[2 ★★★]となる。

□2 「不」のかわりに「無」を用いて、[3 ★★]と読み、「まだ今まで一度もAがなかったことはない」と訳す形もある。

□3 次の文を読んで、訳してみよう。

未《ダ》二嘗《テ》不《ンバアラ》レ勝《タ》。　読[4 ★★★]　訳[5 ★★★]

4 不二敢《ヘテ》不《ンバアラ》レA《セ》

□1 「不二敢不レA」は、[1 ★★★]と読み、訳し方は[2 ★★★]となる。

□2 次の文を読んで、訳してみよう。

不二敢《ヘテ》不《ンバアラ》レ告《ゲ》。　読[3 ★★★]　訳[4 ★★★]

5 不レ可《カラ》レ不《ル》レA《セ》・不レ能《ハ》レ不《ル》レA《セ》

3
(1) いまだかつてAせずんばあらず
(2) まだ今まで一度もAしなかったことはない
(3) いまだかつてAなくんばあらず
(4) 未《いま》だ嘗《かつ》て勝《か》たずんばあらず。
(5) まだ今まで一度も勝たなかったことはない（＝負けたことはない）。

4
(1) あへてAせずんばあらず
(2) Aしないわけにはいかない
(3) 敢《あ》へて告《つ》げずんばあらず。
(4) 告げないわけにはいかない。

□ **1** 「不レ可レ不レA」は、［1 ★★★］と読み、訳し方は［2 ★★★］となる。「不レA」で一度否定したことを、「不レ可（べからず）」と禁止する形である。

□ **2** 「不レ能レ不レA」は、［3 ★★★］と読み、訳し方は［4 ★★★］となる。「不レA」で一度否定したことが、「不レ能（あたはず）」つまり不可能であるとする形で「不レ能」のかわりに「不レ得（えず）」を用いることもある。

□ **3** 次のそれぞれの文を読んで、訳してみよう。

言《ハ》不《ル》レ可《カラ》レ不《ル》レ慎《マ》也。

読［5 ★★★］ 訳［6 ★★★］

不レ能《ハ》レ不《ル》レ学《バ》。

読［7 ★★★］ 訳［8 ★★★］

(1) Aせざるべからず
(2) Aしなければならない
(3) Aせざるあたはず
(4) Aしないではいられない［Aしないわけにはいかない］
(5) 言《げん》は慎《つつし》まざるべからざるなり。
(6) 言葉は慎まなければならない。
(7) 学《まな》ばざる能《あた》はず。
(8) 学ばないではいられない。

POINT

未《ダ》二嘗《テ》不《ンバアラ》一A セ〈未然形〉	読 いまダかつテAセずンバアラず 訳 まだ今まで一度もAしなかったことはない	「未」は再読文字。「ずんばあらず」という特徴のある読み方に注意。意味は読んだとおりである。
不二敢《ヘテ》不《ンバアラ》一A セ〈未然形〉	読 あヘテAセずンバアラず 訳 Aしないわけにはいかない	「Aしなかったらいられない」という直訳から、「Aしないわけにはいかない」という意味になる。
不レ可《カラ》レ不《ル》レA セ〈未然形〉	読 Aセざルベカラず 訳 Aしなければならない	「Aせざる」で一度否定したことを、「べからず」で禁止して、「Aしないのはいけない」という形。
不レ能《ハ》レ不《ル》レA セ〈未然形〉	読 Aセざルあたハず 訳 Aしないではいられない	「Aせざる」で一度否定したことを、「あたはず」の不可能で「Aしないことはできない」という形。

実戦問題

□1 ★★★ 傍線部「無レ所レ不レ至」を、ひらがなのみを用いて書き下し文に改めよ。（新潟大）

先祖母石氏、一日忽《チ》苦《シム》二臂《ひ》疼《とうニ》一。是《ノ》時先祖知《タリ》二随州《ニ》一。請《ヒテ》レ医《ニ》命《ジ》レ薬《ヲ》、無レ所レ不レ至。其《ノ》臂疼日《ニ》甚《ダシク》、殆《ンド》不レ能《ハ》レ堪《フル》也。〈甕牖閑評〉

（注）○先祖母――既に死亡した祖母。　○臂――腕。
○知随州――随州の知事となる。随州は地名、現在の湖北省随州市一帯。

□2 ★★★ 傍線部「莫不失色」を、平仮名のみを用いて書き下し文に改めよ。（福井大）

裴《はい》晋《しん》公《こう》在《リシトキ》二中書《ニ》一、左右忽《チ》白《まうスニ》以《テス》三印《ノ》失《スルヲ》二所《ヲ》一在《ヲ》。聞《ク》レ之《ヲ》者莫不失色。〈玉泉子〉

（注）○裴晋公――唐代の政治家、裴度。　○中書――宮中の文書や詔勅をつかさどる官。

□3 ★★★ 傍線部「莫非水也」の意味として最も適当なものを一つ選べ。（上智大）

莫レ非レ水也。一杯之水《ハ》与二江海之水一無《シ》レ

答 いたらざるところなし。

解説 間に「所」が入っているが「無不…」の二重否定の形。「所」から「無」へは送りがなは不要。

訳 亡くなった祖母の石氏は、（生前の）ある日突然腕の痛みに苦しんだ。その時祖父は随州の知事であった。医者に請うて薬を頼み、万全の治療をした。（しかし）祖母の腕は日に日にひどくなり、ほとんど堪えられないくらいであった。

答 いろをうしなはざる（は）なし。

解説 「莫不…」は「無不…」と同じ。「失色」は「色を失ふ」。

訳 裴晋公が中書省にいた時のこと、側近たちが突然印（＝はん）のありかがわからなくなりましたと申し上げた。それを聞いた者は皆顔色を失った。

答 d

解説 読み方は、「水に非《あら》ざる（は）莫《な》きなり」

訳 ――一杯の水は大河や海の水と異なることはない。だから（水が）杯の

異《ナルコト》。故《ニ》在《レバ》レ杯《ニ》則《チ》吾知《ル》三其《ノ》為《ルヲ》二杯水一。投《ズレバ》二諸《ヲ》江海《ニ》一、則《チ》見《ル》二江海之水《ヲ》一耳。〈水喩〉

a　どこの場所にも水がある。
b　もっとも大切なのは水である。
c　すべては水の流れのごとく移ろう。
d　すべての水は同じ水である。

★★★ □**4** 傍線部「理無レ不レ死」とはどういう意味か。最も適当なものを一つ選べ。（センター）

曰《ハク》、「有《リ》レ人二於此《ここニ》一、貴《ビ》レ生《ヲ》愛《シ》レ身《ヲ》、以《テ》求《ム》レ不《ランコトヲ》レ死《セ》。可《ナラン》乎《かト》。」曰《ハク》、「理《トシテ》無《シト》レ不《ルハ》レ死《セ》。」〈列子〉

① 真理は滅びるものではない。
② 真理も滅びないものではない。
③ 道理として死ぬものはいない。
④ 道理として死なないものはない。
⑤ 道理なくして死ぬことはできない。

となる。選択肢は直訳型になっていないが、傍線部の後で述べていることもヒントになる。

中にあれば私はその水が杯の水とわかる。その水を大河や海に投げ入れれば、大河や海の水を見るだけだ。

答 ④

解説 「理《り》として」という表現からも、③・④の「道理として」がよいと考えられるが、「無不…」が「…しないものはない」と訳す二重否定であるから、③は不適当である。

訳 （弟子の孟孫陽が尋ねて）言った、「ここにある人がいて、生を大切にし、体を大切にして、死なずにいたいと望んでいるとします。それはできるでしょうか」と。（師の楊子が答えて）言った、「――」と。

★★ □ **5** 傍線部「人非レ不レ霊二於鼠一、制レ鼠不レ能二於人一而能二於狸奴一」とあるが、どのようなことを言っているのか。その説明として最も適当なものを一つ選べ。（センター）

噫《ああ》、人非《ザルモ》レ不《ルニ》レ霊《ナラ》二於鼠《ヨリモ》一、制《スルコト》レ鼠《ヲ》不《シテ》レ能《クセ》二於人《ニ》一而能《クス》二於狸奴《ニ》一。狸奴非《ザルモ》レ霊《ナルニ》二於人《ヨリモ》一、鼠畏《おそレテ》二狸奴《ヲ》一而不レ畏《レ》レ人《ヲ》。〈胡祭酒集〉

（注）○狸奴――猫の別称。

① 人間は鼠よりも賢くすぐれているのだが、鼠をおさえることができるのは、人間ではなくて猫である。

② 人間は鼠ほどすばしこくないので、猫を利用するのでなければ、鼠を追い出すことができない。

③ 人間は鼠よりも知能が発達しているのだが、猫を飼いならすようには、鼠を飼いならすことはできない。

④ 人間は霊長類の最たるものなのだが、現実に鼠を支配することができるのは、人間ではなくて猫である。

⑤ 人間は鼠ほどずる賢くはないので、猫を捕まえることはできても、鼠を捕まえることまではできない。

答 ①

解説 「非不…」の二重否定によって、「人」は「鼠」よりも「霊」でないのではない、つまり「霊」であると言っているのであるから、①・③に絞られる。あとは、「霊」の語義からどちらが適切であるかを判断することになるが、③は後半の解釈も文脈に合わない。

訳 ああ、人間は鼠よりも賢くてすぐれているのだが、鼠をおさえることは人間にはできなくて猫にはできる。猫は人間よりも賢くてすぐれているわけではないが、鼠は猫を恐れて人間を恐れない。

□6 ★★★ 傍線部「君子不レ可レ不レ学」を口語訳せよ。（鹿児島大）

子路曰《ハク》、「学豈《ニ》益《アラン》也《や》-哉《ト》。」孔子曰《ハク》、「夫《そレ》木受《クレバ》レ縄《ヲ》則《チ》直《なほク》、人受《クレバ》レ諫《いさメヲ》則《チ》聖《さとシ》。受《ケテ》レ学《ヲ》重《ネテ》問《ハバ》、孰《カ》不《ラン》レ順《ナラ》哉《や》。毀《そしリ》レ仁《ヲ》悪《にくマバ》レ士《ヲ》、必《ズ》近《ヅク》二於刑《ニ》一。君子《ハ》不《ト》レ可《カラ》レ不《ル》レ学《バ》。」〈孔子家語〉

（注）○縄——直線を引くための墨縄。

□7 ★★ 傍線部「欲レ使レ之、未二嘗不一レ在二於側一」を、「之」の指すものを具体的にしながら、現代語訳せよ。（弘前大）

子曰《ク》、「汝不《ル》レ聞《カ》乎。昔瞽《こ》瞍《そう》有《リ》レ子、曰《フ》レ舜《しゅんト》。舜之事《つかフルヤ》二瞽瞍《ニ》一、欲《スレバ》レ使《ハント》レ之《ヲ》、未《ダ》二嘗《テ》不《ンバアラ》一レ在《ラ》二於側《ラニ》一。索《メテ》而殺《サントスレバ》レ之《ヲ》、未《ダ》二嘗《テ》可《カラ》一レ得。小《しよう》棰《すいハ》則《チ》待《チ》レ過《グルヲ》、大杖《ハ》則《チ》逃《レ》走《ル》。故《ニ》瞽瞍《ハ》不《シテ》レ犯《サ》二不《ル》レ父《タラ》之罪《ヲ》一、而舜《ハ》不レ失《ハ》二烝《じよう》烝《じよう》之孝《ヲ》一。」〈孔子家語〉

（注）○瞽瞍——伝説上の皇帝である舜の父。 ○小棰——小さな杖。
○烝烝——ここでは孝行心の厚いさま。

答 君子〔徳のある人間〕は学問をしなければならない。

解説 「不可不A」は「Aしなければならない」と訳す二重否定。

訳 子路が（孔子に）言った、「学問などどうして役に立つでしょうか」と。孔子は言った、「そもそも木材は墨縄を当てられればまっすぐになり、人は諫めを受け入れれば賢明になる。（先生について）学習し繰り返し質問すれば、誰が順調に成長しないものがあろうか。仁者をそしり士人を憎めば、必ず（法を犯して）刑に処せられるようになる。——」と。

答 舜を使おうとすると、今まで一度たりとも父の側にいなかったことがなかった。

解説 「未嘗不A」は「未だ嘗てAせずんばあらず」で、「まだ今まで一度もAしなかったことはない」のように訳す。

訳 先生（＝孔子）は言った、「おまえは聞いたことがないか。昔瞽瞍には子があり、舜といった。舜は瞽瞍に仕えたが、——。舜を探して（舜を）殺そうとすると、一度も見つけることができなかった。小さな杖で叩かれる罰は終わるのを待ち、大きな杖による罰からは逃げ去った。だから瞽瞍は父の道に背く罪を犯すことなく、舜は厚い孝行の道を失わなかったのだ。

☐ 8 ★★ 傍線部「是日所レ談、莫レ非二高論一。如レ雲如レ雨、各逞二才智一。独責煖終席不レ言」を、平易な現代語に訳せ。

（東京大）

敝《へい》郷《きやう》之東、有大都邑《いふ》、名曰亜《あ》徳《とく》那《だ》。其在昔時、興学勧教、人文甚盛。責《さく》煖《だん》氏者《は》、当時大学之領《りやう》袖《しう》也。其人有徳有文。偶《たまたま》四方使者、因事来廷。国王知使者賢、甚敬之、則大饗《もてなス》之。是日所談、莫非高論。如雲如雨、各逞《たくましウス》才智。独責煖終席不言。

〈畸人十篇〉

答 その日の談話は、皆高尚なものばかりであった。各人が大いに才智を発揮した。（だが）責煖だけは宴が終るまで一言も語らなかった。

解説 「莫非…」は「…でないものはない」と訳す二重否定であるが、「すべて…である」のように訳しても可。「如雲如雨」は、多く盛んなことのたとえ。

訳 敝郷の東に、大きな都市があり、名を亜徳那という。その昔、学問や教育を奨励して、文化はたいそう盛んであった。責煖氏は、当時その町の大学の学長であった。その人となりは徳を備え学殖が豊かであった。たまたま四方からの使者が、所用があって朝廷に訪れた。国王は使者が賢人であることを知って、たいそう使者を敬い、大いにもてなした。――

☐9 ★★ 傍線部「宣畏悪レ之。然不二敢不一レ飲」についての、後の設問(ア)(イ)に答えよ。（東京大）

応《おう》郴《ちん》為《り》二汲《きふ》令《ノ》一。以《テ》二夏至《ノ》日《ヲ》一見《み》二主簿杜《と》宣《せんヲ》一、賜《フ》レ酒《ヲ》。時《ニ》北壁《ノ》上《ニ》有《リ》レ懸《クル》二赤弩《どヲ》一、照《うつリ》二於盃中《ニ》一、其《ノ》形如《シ》レ蛇《ノ》。宣畏《おそレテ》悪《にくム》レ之《ヲ》。然不二敢不一レ飲。其《ノ》日便《すなはチ》得《テ》二胸腹《ノ》痛切《ナルヲ》一、妨《ゲ》二損《シ》飲食《ヲ》一、大《イニ》以《テ》羸《るい》露《ろス》。攻治《スルコト》万端《ナルモ》、不レ為《サ》レ癒《いユルコトヲ》。

〈風俗通義〉

（注）○応郴――後漢の人。　○汲令――汲県（河南省）の長官。
○主簿杜宣――主簿は県の長官の部下。杜宣は人名。
○弩――おおゆみ。　○羸露――衰弱。

(ア) これを平易な現代語に訳せ。

(イ) 杜宣はなぜ「然不二敢不一レ飲」だったのか。簡潔に説明せよ。

答 (ア)杜宣は酒盃の中の赤い蛇を恐れ嫌悪した。しかしその酒を飲まないわけにはいかなかった。
(イ)酒は、上司である応郴にふるまわれたものであったから。

解説 「之」は酒盃の酒に映っている「赤弩」であるが、杜宣はそれを「蛇」と思っている。「然」は、逆接の「しかれども」。「不敢不A」は「Aしないわけにはいかない」と訳す二重否定。

訳 応郴は汲県の長官であった。夏至の日に長官の部下主簿の杜宣を引見し、酒を振る舞った。その時北側の壁に赤い大弓が掛かっていて、その影が杜宣の杯中に映り、その様が蛇のようであった。――その日杜宣は胸元や腹部に苦痛を覚え、飲み物や食べ物が喉を通らなくなり、たいそう衰弱していった。手をつくして治療したが、治ることはなかった。

部分否定と全部否定

1 不㆓常ニハ……㆒セ・常ニ不㆓……㆒セ

□1「不㆓常……㆒」は部分否定で、[1 ★★★]と読み、訳し方は[2 ★★★]となる。

□2「常不㆓……㆒」は全部否定で、[3 ★★]と読み、訳し方は[4 ★★]となる。

□3 次のそれぞれの文を読んで、訳してみよう。

不㆓常ニハ有㆒ラ。　読[5 ★★★]　訳[6 ★★★]

常ニ不㆑有ラ。　読[7 ★★]　訳[8 ★★]

2 不㆓復タ……㆒セ・復タ不㆓……㆒セ

□1「不㆓復……㆒」は部分否定で、[1 ★★★]と読み、訳し方は[2 ★★★]となる。

□2「復不㆓……㆒」は全部否定で、読み方は部分否定の場合と同じく[3 ★★]であるが、訳し方は[4 ★★]となる。

COMMENT

「不＋副詞」の語順が部分否定。「副詞＋不」が全部否定。大事なのは部分否定！

正解

1
(1) つねには…せず
(2) いつも…するとは限らない
(3) つねに…せず
(4) いつも…しない
(5) 常《つね》には有《あ》らず。
(6) いつもあるとは限らない。
(7) 常《つね》に有《あ》らず。
(8) いつもない。

2
(1) また…せず
(2) 二度と再び…しない
(3) また…せず
(4) 今度もまた…しない

□3 「不」が「常」や「復」のような副詞の上にある形が部分否定で、副詞が「不」の上にある形が全部否定であるが、大事なのは部分否定の方で、右の二例以外にも次のようなものがある。読んで、訳してみよう。

不㆓倶《ニハ》……《セ》㆒ 読 5 ★★ 訳 6 ★★
◆「倶不㆓……㆒」（ともに…せず）は「両方とも…しない」。

不㆓必《ズシモ》……《セ》㆒ 読 7 ★★ 訳 8 ★★
◆「必不㆓……㆒」（必ず…せず）は「必ず…しない」。

不㆓甚《シクハ》……《セ》㆒ 読 9 ★ 訳 10 ★
◆「甚不㆓……㆒」（甚しく…せず）は「ひどく…しない」。

不㆓尽《クハ》……《セ》㆒ 読 11 ★ 訳 12 ★
◆「尽不㆓……㆒」（ことごとく…せず）は「すべて…しない」。

不㆓重《ネテハ》……《セ》㆒ 読 13 ★ 訳 14 ★
◆「重不㆓……㆒」（重ねて…せず）は「今度もまた…しない」。

(5) ともには…せず
(6) 両方とも…するということはない
(7) かならずしも…せず
(8) 必ず…するとは限らない
(9) はなはだしくは…せず
(10) それほど…ではない
(11) ことごとくは…せず
(12) すべてを…することはない
(13) かさねては…せず
(14) 二度と再び…しない

POINT

不㆓常《ニハ》……《セ》㆒〈未然形〉
読 つねニハ…セず
訳 いつも…するとは限らない
部分否定の形。「常不㆓……㆒（つねニ…せず）」であれば全部否定で「いつも…しない」の意となる。

不㆓復《タ》……《セ》㆒〈未然形〉
読 まタ…セず
訳 二度と再び…しない
部分否定の形。「二度と…しない」は強調の意で、「一度はしたが…」という意がないこともある。

実戦問題

★★ □ **1** 傍線部「尽」の読み方を、送りがなも含めて、ひらがなで書け。（立命館大）

朕既ニ在リテ二九重ニ一、不レ三能ハ尽ク見ルコト二天下ノ事ヲ一。故ニ布キ二之ヲ卿等ニ一、以テ為ス二朕之耳目ト一。〈貞観政要〉

★★ □ **2** 傍線部「必」の読みをひらがなで記しなさい。（送り仮名を含む）（山口大）

天下ノ自ラ棄テ自ラ暴《そこなフ》者、非ザル二必皆昏愚ナルニハ一也。〈近思録〉

（注）○昏愚——理に暗く愚かである。

★★ □ **3** 傍線部「便不復飢」を、ひらがなで書き下して記せ。（現代仮名遣いも可とする）（早稲田大）

是ノ日中ニ其ノ子在リ二穴中ニ一。忽チニ於テ二小穴ノ明処ニ一見ル二一ノ沙門ヲ一。従リ二穴中一入リ来リ、持シ二一鉢ノ飯ヲ一、以テ授ク二此ノ人ニ一。食シ訖《をハリ》便不復飢。〈冥報記〉

答 ことごとくは

解説 「不能」の下にあるので「尽」は部分否定に読む。

訳 私はいつも宮中におり、天下の出来事をすべて知ることができるわけではない。だからそなたたちにそれを手分けさせ、（そなたたちを）私の耳や目（の代わり）にしているのだ。

答 かならずしも

解説 否定語「非」の下にあるので、「必」は部分否定に読む。

訳 世の中の自分を捨て自分を損なう者が、皆必ずしも道理に暗く愚かであるとは限らない。

答 すなは[わ]ちまたうゑ[え]ず。

解説 「便」は「すなはち」。「飢」はワ行下二段動詞「飢う」。

訳 この日の昼に息子は穴の中にいた。突然小さな隙間の明るいところに、一人の僧の姿を見た。（僧は隙間から）穴の中に入ってきて、一椀の飯を持っていて、それを息子にくれた。（息子が）食べ終わるとそれから二度と空腹を感じなくなった。

□4 ★★ 傍線部「父兄不可常依、郷国不可常保」を書き下し文に直せ。（熊本大）

夫レ明二ラカニシ六経之指一ヲ、渉二ルハ百家之書一ニ、縦ヒ不レルモ能下ハ増二|益シ徳行一ヲ、敦《とん》中|厲《れい》スル風俗上ヲ、猶ホ為リ二一芸一ト、得二テ以自ラ資一スル。父兄不可常依、郷国不可常保。一旦流離シテ、無二クンバ人ノ庇《ひ》廕《いん》スル一ニ、当三キ自ラ求二ム諸身一ニ耳。

〈顔氏家訓〉

（注）○六経之指――「六経」は儒家の重んずる詩・書・楽・易・礼・春秋の六種類の経書。「指」はここでは「旨」に通じ、趣旨、内容の意。○敦厲――手厚く励ます。
○流離――国を離れてさすらうこと。○庇廕――かばう。助け守る。
○諸――ここでは「於」「乎」に同じ。

□5 ★★★ 傍線部「幾不二復与一レ子相見一」をわかりやすく口語訳しなさい。（大阪大）

覆《くつがへ》二セバ盆水ヲ於地一ニ、芥《あくた》ハ浮二カビ於水一ニ、蟻ハ附二キ於芥一ニ、茫然トシテ不レ知レラ所レヲ済《な》ス。少《しょう》焉《えん》ニシテ水涸《か》レ、蟻ハ即《ただち》ニ径去リ、見《まみ》二エテ其類一ニ、出レシテ涕《なみだ》ヲ曰ク、「幾《ほとん》ド不二ラントスト復タ与レ子相ヒ見エ一。」

〈曲洧旧聞〉

（注）○少焉――しばらくすると、の意。

答 父兄《ふけい》は常《つね》には依《よ》るべからず、郷国《きやうこく》は常《つね》には保《たも》つべからず。

解説 対句になっているから、前半・後半同じように読めばよい。「常」はいずれも「不可」の下にあるので「常には」。「依る」「保つ」はいずれも四段活用。終止形から「不可」へ返る。

訳 そもそも六経の趣旨を理解し、多くの学者の書に目を通すのは、たとえ（それによって）人徳を増したり、社会風俗を手厚く励ましたりするようなことができない（大きな）ことがとしても、（書物を読んだことが）一つの技術となり、身を助けることができる。父兄がいつまでも頼りになるとは限らないし、故郷や国家がいつまでも存続できるとは限らない。ひとたび国を離れてさすらい、助け守ってくれる人がいなくなったら、当然自分で身を守るしかないのである。

答 もう少しで二度と再びあなたにお会いできなくなるところでした。

解説 「与」は「と」。「子」は蟻の仲間への呼びかけ。「見」は「まみゆ（＝お目にかかる）」。

訳 鉢に入れた水を地面にひっくり返せば、ごみは水に浮かび、蟻は（その）ごみにつかまり、茫然として為す術を知らない。しばらくすると水は引き、蟻は急いで（その場を）去り、仲間に会って、涙を流しながら言った、「――」と。

□6 ★★★ 傍線部「家貧不常得油」の意味として最も適当なものを、次の1〜4の中から一つ選べ。（学習院大）

晋ノ車《しゃ》胤《いん》、恭勤ニシテ不レ倦マ、博覧多通ナリ。家貧不常得油。夏月ニハ則チ練嚢ニ盛リ二数十ノ蛍火ヲ一、以テ照ラシレ書ヲ、以テレ夜ヲ継グレ日ニ焉。〈蒙求〉

（注）○練嚢《れんのう》――柔らかい絹の袋。

1　家が貧しいため、いつも燈火の油を手に入れることができなかった。
2　家はいつも貧しいわけではなく、燈火の油が買えることもあった。
3　家は貧しくなく、いつも燈火の油を手に入れることができた。
4　家が貧しくて、ときどき燈火の油を買えないことがあった。

答 4

解説 部分否定ではよく用いられている有名な例文である。「家貧しくして常には油を得ず」と読む。

訳 晋の車胤は、慎み励み怠ることなく、広く書物を読んで多くのことに通じていた。家が貧しくていつも油を手に入れられるわけではなかった。夏には絹の袋に数十匹のホタルを入れ、その光で書物を照らし、昼も夜も書物を読んだ。

□ **7** ★★ 傍線部「狐必不二敢復至一矣」についての後の質問(ア)・(イ)に答えよ。 (九州大)

武昌ノ張氏ニ有リ二子婦《むすこのよめ》一、為ル二狐ノ所トレ惑ハス。百計モテ駆ラントスルモレ之ヲ不レ獲。一日、置キレ酒ヲ召スレ客ヲ。張ル二宣和《せんな》御筆ノ画鷹《がよう》ヲ於堂上ニ一。比《およビ》二客去ルニ一、狐夜分ニ始メテ至リテ云ク、「幾ンド不トレ免レ。」婦問ヘバレ之ニ、狐曰ク、「汝ガ家ノ堂上ニ有リ二神鷹一、見テレ我ヲ即チ奮ヒテ欲ス二搏《はく》撃《げき》セント一。非ザレバ三項《くび》ニ有ルニ二鉄ノ絙《つな》一、将ニトレ不ラントレ免レ矣。」質明ニ狐去レバ、婦以テ語ル二其ノ夫ニ一。或ルヒト謂ヒテレ之ニ曰ク、「画ハ誠ニ神物ナリ。蓋《なんゾ》ざランヤレ爇《やキ》二去ラ其ノ絙ヲ一。狐必不二敢復至一矣。」如クス二其ノ言ノ一。至リテレ夕ニ、果タシテ有リ三狐ノ撃タレテ死スル二堂下ニ一。

〈池北偶談〉

(注)○武昌——湖北省の地名。
○宣和御筆画鷹——芸術に秀でた北宋の徽宗《きそう》皇帝がみずから描いた鷹《たか》の絵。宣和は徽宗の年号。
○搏撃——おそいかかる。 ○質明——夜あけがた。 ○爇——焼く。

(ア) 書き下し文に改めよ。
(イ) わかりやすく解釈せよ。

答 (ア)狐《きつね》必《かなら》ず敢《あ》へて復《ま》た至《いた》らざらん(と)。
(イ)狐はきっと二度と姿を現すことはなくなるでしょう。

解説 「必」は否定とはからんでいないので「必ず」でよい。返り方は四段動詞「至る」から「不」へ返るだけであるが、できれば「不」に推量の「ん」をつけたい。「必ず敢《あ》へて」と強調しているが、「復《ま》た至らず」は部分否定の形。

訳 武昌の張氏に息子の嫁がおり、(その嫁が)狐に(とりつかれて)惑わされていた。あらゆる手段を講じて狐を駆除しようとしたが捕獲できなかった。ある日、宴会を開いて客を招待した。宴席には宋の徽宗が描いた鷹の絵が飾られていた。客が帰った頃、狐が夜更けにようやく姿を現して言った、「あやうく逃れられないところであった」と。嫁がわけを問うと、狐は言った、「おまえさんの家の広間に神鷹がいて、おれを見るやすぐさまふるいたち今にも襲いかかって来ようとしたのだ。首が鉄の鎖でつながれていなかったら、逃れきれず殺されるところだった」と。夜あけがたに狐が去ると、嫁はことの次第を夫に告げた。ある人が家人に言った、「天子の描いた絵は神物である。その(鷹の自由を奪う)鎖を焼き消してしまえばよろしい。——」と。この人の言葉どおりにした。夜になると、思ったとおり館の側に鷹に殺された狐の死体が転がっていた。

疑問形・反語形

COMMENT

疑問形と反語形は見かけ上はほぼ同じである。推量の「ン」が反語形のポイント！

1 ……《(スル・ス)セン》乎（也・哉・与・耶・邪・歟）

□1 「乎・也・哉・与・耶・邪・歟」は、[1 ★★★]あるいは[2 ★★★]と読む。疑問形の場合は、次のようになる。

- 体言［名詞］・活用語の連体形＋「乎」……[1 ★★★]と読む。
- 活用語の終止形＋「乎」…………[2 ★★★]と読む。

□2 反語形の場合は、「……」は活用語の未然形で、そこに推量の助動詞[3 ★★★]をつけて、「乎・也・哉・与・耶・邪・歟」は必ず[4 ★★★]と読む。

□3 次のそれぞれの文を読んで、訳してみよう。

無《キ》レ馬乎。　読 [5 ★★★]　訳 [6 ★★★]

無《カラン》レ馬乎。　読 [7 ★★★]　訳 [8 ★★★]

正解

(1) か　(2) や

(3) ン［ん］　(4) や

(5) 馬《うま》無《な》きか。
(6) 馬がいないのか。
(7) 馬《うま》無《な》からんや。
(8) 馬がいないことがあろうか、いやいる。

2 何《ゾ》……セン《スル》（乎）

□1 「胡・奚・庸・曷・何遽」なども「何」と同じく【1 ★★★】と読む。

□2 「何ぞ」のような疑問詞とセットになる場合の文末の「乎・也・哉・与・耶・邪・歟」は、必ず【2 ★★★】と読むが、疑問詞があれば、「乎」は省略されることも多く、疑問詞との係り結びで、「……」は活用語の【3 ★★】形になる。

□3 この形も、「何ぞ…せん（や）」のように推量の助動詞「ん」が入ると反語形になる。次のそれぞれの文を読んで、訳してみよう。

何《ゾ》不《ル》レ楽《シマ》乎。 読【4 ★★★】 訳【5 ★★★】

何《ゾ》不《ラン》レ楽《シマ》乎。 読【6 ★★★】 訳【7 ★★★】

□4 「何」に「為」をつけた「何為」は【8 ★★★】と読むが、訳し方は「何ぞ」と同じである。「胡為・奚為・曷為」でも同じ。

POINT

疑問 ……（スル・ス）乎 〈連体形〉〈終止形〉	読 …か・…スルか・…スや 訳 …か・…する(の)か
疑問 何《ゾ》……スル（乎）〈連体形〉	読 なんゾ…スル(や) 訳 どうして…する(の)か
反語 ……セン乎 〈未然形〉	読 …センや 訳 …するだろうか(いや…しない)
反語 何《ゾ》……セン（乎）〈未然形〉	読 なんゾ…セン(や) 訳 どうして…するだろうか(いや…しない)

(1) なんぞ
(2) や
(3) 連体
(4) 何《なん》ぞ楽《たの》しまざるや。
(5) どうして楽しまないのか。
(6) 何《なん》ぞ楽《たの》しまざらんや。
(7) どうして楽しまないだろうか、いや（大いに）楽しむ。
(8) なんすれぞ

3 安《クンゾ》……スル/セン（乎）・安《クニカ》……スル/セン

□1 「安」は［1 ★★★］と読み、疑問形・反語形としての用い方・訳し方は「何」とほぼ同じである。他に「寧・焉・悪・烏」も同様に用いる。次のそれぞれの文を読んで、訳してみよう。

安《クンゾ》不《ル》レ行《カ》。　読［2 ★★★］　訳［3 ★★★］

安《クンゾ》不《ラン》レ行《カ》。　読［4 ★★★］　訳［5 ★★★］

□2 「安」は「いづくにか」と読むと「［6 ★★］…か」と場所を問う疑問詞になる。「いづくにか…ん」であれば反語形になる。「何・焉」も用いる。

安《クニカ》在《ル》。　読［7 ★★］　訳［8 ★★］

4 誰《カ》……スル/セン

□1 「誰」は［1 ★★］と濁らないで読み、「孰」も同様に用いる。文末に「乎」を用いない場合が多い。次のそれぞれの文を読んで、訳してみよう。

孰《カ》好《ム》レ学《ヲ》。　読［2 ★★］　訳［3 ★★］

正解

(1) いづくんぞ
(2) 安《いづ》くんぞ行《ゆ》かざる。
(3) どうして行かないのか。
(4) 安《いづ》くんぞ行《ゆ》かざらん。
(5) どうして行かないだろうか、いや行く。
(6) どこに
(7) 安《いづ》くにか在《あ》る。
(8) どこにあるのか。

(1) たれか
(2) 孰《たれ》か学《がく》を好《この》む。
(3) 誰が学問好きか。

誰カ無カラン レ死。

読 4★★
訳 5★★

□2 疑問で用いる場合は、「誰《たれ》か…(する)者ぞ」や、文末で用いて、「…は誰《た》ぞ」とする形も多い。「誰《たれ》を…する」であれば 6★★ と訳す。

5 孰レカ……スル

□1 「孰」は「いづれか」と読んで、 1★★ と訳すこともある。反語形はまれで、疑問形のことが多い。次の文を読んで、訳してみよう。

礼ト与レ食孰レカ重キ。

読 2★★
訳 3★★

POINT

区分	句形	読	訳
疑問	安クンゾ……スル(乎)〈連体形〉	いづクンゾ…スル(や)	どうして…する(の)か
疑問	安クニカ……スル〈連体形〉	いづクニカ…スル	どこに…する(の)か
疑問	誰カ……スル〈連体形〉	たれカ…スル	誰が…する(の)か
疑問	孰レカ……スル〈連体形〉	いづレカ…スル	どちらが…する(の)か
反語	安クンゾ……セン(乎)〈未然形〉	いづクンゾ…セン(や)	どうして…するだろうか(いや…しない)
反語	安クニカ……セン〈未然形〉	いづクニカ…セン	どこに…するだろうか(いやどこにも…しない)
反語	誰カ……セン〈未然形〉	たれカ…セン	誰が…するだろうか(いや誰も…しない)

(4) 誰《たれ》か死無《しな》からん。
(5) 誰が死が無いだろうか、いや誰にも皆死は訪れる。
(6) 誰を…するのか
(1) どちらが…か
(2) 礼《れい》と食《しょく》と孰《いづ》れか重《おも》き。
(3) 礼と食とではどちらが重要か。

6 何《ヲ》以《テカ》……《スル／セン》

□1 「何以」は [1 ★★] と読み、「何以……連体形」であれば疑問形、「何以……未然形＋ン」であれば反語形である点は、「何ぞ」や「安くんぞ」と同じである。文末の「乎」はない例が多い。訳し方も「何ぞ」と同じである。次のそれぞれの文を読んで、訳してみよう。

何《ヲ》以《テカ》殺《ス》レ人《ヲ》。　読 [2 ★★]　訳 [3 ★★]

何《ヲ》以《テカ》殺《サン》レ人《ヲ》。　読 [4 ★★]　訳 [5 ★★]

□2 「何由」でも同じで、読み方は [6 ★] である。

7 何如・如何

□1 「何如」は [1 ★★★] と読み、状況・状態・事の是非を問い、[2 ★★★] のように訳す。「何若・奚若・奚如」でも同じ。疑問のみで、反語にはならない。

□2 「如何」は [3 ★★★] と読み、方法・手段を問い、[4 ★★★] のように訳す。こちらは反語にもなり、その場合は [5 ★★★] のような訳になる。「奈何・若何」でも同じである。

正解

6
(1) なにをもつてか
(2) 何《なに》を以《もつ》てか人《ひと》を殺《ころ》す。
(3) どうして人を殺したのか。
(4) 何《なに》を以《もつ》てか人《ひと》を殺《ころ》さん。
(5) どうして人を殺したりするだろうか、いや殺したりしない。
(6) なによりてか

7
(1) いかん
(2) どうであるか［どうか］
(3) いかんせん
(4) どうしたらよいか
(5) どうしたらよかろうか、いやどうしようもない

□**3** 「如何」は、目的語を二字の間にはさんで、「如二……一何」の形になることがある。読み方は 6 ★★★ で、訳し方は 7 ★★★ である。

□**4** 次のそれぞれの文を読んで、訳してみよう。

顔《がん》淵《ゑん》ノ為《リハ》ㇾ人《ト》何若。

読 8 ★★★　訳 9 ★★★　（為人＝人柄）

奈ㇾ若《なんぢ》ヲ何《セン》。

読 10 ★★★　訳 11 ★★★　（若＝おまえ）

□**5** 「如何」は、文頭で、12 ★★ と読み、「何ぞ」と同様に「どうして…か」の意で用いることもある。次の文を読んで、訳してみよう。

如何ゾ不ㇾ為《なサ》ラン。

読 13 ★★　訳 14 ★★

(6) …をいかんせん
(7) …をどうしたらよいか
(8) 顔淵《がんゑん》の人《ひと》と為《な》りは何若《いかん》。
(9) 顔淵の人柄はどうであるか。
(10) 若《なんぢ》を奈何《いかん》せん。
(11) おまえをどうしたらよいのか。
(12) いかんぞ
(13) 如何《いかん》ぞ為《な》さざらん。
(14) どうしてやらないだろうか、いやる。

POINT

疑問	疑問	疑問
何ヲ以テカ……スル〈連体形〉	……ハ何如	如何ゾ……スル〈連体形〉
読 なにヲもつテカ…スル 訳 どうして…する(の)か	読 …ハいかん 訳 …はどうであるか[どうか]	読 いかんゾ…スル 訳 どうして…する(の)か
反語	疑問・反語	反語
何ヲ以テカ……セン〈未然形〉	如二……ヲ一何セン〈未然形〉	如何ゾ……セン〈未然形〉
読 なにヲもつテカ…セン 訳 どうして…するだろうか(いやしない)	読 …ヲいかんセン 訳 …をどうしたらよいか	読 いかんゾ…セン 訳 どうして…するだろうか(いやしない)

8 幾何ゾ（幾許）

□1「幾何・幾許」は程度を問う疑問詞で、［1 ★★★］と読み、［2 ★★★］と訳す。反語にもなり、その場合は［3 ★★］のような訳になる。次の文を読んで、訳してみよう。

人生幾何ゾ。

読［4 ★★★］
訳［5 ★★★］

9 ……（スル）ハ何ゾ也

□1「何……也（なんぞ…するや）」を倒置して強調した形。文末で用いられ、「……何也」で［1 ★★★］と読み、［2 ★★★］のように訳す。疑問のみで、反語にはならない。次の文を読んで、訳してみよう。

不ルハレ学バ何ゾ也。

読［3 ★★★］
訳［4 ★★★］

10 何ヲカ……センスル

□1「何をか…する」と読めば疑問形で、［1 ★★］と訳す。

□2「何をか…せん」と読めば反語形で、［2 ★★］と訳す。いずれも、「胡・奚・曷」などを用いても同じである。

正解

8
(1) いくばく（ぞ）
(2) どれくらい（だろう）か
(3) どれほどであろうか
(4) 人生《じんせい》幾何《いくばく》ぞ。
(5) 人生はどれほどであろうか。（たいして長くはない）

9
(1) …（する）はなんぞや
(2) …（するの）はどうしてか
(3) 学《まな》ばざるは何《なん》ぞや。
(4) 学ばないのはどうしてか。

10
(1) 何を…するのか
(2) 何を…するだろうか、いや何も…しない

□ **3** 次のそれぞれの文を読んで、訳してみよう。

何ヲカ畏《おそ》ルル。

読 3 ★★

訳 4 ★★

何ヲカ畏レン。

読 5 ★★

訳 6 ★★

□ **4** 「何」を疑問詞として用いる形には、他にも次のようなものがある。

何ノ利カ之《こ》レ有ラン。

読 何《なん》の利《り》か之《こ》れ有《あ》らん。

訳 7 ★★ 、いや何の利益もない。

何ノ意アリテカ棲《す》ム二碧《へき》山一。

読 何《なん》の意《い》有《あ》りてか碧山《へきざん》に棲《す》む。

訳 8 ★ 緑深い山中に住んでいるのか。

何《いづ》レノ日カ是レ帰年ナラン。

読 何《いづ》れの日《ひ》か是《こ》れ帰年《きねん》ならん。

訳 9 ★

POINT

疑問・反語 幾何（ゾ）	読 いくばく（ゾ） 訳 どれくらい（だろう）か
疑問 何ヲカ……スル〈連体形〉	読 なにヲカ…スル 訳 何を…するのか
疑問 ……（スル）ハ何ゾ也〈連体形〉	読 …（スル）ハなんゾや 訳 …（するの）はどうしてか
反語 何ヲカ……セン〈未然形〉	読 なにヲカ…セン 訳 何を…するだろうか（いや何も…しない）

(3) 何《なに》をか畏《おそ》るる。
(4) 何を恐れるのか。
(5) 何《なに》をか畏《おそ》れん。
(6) 何を恐れるだろうか、いや何も恐れたりはしない。
(7) 何の利益があるだろうか
(8) どんな気持ちがあって
(9) いつになったら帰る年がくるのだろうか。

11 豈ニ……セン（哉）

□1 「豈《あ》に」を用いたこの形は、原則的に反語で、「……」に送りがな［1 ★★★］をつけて、全体で［2 ★★★］と読み、［3 ★★★］のように訳す。「哉」は「乎・也」などでも同じである。

□2 次の文を読んで、訳してみよう。

豈ニ忘レン恩ヲ哉。

読 ［4 ★★★］
訳 ［5 ★★★］

□3 次のような形は詠嘆形で、「なんと…ではないか」と訳す。（→176ページ）

豈ニ不《ず》レ悲シカラ哉。

読 豈《あ》に悲《かな》しからずや。
訳 ［6 ★★★］

12 独リ……セン（哉）

□1 「独《ひと》り」を用いたこの形も、原則的に反語で、［1 ★★］と読み、「豈……哉」と同じく、［2 ★★］のように訳す。

□2 文末の「［3 ★★］（のみ）」や、送りがなの「ノミ」と呼応する形は限定形で、「ただ…だけ」の意である。（→157ページ）

正解

11
(1) ン
(2) あに…せん(や)
(3) どうして…するだろうか、いや…しない
(4) 豈《あ》に恩《おん》を忘《わす》れんや。
(5) どうして恩を忘れるだろうか、いや忘れはしない。
(6) なんと悲しいことではないか。

12
(1) ひとり…せん(や)
(2) どうして…するだろうか、いや…しない
(3) 耳［已・爾］

□3 次の文を読んで、訳してみよう。

独リ畏レン㆑敵ヲ哉。　読 4★★　訳 5★★

13 敢ヘテ……セン(乎)

□1 「敢《あ》へて」を用いたこの形も、原則的に反語で、［1★★］と読み、［2★★］のように訳す。「……」の位置に否定を伴って、「敢不㆓……㆒乎」の形になっていることが多い。

□2 語順が「不㆓敢……㆒」となっている場合は、単なる否定形である。次のそれぞれの文を読んで、訳し分けよ。

敢ヘテ不ラン㆑走《に》ゲ乎。　読 3★★　訳 4★★

不㆓敢ヘテ走ゲ㆒。　読 5★　訳 6★

POINT

反語 豈ニ……セン(哉)〈未然形〉	読 あニ…セン(や) 訳 どうして…するだろうか(いや…しない)
反語 敢ヘテ……セン(乎)〈未然形〉	読 あヘテ…セン(や) 訳 どうして…するだろうか(いや…しない)
反語 独リ……セン(哉)〈未然形〉	読 ひとリ…セン(や) 訳 どうして…するだろうか(いや…しない)

(4) 独《ひと》り敵《てき》を畏《おそ》れんや。
(5) どうして敵を恐れたりしようか、いや恐れたりはしない。

(1) あへて…せん(や)
(2) どうして…するだろうか、いや…しない

(3) 敢《あ》へて走《に》げざらんや。
(4) どうして逃げないだろうか、いや逃げる。
(5) 敢《あ》へて走《に》げず。
(6) 決して逃げない。

実戦問題

★★ □1 傍線部「何為」の読み方を、送りがなも含めて、ひらがなで書け。〈立命館大〉

地ノ火不ンバ二為ニシテレ見るルガレ射ラ而滅セ一、天ノ火何為見れテレ射ラ而去ラン。〈論衡〉

★★★ □2 傍線部「安」の読みを、送り仮名も含めて現代仮名遣いで記せ。〈熊本県立大〉

既ニ妬メバ、安ンレ得不ルヲ二相ヒ傾ケ一。相ヒ傾クレバ、安ンレ得不ルヲレ受ケレ禍ヲ。〈呻吟語〉

（注）○傾——おとしいれる。

★★ □3 傍線部「安」をひらがなで書き下し、かつ現代語訳せよ。〈徳島大〉

醒《せい》酒《しゅ》石《せき》今安在リ哉《や》。〈七修類稿〉

（注）○醒酒石——酔いを醒《さ》ます石。

答 なんすれぞ

解説 「何為…ン」で反語の形。

訳 地上の火が矢で射たからといって消えないのなら、天の火がどうして射られて消えるであろうか（いや消えない）。

答 いずくんぞ

解説 「安…ン」で反語の形。

訳 相手を妬めば、どうして陥れないでいられようか。陥れれば、どうして禍いを受けないでいられようか（いや受ける）。

答 いづくに／どこに

解説 ここは「どうして…か」と訳す位置ではないので「いづくんぞ…」ではない。「いづくにか…」と読みたいが、文末に「や」がある場合は「いづくに…や」となる。

訳 醒酒石は今どこにあるのか。

□4 ★★ 二重傍線部「孰」の読み方を、送り仮名も含めてすべて平仮名で書きなさい。現代仮名遣いでもよい。（弘前大）

今参《しん》ノ事フルヤレ父ニ、委《ゆだ》ネテレ身ヲ以テ待チ二暴怒ヲ一、殪《たふ》レテ而不レ避ケ。既ニ身死シテ而陥ルレバ二父ヲ於不義ニ一、其ノ不孝孰カ大ナランレ焉《これ》ヨリ。

〈孔子家語〉

（注）○参——曾参。孔子の弟子。　○暴怒——父の激しい怒り。

□5 ★★★ 傍線部「何如」をすべてひらがなで書き下しなさい。現代仮名遣いでよい。（神戸大）

蜀《しよく》之鄙《ひ》ニ有リ二二僧一。其ノ一ハ貧ニシテ、其ノ一ハ富タリ。貧者語リテ二於富者ニ一曰ク、「吾欲スレ之《ゆ》カント二南海ニ一、何如ト。」

〈為学一首示子侄〉

（注）○蜀——現在の四川省を中心とする地域の古称。　○鄙——辺境。
○南海——浙江《せっこう》省に位置する普陀《ふだ》山。観音菩薩《ぼさつ》が住むと言われる、仏教の聖地の一つ。

答 いづれか〔いずれか〕

解説 「孰」は「いづれか（＝どちらが。どれが）」、あるいは、「たれか（＝誰が）」と読む。この場合は人物を問うているのではない。

答 いかん（と）

解説 「 」をとじる送りがな「ト」は、なくても可。あってもよいし、（ ）に入れてもよい。

訳 今曾参は父に仕えるにあたって、身を父に委ねて乱暴な怒りを受け、倒れても避けなかった。もし死んでしまって父を（子殺しという）罪に陥れていたら、その親不孝は何がこれより大きなことがあろうか。

訳 蜀の田舎に、二人の僧がいた。一人は貧乏で、もう一人は金持ちであった。貧乏な僧が金持ちの僧に語って言った、「私は南海（の普陀山）に行こうと思いますが、いかがでしょう」と。

★ □6 空欄Aに入るものを、後のア～オの中から一つ選べ。（法政大）

晋ノ中《ちゆう》行《かう》穆《ぼく》伯《はく》攻ムレ鼓《こ》ヲ。経テレ年ヲ而不レ能ハレ下スコト。餽《き》間《かん》倫《りん》曰ク、鼓之嗇《しよく》夫《ふ》、間倫知ルレ之ヲ。請フ無クシテレ疲ラス二士大夫ヲ一、而鼓可レ得シト。穆伯不レ応ヘ。左右曰ク、不レ折ラ二一戟ヲ一、不シテレ傷ハ二一卒ヲ一、而鼓可シレ得。君[A]不ルトレ取ラ。〈貞観政要〉

（注）○中行穆伯――春秋時代、晋《しん》の大夫。
○鼓――春秋時代、現在の河北省にあった国の名。
○餽間倫――晋の人。　○嗇夫――小役人。

ア　於此　イ　幾何　ウ　果然　エ　奚為　オ　以為

★★★ □7 傍線部の空欄[a]と[b]に入る字の最も適当な組合せを、後の①～⑤のうちから一つ選べ。（センター）

其ノ仮リテ而不ルレ帰サ者ハ尤《もつと》モ可シレ笑フ。君子ハ不レ奪ハ二人ノ所ヲ一レ好ム、己ノ所ハレ不ルレ欲セ勿《なシ》レ施ス二於人ニ一。[a]有下仮ニ二人ニ物ヲ一而不レ帰サレ之ヲ者上[b]。〈帰潜《きせん》志《し》〉

答 エ

解説 選択肢ア「於此」は「ここにおいて」。イ「幾何」は「いくばく（か）」。ウ「果然」は「果《か》然《ぜん》として」（＝はたして）。エ「奚為」は「なんすれぞ」。オ「以為」は「おもへらく」。

訳 晋の大夫の穆伯は鼓を攻めた。（しかし）一年経っても鼓を破ることができなかった。餽間倫が言った、「鼓の小役人を、私は知っております。（その者を利用すれば）士大夫を疲弊させることがなく、鼓を手に入れることができましょう」と。穆伯は答えなかった。左右の臣下が言った、「一本の戟を折らず、一人の兵卒を損なうことなく、鼓を得られるのです。あなたはどうしてこの策をとらないのですか」と。

答 ⑤

解説 選択肢はそれぞれ、①は限定形で「但《た》だ…のみ」。②は仮定形で「若《も》し…」。「矣」は置き字になる。③は「雖」が「…といへども」と返読するので[a]には入れられ

訳 （書物を）借りて返さないような者ははなはだ笑止である。君子は人が好んでいるものを奪ったりしないし、自分が嫌だと思うことを人にしたりしない。（君子でありながら）どうして人に物を借りて返さないような者がいようか（いやいるは

（注）○仮——書物を人から借りることをいう。

① a＝但　b＝耳　② a＝若　b＝矣
③ a＝雖　b＝也　④ a＝縦　b＝焉
⑤ a＝豈　b＝耶

□8 ★★★ 傍線部「何不下縄懸二此物一、以レ銃発二鉛丸一撃上レ之」の解釈として最も適当なものを、次の①〜⑤のうちから一つ選べ。（センター）

有リレ客携ヘ二柴《さい》窯《えう》ノ片磁ヲ一、索《もと》メテ二数百金ヲ一云フ、「嵌《は》ムレバ二於冑《かぶと》ニ一、臨ンデレ陣ニ可シ三以テ辟《さく》ク二火器ヲ一。然レドモ無シトレ由ルレ知ルニ二確タルヤ否ヤヲ一。」余曰ハク、「何ゾ不ル下縄モテ懸ケ二此ノ物ヲ一、以テレ銃ヲ発シテ二鉛丸ヲ一撃タ上レ之ヲ。」

〈閲微草堂筆記〉

（注）○柴窯——磁器の名品を産んだ古い窯の名。　○辟——避ける。免れる。

① どうして冑を縄でつるし、銃弾で撃たないことがあろうか。
② どうして冑を縄でつるし、銃弾で撃たないのか。
③ どうして磁器の破片を縄でつるし、銃弾で撃たないのか。
④ どうして冑を縄でつるさずに、銃弾で撃つことができようか。
⑤ どうして磁器の破片を縄でつるさずに、銃弾で撃つことができようか。

ない。④は仮定形で「縦《たと》ひ…とも」。これも「焉」は置き字になる。⑤は反語形で「豈《あ》に…んや」。

ずはない）。

答 ③

解説 「何ぞ…ざる」は再読文字「盍」と同じで、「どうして…しないのか」と訳す。この形そのままの訳し方である②・③に絞れるので、あとは「此の物」が「冑」か「磁器の破片」かである。①・④・⑤は反語形の訳し方になっており、④・⑤は「つるさずに」の否定の訳も間違っている。

訳 客人がやって来て柴窯の磁器の破片物を持って来て、数百金で売ろうとして言った、「（この磁器の破片を）かぶとにはめると、戦場で銃弾をよけることができる。しかしそれが本当かどうかは知るよしもない」と。（そこで）私は言った、「——」と。

★★ □ **9** 傍線部「何以知レ之」の意味として最も適当なものを、次の①～⑤のうちから一つ選べ。

（センター）

衛《ゑい》ノ霊《れい》公《こう》与二夫人一夜坐シ、聞ク二車声ノ轔《りん》轔《りん》タルヲ一。至リテレ闕《けつ》ニ而止《とど》マリ、過ギテレ闕ヲ復タ有リレ声。公問ヒテ二夫人ニ一曰ハク、「知ルト二此レ為《た》ルカヲレ誰《たれ》。」夫人曰ハク、「此レ必ズ蘧《きよ》伯《はく》玉《ぎよく》也ト。」公曰ハク、「<u>何ヲ以テカ知ルトレ之ヲ</u>。」

〈列女伝〉

（注）○衛霊公――春秋時代の衛国の君主。　○闕――宮殿の門。

① それがわかるはずがあるだろうか
② そのことがいつわかったのか
③ 何としてもそれを知りたいのか
④ どうしてそれがわかるのか
⑤ 誰《だれ》がそれを教えてくれたのか

答 ④

解説「何を以てか…連体形」は疑問形。「どうして…のか」と訳す。①は反語形の訳である。②の「いつ…か」、③の「何としても…のか」、⑤の「誰が…か」のような訳し方にはならない。「之」は車の主が蘧伯玉だということ。

訳 衛の霊公が夫人と夜くつろいでいると、馬車の響く音が聞こえた。（馬車の音は）宮殿の門までやってくると止まり、門を過ぎるとまた音を立てた。霊公が夫人に尋ねて言った、「あの馬車の主が誰だかわかるか」と。夫人が言った、「これは必ず蘧伯玉に違いありません」と。霊公が言った、「――」と。

□10 ★★★ 傍線部「城中安得レ有二此獣一」の解釈として最も適当なものを、次の①～⑤のうちから一つ選べ。 （センター）

楚ノ人ハ謂レヒテ虎《とら》ヲ為二シ老虫一ト、姑《こ》蘇《そ》ノ人ハ謂レヒテ鼠《ねずみ》ヲ為二ス老虫一ト。余官二シ長《ちやう》洲《しう》一ニ、以レテ事ヲ至二リ婁《ろう》東一ニ、宿二ス郵館一ニ。滅レシ燭《しよく》ヲ就《つ》レクニ寝ニ、忽チ碗《わん》碟《てふ》砉《けき》然トシテ有レリ声。余問レフ故ヲ。閽《こん》童答ヘテ曰ハク、「老虫ナリト。」余ハ楚ノ人也、不レシテ勝二ヘ驚錯一ニ曰ハク、「城中安得レ有二此獣一。」童曰ハク、「非二ズ他獣一ニ、鼠也ト。」

〈雪濤小説〉

（注）○姑蘇――呉地方の古いみやこ。ここでは広く呉地方を指す。
○長洲――呉地方に属する県の名。 ○婁東――呉地方に属する町の名。
○郵館――宿屋。 ○碗碟――食器。 ○砉然――がたがたと音を立てるさま。
○閽童――門番の少年。

① まちに虎がいて安全といえるのだろうか
② とりでは安全なので鼠が多いのだろうか
③ まちに虎がいるはずがないではないか
④ とりでにどうして虎がいるのだろうか
⑤ まちに鼠がいるのは当然ではないか

答 ③

解説 送りがなが省かれているが、この「安」は反語形で、「城《じやう》中《ちゆう》安《いづ》くんぞ此《こ》の獣《じう》有《あ》るを得《え》ん」と読む。「城」は漢文では「街」なので、そこでも②・④は消去できる。「此の獣」は、楚の人間である「余（＝私）」にとっては、「老虫＝虎」。「獣」という語からしても「鼠」ではあるまい。この点では、②・⑤が消去される。「安」は疑問詞であって、「安全」というようなことを言っているのではない点では、①・②が消去できる。

訳 楚の人は虎のことを老虫といい、呉の人は鼠のことを老虫という。（かつて）私は呉地方の長洲に赴任し、仕事で婁東に行き、宿屋に泊まった。灯りを消して眠りについた頃、突然食器ががたがたと音を立てた。私は（宿屋の者に）わけを尋ねた。門番の少年が答えて言った、「老虫です」と。私は楚の者なので、ひどく驚いて言った、「――」と。少年は言った、「そんな獣のことではありません、鼠ですよ」と。

★★ □ **11** 傍線部「以二斉国一無レ士何也」の解釈として最も適当なものを一つ選べ。（立教大）

斉王之謂ヒテ二尹《いん》文《ぶん》ニ一曰ク、「寡人甚ダ好ムレ士ヲ。以二斉国一無レ士何也。」〈公孫竜子〉

（注）○尹文――戦国時代の思想家。

1 斉国に士がいないのはどうしてか。
2 斉国には士がいなくては、どうしようもない。
3 斉国には士がいないが、どうしたらよいか。
4 斉国に士がいないのは、しかたがないか。
5 斉国は士を軽んじる国だと思われているか。

答 1

解説 送りがなが省かれているが、読み方は「斉《せい》国《こく》を以《もつ》て士無《な》きは何《なん》ぞや」となる。「何也」は文末で用い、「…（なの）はどうしてか」と訳す。

訳 斉王が尹文に向かって言った、「私は非常に士を好む。（なのに）――」と。

★★ □ **12** 傍線部「此所レ用翠羽幾何」の解釈として最も適当なものを、次の①～⑤のうちから一つ選べ。（センター）

魏《ぎ》国長《ちやう》公《こう》主《しゆ》在リ二太祖ノ朝ニ一、嘗《かつ》テ衣《き》テ二貼《てふ》繡《しう》鋪《ほ》翠《すい》ノ襦《じゆ》ヲ一入ル二宮中ニ一。太祖見レ之ヲ、謂ヒテレ主ニ曰ハク、「汝《なんぢ》当ニシ二以テレ此レヲ与フレ我ニ。自レリ今勿カレ三復タ為スコト二此ノ飾リヲ一。」主笑ヒテ曰ハク、

答 ④

解説 「幾何《いくばく》」は疑問にも反語にも用いるが、ここでは反語。「どれくらいであろうか、いやどれほどでもない」のように直訳する。

訳 魏国長公主は（父）太祖の朝廷にいたが、かつてカワセミの羽で飾った短い上着を着て宮中に入ったことがあった。太祖はこれを見て、公主に言った、「おまえはその着物を私によこしなさい。今後そのような飾りの着物を着てはならない」と。

「此《レ》所《ノ》レ用《フル》翠羽幾《いく》何《ばくゾト》。」

〈楊文公談苑〉

（注）○魏国長公主――宋の太祖のむすめ。以下「主」と略称されている。
○太祖――宋の初代皇帝。 ○貼綉鋪翠襦――翠羽（カワセミの羽）で飾った短い上着。

① これを作るのに必要な翠羽はとても多い。
② これを作るのに必要な翠羽はいくらでもある。
③ これを作るにはある程度の翠羽を必要とする。
④ これに使われた翠羽はたかが知れている。
⑤ これに使われた翠羽はどれくらいか分からない。

□13 ★★★ 傍線部「奈二天下笑一何」の読みを、送りがなまで含めてすべてひらがなで答え、かつ訳せ。（現代仮名遣いでもよい）

〈宮崎大〉

蜀漢《ノ》丞相《じようしやう》亮《りやう》、又伐《チ》レ魏《ヲ》、囲《ム》二祁《き》山《ざんヲ》一。魏遣《つかハシ》二司《し》馬《ば》懿《いヲ》一督《とくシテ》二諸軍《ヲ》一拒《ふせガシム》レ亮《ヲ》。懿不二肯《ヘテ》戦《ハ》一。賈《か》詡《く》等曰《ハク》、「公畏《ルルコト》レ蜀《ヲ》如《シ》レ虎《ノ》。奈二天下《ノ》笑《ヒヲ》一何《セント》」。

〈十八史略〉

（注）○丞相――天子を助けて政治を行う最高の官。宰相。
○祁山――今の甘粛省西和県西北にある山。 ○賈詡――魏の知謀の士。

答（読）てんかのわらひ[い]をいかんせん(と)。
（訳）天下の笑い者となるのをどうされますか(と)。

解説 「奈何」は「如何」と同じで、間に目的語をはさんで「…をいかんせん」。

公主は笑って言った、「――」と。

訳 蜀漢の宰相（諸葛）亮は、再び魏を討ち、祁山を包囲した。魏は司馬懿を遣わして諸軍を統率して亮の軍を防いだ。懿は無理に戦おうとしなかった。賈詡らは言った、「公は蜀を虎のように恐れておられる。――」と。

□14 ★★★ 傍線部「可レ謂レ多乎」をすべてひらがなで書き下し文にせよ。現代かなづかいでもよい。（大阪教育大）

荘子曰ハク、「以ツテシテ二魯国ヲ一而儒者一人耳。可レ謂レ多乎」。〈荘子〉

□15 ★★ 傍線部「何代無レ之」を書き下し文にせよ。（防衛大）

貞《じゃう》観《ぐわん》五年、太宗謂ヒテ二侍臣ニ一曰ク、忠臣烈士、何代無レ之。公等知ルヤ三隋朝誰ヲ為スヲ二忠貞ト一。〈貞観政要〉

（注）○貞観――唐王朝、太宗の治世の元号。西暦六二六年～六四九年。
○太宗――唐王朝第二代皇帝、李世民《りせいみん》。

□16 ★★★ 談生《だんせい》は、ある夜現れた美しい女と夫婦になったが、女は、自分はふつうの人間ではないから、決して灯りで照らしてはいけない、三年経ったら照らしてもよいと言った。傍線部を現代語に訳せ。（滋賀大）

已ニ二歳、不レ能ハ忍ブ、夜伺ヒテ二其ノ寝後ヲ一、盗ミ照ラシテ視ルレ之ヲ。其ノ腰已上ハ、生肉如キモレ人ノ、腰已下ハ、但ダ有ルノミ二枯骨一。婦覚メ、遂ニ言ヒテ曰ク、「君負《そむ》ケリレ我ニ。我垂《なんなん》トスルニレ

答 おほ［お］しといふ［う］べけんや（と）。

解説 「可謂…乎」で「…といふべけんや」と読む形の反語形。

訳 荘子は言った、「魯の国の儒者は一人だけです。どうして多いと言えるでしょう（いや多いとは言えません）」と。

答 何《いづ》れの代《だい》にか之《こ》れ無《な》からん。

解説 「何の…かこれ無からん」という形だが、「何」は意味上「いづれの」と読みたい。

訳 貞観五年、太宗は側近の臣下に向かって言った、「（国家に）忠臣や烈士は、どの時代にいないことがあろうか（いやいつの時代にもいるものだ）。公らは隋朝の中では誰が忠貞であったかを知っている か」と。

答 私はもう少しで生き返るところだったのに、どうしても三年我慢することができずにとうとう私を照らしてしまったのですか。

解説 「垂レ生」は「もう少しで生き返る」意。

訳 二年が経ち、（談生は）我慢できずに、ある夜妻が寝たのを見計らって、こっそりと彼女を照らして見た。（すると）腰から上は、生きている人間のように肉がついているが、腰から下は、朽ち果てた骨があるばかりである。妻は目を覚まし、とうとう言った、「あなたは私を裏切りました。――」と。

生《クルニ》矣、何《ゾ》不《シテ》レ能《ハ》レ忍《ブ》二一歳《ヲ》一而竟《ニ》相照《ラスヤト》也。」

〈捜神記〉

★★★ □ **17** 傍線部「夫子使二賜止一レ之、何也」を、わかりやすく解釈せよ。（九州大）

子路《しろ》為《リ》二蒲《ノ》令《ト》一、備《ヘテ》二水災《ニ》一、与《と》レ民春《ニ》修《ム》二溝瀆《とくヲ》一。為《ニ》二人《ノ》煩苦《スルガ》一、故《ニ》人《ゴトニ》与《フ》二一箪《たんノ》食《し》、一壺《ノ》漿《ヲ》一。孔子聞《キ》レ之《ヲ》、使《ム》二子貢《ヲシテ》止《メ》一レ之《ヲ》。子路忿《ふん》然《トシテ》不レ悦《バ》、往《キテ》見《まみエテ》二夫子《ニ》一曰《ク》、「由也以《テ》下暴雨将《ニ》レ至《ラント》、恐《ルルヲ》上レ有《ランコトヲ》二水災一、故《ニ》与レ人修《メテ》二溝瀆《ヲ》一、以《テ》備《フ》レ之《ニ》、而《シテ》民多《ク》匱《とぼシ》二於食《ニ》一、故《ニ》人《ゴトニ》与《フ》二一箪《ノ》食、一壺《ノ》漿《ヲ》一。而《ルニ》夫子使二賜止一レ之、何也。」

〈説苑〉

（注）○子路――孔子の弟子の一人。名は由、子路は字。　○蒲令――衛国の蒲という町の長官。
○溝瀆――用水路。　○一箪食――一人分の飯。　○一壺漿――一人分の飲み水。
○子貢――孔子の一番弟子。名は賜、子貢は字。　○忿然――怒るさま。
○夫子――孔子に対する尊称。先生。　○匱――乏しい。

答 先生が子貢に私が民に飯と飲み水を与えることを止めさせるのは、どうしてですか。

解説 前半部の使役形は3行目にある。傍線部は「夫子《ふうし》賜《し》をして之《これ》を止《や》めしむるは、何ぞや」と読む。「之」の内容は「人ごとに一箪の食、一壺の漿を与える」ことを指す。

訳 子路は蒲の町の長官となり、水害に備え、民とともに春に用水路を修理した。人々が（作業に）苦しんでいたので、一人ひとりに一人分の飯と、一人分の飲み水を与えた。孔子がこれを聞いて、子貢にそれ（＝子路が人々に飯と飲み水を与えること）を止めさせた。子路は怒り心頭で、孔子にお目にかかりに行き言った、「私は豪雨になり水害が起きるのを恐れて、それゆえ人々と用水路を修理し、水害に備えたのですが、民の多くは食糧に乏しく、それゆえ一人ひとりに一人分の飯と、一人分の飲み水を与えました。それなのに――」と。

★★ □ **18** 大商人の段生《だんせい》は賢い鸚鵡《おうむ》を飼っていて、傍線部「家人餧飲、無レ失レ時否」を、平易な現代語に訳せ。（東京大）

一旦段生以テレ事ヲ繋《つな》ガルレ獄ニ。半年ニシテ方《はじ》メテ釈《ゆる》サレテ到リレ家ニ、就キテレ籠ニ与ニ語リテ曰ク、「鸚哥《あうか》、我自リ二獄中一半年不レ能ハレ出ヅル、日夕惟《た》只《だ》憶フノミレ汝ヲ。家人餧飲、無レ失レ時否」。鸚哥語リテ曰ク、「汝在ルコト二禁ニ数月ニシテ不レ堪《たへ》ルハ、不レ異ナラ二鸚哥ノ籠閉セラレテ歳《とし》久シキニ一」。

〈玉壺清話〉

（注）○鸚哥――鸚鵡。　○餧――餌をやること。　○禁――監獄。

★★★ □ **19** 次の文の傍線部について、後の問いに答えよ。（小樽商科大）

陽城ノ人陳《ちん》勝《しょう》、字ハ渉。少《わか》クシテ与《ため》ニレ人ノ傭《よう》耕《こう》ス。輟《や》メテレ耕ヲ之《ゆ》キ二壟《ろう》上ニ一、悵然久シクシテレ之ヲ曰ク、「苟《いや》シクモ富貴トナラバ無ケント二相ヒ忘ルルコト一」。傭者笑ヒテ曰ク、「若為傭耕、何富貴也。」勝大息シテ曰ク、「嗟《あ》呼《あ》、燕雀安《いづ》クンゾ知ランレ鴻鵠之志ヲ一哉ト。」

〈十八史略〉

答　家の者たちがおまえに餌をやるのに、決められた時間を守らないことはなかったか。

解説　送りがなが省かれているが、「家人《かじん》の餧飲《ゐいん》すること、時を失ふこと無しや否《いな》や」と読む疑問形。

訳　ある日段生は事件に関わり投獄された。半年経ってようやく釈放され家に戻ると、鳥籠の所へ行き鸚鵡に向かって言った、「鸚鵡よ、私は獄中から半年もの間出ることができず、昼も夜もおまえのことばかり思っていた。――」と。鸚鵡は答えて言った、「あなたが監獄に数か月いることが耐えられなかったのは、鸚鵡の私が何年もの長きにわたり籠に閉じ込められていること（が耐えられないこと）と異なりません」と。

答　問1 (1)　問2 燕や雀のような小人物のおまえたちに、どうして、鴻鵠のような大人物である私の志がわかるだろうか（いやわかりはすまい）。

解説　「何…也」は「何ぞ…(ん)や」。「何を

訳　陽城の人陳勝は、字は渉といった。若い頃他人に雇われて耕作をしていた。（ある時）耕作の手を休めて小高い所に行き、しばらくのあいだ嘆いていたが（傍らの者に）言った、「もし私が富貴になったとしてもあなたのことを忘れることはないだろう」と。（そう言われた）同じ雇われ人が笑いながら言った、「お前は他人に雇

（注）○傭耕——他人に雇われて働く耕作者。　○壟——田の中の小高い所。

問1 ═══線部の書き下し文は次の選択肢のうちのどれが最も適当か。

(1) なんぢ傭耕をなす、何ぞ富貴とならんや。
(2) 傭耕をなすがごとし、何ぞ富貴とならんや。
(3) もし傭耕をなさば、何をもつて富貴とならんや。
(4) なんぢは傭耕のため、何すれぞ富貴たらんや。

問2 「燕雀」は小さな鳥の総称、「鴻鵠」は大きな鳥の総称である。それらがここでたとえている内容を明らかにしながら、——線部を現代語に訳しなさい。

★★ □ 20 傍線部「誰能得レ之」を、「之」が何を意味するのかを明らかにして口語訳しなさい。（信州大）

路婦、不ルレ知ラ二何処《いづこ》ノ人ナルカヲ一也。孔子遊行シテ見ルレ之ヲ。頭ニ戴ク二象牙ノ櫛ヲ一。謂ヒテ二諸弟子ニ一曰ハク、「誰《たれ》カ能ク得ンレ之ヲ。」顔淵曰ハク、「回能ク得ンレ之ヲ。」

〈琱玉集〉

もつて」は「何以」、「何すれぞ」は「何為」である。「若」は、ここでは仮定の「もし」や比況の「ごとし」ではなく、「汝」と同じで、「傭者《ようしゃ》」を指す「なんぢ」。「安くんぞ…んや」は反語形。

われて耕作をしているのだ、どうして富貴になったりするはずがあろうか、いやなるはずがない」と。陳勝は深くため息をついて言った、「ああ、燕・雀（のような小さな鳥）がどうして鴻・鵠（のような大きな鳥）の志を理解できようか（いや小人物には大人物の志は理解できないのだ）」と。

答 誰があの女性の頭に挿している象牙の櫛を手に入れられようか（いや誰も手に入れられないだろう）。

解説 「誰か…ん」は反語形。「之」は「路婦《ろふ》」の「頭に戴《いただ》く」「象牙の櫛《くし》」。

訳 道端に女性がいたが、どこの人であるかはわからなかった。孔子が外出してその女性を見かけた。（その女性は）頭に象牙の櫛を挿していた。（孔子は）弟子たちに向かって言った、「——」と。顔淵が言った、「わたくし回なら手に入れられましょう」と。

★★ □ 21 傍線部「何学之有」を口語訳せよ。（鹿児島大）

孔子曰ハク、「君子ハ不トレ可カラレ不ルレ学バ。」子路曰ハク、「南山ニ有リレ竹。不シテレ揉《た》メ自ラ直ク、斬《き》リテ而用ヰレバレ之ヲ、達スニ于犀《さい》革《かく》ニ一。以テレ此ヲ言ハバレ之ヲ、何ノ学ブコトカ之レ有ラント。」〈孔子家語〉

（注）○犀革――サイの堅固な革。

★ □ 22 傍線部「豈得レ非レ悪乎」とあるが、筆者はなぜこのように考えたのか。その理由として最も適当なものを、次の①～⑤のうちから一つ選べ。（センター）

虎《こ》狼《らう》ハ人皆悪ミレ之ヲ、謂フニ二是レ悪獣ナリト一。天地生ズルヤレ彼ヲ、以テレ肉ヲ為シレ食ト、無キニレ有ルコト二他食一、人乃チ悪ムレ之ヲ。人既ニ有ルニ二穀食一、又必ズ食ヒレ肉ヲ、且ツ無クレ所レ不ルレ食ハ、百計シテ以テ取ルハレ之ヲ、豈得ンレ非ザルヲレ悪ニ乎。而恬《てん》トシテ不ルハレ為サレ怪ト、蔽《おほ》ハルレバ二於習ヒニ一也。〈山志〉

（注）○恬――平気な様子。

答 何を学ぶ必要があるでしょうか（いや学ぶ必要などありません）。

解説 「何《なん》の…か之《こ》れ有《あ》らん」という型の反語形。

訳 孔子は言った、「君子は学問をしなければならない」と。子路が言った、「南山に竹が生えています。形を直さなくても自然にまっすぐであり、それを切って（矢として）用いたならば、サイの堅固な革をも通します。このことから言うならば、――」と。

答 ⑤

解説 傍線部そのものは「どうして悪でないと言えようか、いや悪と言うべきである」という意である。何についてそう言っているかは、本文冒頭から、傍線部直前までの内容全体を考える。

訳 虎や狼は人間が誰しも憎んで、凶悪な獣だと言う。天地が彼らを創り出して以来、肉を食料とし、それ以外を食べることはないのに、人間は虎や狼を憎む。（一方で）人間はもともと穀物を食べていながら、さらに必ず肉を食べ、しかも何でも食べないものはなく、種々の計略をめぐらして食物を手に入れようとするのは、どうして悪でないことがあろうか（いや悪である）。それなのに平然として怪しまないのは、習慣になっ

① 虎《とら》や狼《おおかみ》は他の動物を捕えてその肉だけを食べる存在であるのに対して、人間は様々な計略をめぐらせてあらゆる種類の穀物を食べ尽くそうとする存在だから。

② 虎や狼は天から肉を食べるように定められてそれを守っているが、人間は穀物を食べるように定められていながら、動物の肉など穀物以外のものを主食としているから。

③ 虎や狼は肉を食べる悪獣として人間から憎まれているが、人間はその獰猛《どうもう》な虎や狼さえも、あらゆる手段を用いて捕らえ食べてしまう、凶悪な性格を備えているから。

④ 虎や狼は本来肉食の動物であるため肉だけを食べるのに対して、人間は本来穀物だけを食べる存在なのに、罪悪感を抱きながらも肉食を続ける、矛盾した存在だから。

⑤ 虎や狼は肉だけを食べているのに対して、人間は穀物を食べるだけでは飽き足らず、あれこれ工夫して、穀物以外の様々なものをも手に入れて食べようとするから。

てしまい気づかないから
である。

使役形

COMMENT
使役形は入試頻出度ナンバーワン！「…ヲシテ…しム」の公式が重要だ！

1

A 使《ム》二B《ヲシテ》C《セ》一（令・教・遣・俾）

□**1** 「使」は、古文の使役の助動詞 [1 ★★★] と読む。漢文では「す・さす」は用いない。「使」のほか、「令・教・遣・俾」も同様に用いる。

□**2** Aは主語（省略されている例も多い）、Bは使役の対象（誰にやらせるか）で、ここに送りがな [2 ★★★] がつくことが読みのポイントである。Cは使役の内容（何をやらせるか）で、ここを [3 ★★] 形にして「使（しム）」へ返る。

□**3** 全体で、読み方は [4 ★★★]、訳し方は [5 ★★★] となる。次の文を読んで、訳してみよう。

王 使《ム》二人《ヲシテ》学《バ》一。

読 [6 ★★★]
訳 [7 ★★★]

2

A 命《ジテ》レB《ニ》C《セシム》

□**1** Aが主語、Bが使役の対象、Cが使役の内容である点は、右の形と同じであるが、「使（しム）」と違って、「命」は「Bに命《めい》じて」とそのまま読み、Cを [1 ★★] 形にして、ここに送りがなで [2 ★★] をつける。

正解

(1) しむ
(2) ヲシテ
(3) 未然
(4) ABをしてCせしむ
(5) AはBにCさせる
(6) 王人《わうひと》をして学《まな》ばしむ。
(7) 王は人に学ばせた。

(1) 未然
(2) シム

□2 全体で、読み方は［3 ★★］、訳し方は［4 ★★］となる。次の文を読んで、訳してみよう。

王命《ジテ》二使者《ニ》一行《カシム》。

読 ［5 ★★］
訳 ［6 ★★］

□3 この形は、「命」以外にも、次のような形がある。

A 遣《ハシテ》レ B《ヲ》 C《セシム》
読 ABを［7 ★★］Cせしむ
訳 AはBを［8 ★★］Cさせる

A 召《シテ》レ B《ヲ》 C《セシム》
読 ABを［9 ★］Cせしむ
訳 AはBを［10 ★］Cさせる

A 勧《メテ》レ B《ニ》 C《セシム》
読 ABに［11 ★］Cせしむ
訳 AはBに［12 ★］Cさせる

A 説《キテ》レ B《ニ》 C《セシム》
読 ABに［13 ★］Cせしむ
訳 AはBを［14 ★］Cさせる

POINT

A 使《ム》二B《ヲシテ》 C セ一 〈未然形〉
読 ABヲシテCセしム
訳 AはBにCさせる

「使」以外に、「令・教・遣・俾」も用いる。「しむ」は未然形に接続。下二段型に活用する。

A 命《ジテ》レB《ニ》 C セ《シム》 〈未然形〉
読 ABニめいジテCセシム
訳 AはBに命じてCさせる

「命」以外にも、「遣はして・召して・勧めて・説きて・挙げて・属して」など、いろいろな形がある。

(3) ABにめいじてCせしむ
(4) AはBに命じてCさせる
(5) 王《わう》使者《ししゃ》に命《めい》じて行《ゆ》かしむ。
(6) 王は使者に命じて行かせた。
(7) つかはして
(8) 派遣して
(9) めして
(10) 呼び寄せて
(11) すすめて
(12) 勧めて
(13) ときて
(14) 説得して

実戦問題

□1 ★★★ 傍線部「孰能使二之然一」の読み方として最も適当なものを、次の①～⑤のうちから一つ選べ。（センター）

孰能使二之然一、有リ二術ノ甚ダ易キレ知リ。〈放鷹〉

① 孰《たれ》ぞ能《よ》く之を然らしめん
② 孰《たれ》の能《のう》か之《ゆ》きて然らしめん
③ 孰《たれ》か能《よ》く之をして然らしめん
④ 孰《いづく》んぞ能《よ》く之を然りとせしめん
⑤ 孰《いづ》れの能《のう》か之をして然らしめん

□2 ★★★ 傍線部「必欲使之在尊貴之所」について、(a)返り点の付け方と書き下し文、(b)その解釈として最も適当なものを、次の各群の①～⑤のうちから、それぞれ一つずつ選べ。（センター）

某《それがし》見二レバ人家ノ子弟ノ醇《じゅん》謹《きん》及ビ俊敏ナル者一ヲ、愛スルコトレ之ヲ不丁啻《た》ダニ如ク二常人之愛スルガレ宝ヲ、唯ダ恐ルルノミナラ丙其ノ埋没及ビ傷乙損スルヲ甲之ヲ、必欲使之在尊貴之所。〈清波雑志〉

答 ③

解説 鷹が放たれて百発百中で獲物を捕えることについての、詩中の一句。

まず「之」の下に「ヲシテ」という送りがなある③・⑤に絞る。「能」は「不レ能（あたハず）」以外は「よク」なので、⑤を消去。

訳 誰がこれ（＝鷹）をそのようにさせることができるのか、そのやり方を知るのはとても簡単である。

答 (a)② (b)①

解説 (a)の読み方については、「使」に着眼し、直下の「之」に「ヲシテ」がある②・⑤に絞る。「欲」は「…セントほつス」と返るので、答は②。

(b)の解釈についても、使役の訳がある①・④に絞り、(a)の②・⑤の読み方と

訳 私はその家の子どもが素直でつつしみ深く、俊敏な才のある者だと見ると、普通の人間が宝を愛するように、ただそれが埋没したり傷ついたりするのを気づかうだけでなく、――

（注）○醇謹――素直でつつしみ深い。

(a)

① 必 欲レ使レ之 在二尊 貴 之一所
必ず之を使はんと欲するは尊貴の在る所なり

② 必 欲レ使三之 在二尊 貴 之 所一
必ず之をして尊貴の所に在らしめんと欲す

③ 必 欲三使 之 在二尊 貴 之 所一
必ず使ひの尊貴の所に在らんことを欲す

④ 必 欲三使レ之 在二尊 貴一之 所
必ず之を使ひて尊貴に在らんと欲するの所なり

⑤ 必 欲 使三之 在二尊 貴一之 所
必ず欲して之をして尊貴に在らしむるの所ならん

(b)

① 必ず教え子を高い地位につかせてやりたいと思う。

② 必ず教え子を高官のもとに派遣したいと思う。

③ 必ず教え子を皇帝の役に立つ人物にしたいと思う。

④ 教え子をなんとかして出世させたいと思った結果である。

⑤ 教え子に正しい教育を施してやりたいと思う理由である。

合致するかどうかを
チェックする。

□3 ★★★ 傍線部「吾使㆓左右如㆑数以㆑銭界㆒㆑之焉」の意味として最も適当なものを、次の①～⑤のうちから一つ選べ。（センター）

戯《レニ》售《かフコト》㆑魚《ヲ》可《ばかりナリ》㆓二十鬣《れふ》㆒。小大又《タ》弗《ず》㆑斉《ひとシカラ》。問《ヘバ》㆓其《ノ》直《あたひヲ》㆒、曰《ハク》、「三十銭也《ト》。」吾使《ム》㆓左右《ヲシテ》如《ク》㆑数《ノ》以《ツテ》㆑銭《ヲ》界《あたへ》㆒㆑之《レニ》焉。

〈鉄囲山叢談〉

（注）○鬣——ひれ。魚を数える助数詞。

① 私は行き交う漁師たちに適正な値段をつけさせ、お金を渡した。
② 私は傍らの漁師に魚の大小に応じて値段をつけさせ、お金を渡した。
③ 私は傍らの漁師に魚の数に見合っただけの値段をつけさせ、お金を渡した。
④ 私は傍らの従者に命じ、求められた金額どおりお金を渡させた。
⑤ 私は傍らの従者に命じ、魚の数と大小とを考えあわせてお金を渡させた。

□4 ★★★ 傍線部「不㆘復以㆓口腹之故㆒、致㆖使㆔有生之類受㆓無量怖苦㆒耳」の書き下し文として最も適当なものを、次の①～⑤のうちから一つ選べ。（センター）

答 ④

解説 「銭を以《も》つて之《こ》れに界《あた》へしむ」の使役の訳は、④・⑤の「お金を渡させた」である。①・②・③の「お金を渡した」では使役になっていない。
「左右」が「漁師」ではなく、「傍らの従者」であることからも、④・⑤が正しいことはわかる。
⑤は「魚の数と大小とを考えあわせて」が間違いである。

訳 旅の気まぐれに魚を二十尾ばかり買い求めた。魚は大小とりどりで一様ではなかった。値段を尋ねると、「三十銭です」と答えた。——

答 ③

解説 「使」の直下にある「有生之類」に、送りがな「ヲシテ」がつかなければならないの

訳 蘇文忠公は出獄してから後、既に死んでいるものだけを食べ、決して一匹の生きているものも食肉にするために殺したりはしなかった。自ら言う

蘇《そ》文《ぶん》忠《ちゆう》公《こう》自リレ出デテレ獄ヲ後、但ダ食ヒ二已ニ死セル之物ノミヲ一、絶エテ不三宰‐殺セ二一ノ生ケルモノヲモ一。自ラ謂ヘラク、「非ズレ有ルニレ所レ求ムル。因リテ下己ノ親《みづか》ラ経ルコト二患難ヲ一、無キニ上異ナル三鶏《けい》鴨《あふ》之在ルニ二庖《はう》厨《ちう》ニ一、不下復以二口腹之故一、致上使三有生之類受二無量怖苦一耳。」

〈山志〉

(注) ○蘇文忠公——北宋の文人、蘇軾《そしよく》のこと。政争により入獄していたことがある。 ○宰殺——食肉にするために動物を殺すこと。 ○鶏鴨——ニワトリやアヒル。 ○庖厨——台所。

① 復《ま》た口腹の故を以てするも、有生の類の無量の怖苦を受くる使ひを致さざるのみと

② 復《かへ》るに口腹の故を以て、有生の類をして無量の怖苦を受けしむるを致さざるやと

③ 復た口腹の故を以て、有生の類をして無量の怖苦を受けしむるを致さざるのみと

④ 復るに口腹の故を以てするも、有生の類の無量の怖苦を受けしむるを致さざるのみと

⑤ 復た口腹の故を以て、有生の類をして無量の怖苦を受くる使ひを致さざるやと

で、①・④は消去。「使」を「しむ」と読むのに、⑤は「使ひを」として、「しむ」の読みがないので間違い。②は、文末の「耳」を「や」としているが、「耳」には疑問・反語の用法はない。「耳」は限定の「のみ」である。

ことには、「(それによって何か)よい報いを得ようというつもりではない。自分自身(投獄されるという)つらい目にあったことが、ニワトリやアヒルが台所に置かれて(殺されるのを待って)いるのと何ら変わりないので、自分の口や腹を満足させるために、命あるものにはかり知れない恐怖と苦痛を味わわせたくないだけだ」と。

★★★ □ **5** 傍線部を書き下し文にせよ。（埼玉大）

曰ハク、「子之弟有ニリ悔心一矣。令ニ我私《ひそカニ》進レ金以求レ田。勿《なカレト》ニ為レ人ノ言フ一也。」兄喜ビ諾ス。〈魏叔子文集〉

（注）○悔心——財産争いのために兄を訴えたことを後悔する心。

★★★ □ **6** 傍線部をひらがなで書き下せ。（三重大）

滁《じょ》州之《の》西南、泉水之涯《はて》、欧陽公、構ヘテレ亭ヲ曰《いひ》ニ「豊楽」ト一、自ラ為《つくり》レ記ヲ以テ見《あらはス》ニ其《その》名之意ヲ一。既ニ又タ直《あたり》ニ豊楽之東幾《ちかキニ》ニ百歩一ニ、得ニ山之高キヲ一、構ヘテレ亭ヲ曰ヒニ「醒《せい》心《しんト》」一、使鞏《きょう》記之。〈醒心亭記〉

（注）○滁州——現在の安徽省滁県。
○欧陽公——欧陽脩《おうようしゅう》（一〇〇七～一〇七二）。北宋の政治家・文人。
○鞏——曾鞏《そうきょう》（一〇一九～一〇八三）。北宋の政治家・文人。

答 我《われ》をして私《ひそ》かに金《かね》を進《すす》めて以《もっ》て田《た》を求《もと》めしむ。

解説 「我」に「をして」をつけることがポイント。

訳 （ある人が）言った、「あなたの弟さんは（お兄さんを訴えたことを）悔やんでいます。（だから）私に頼んで人に知れないように金を（お兄さんに）差し上げて（相続が問題になっている）田を購入させようとしているのです。（いまさら訴訟を取りやめるのも体面が悪いので）誰にも言わないでください」と。兄は喜んで承諾した。

答 きようをしてこれをしるさ［きせ］しむ。

解説 返り点は「使ニ鞏記一レ之」。「之」は、「醒心」亭という名称の由来。「記」は「しるス」か「きス」。

訳 滁州の西南にある、泉の水際に、欧陽公が、亭を造って「豊楽」と呼び、自ら文章を作ってその名の意味を著した。既にまた豊楽亭の東百歩に近い所に、高い山を手に入れて、亭を造って「醒心」と呼び、曾鞏に醒心の意味を記させたのである。

□7 ★★★ 傍線部をすべてひらがなで書き下し、かつ解釈せよ。（徳島大）

詹《せん》何《か》坐シ、弟子侍ス。有リ㆔牛ノ鳴ク㆓於門外ニ㆒。弟子曰《いは》ク「是《これ》黒牛也。而シテ白題ナリト。」㆒詹何曰ク「然リ。是レ黒牛ニシテ也。而レドモ白キハ在リト㆓其ノ角ニ㆒。」使人視之。果シテ黒牛ニシテ而以テ㆑布ヲ裹《つつ》ム㆓其ノ角ヲ㆒。〈韓非子〉

（注）○白題――白いひたい。

□8 ★★★ 傍線部を書き下し文にせよ。（防衛大学校）

太宗曰ク、屈《くつ》突《とつ》通《つう》為ハリ㆓隋将ト㆒、与㆓国家㆒戦フ㆓於潼《とう》関ニ㆒。聞キ㆓京城陥ルト㆒、乃チ引キ㆑兵ヲ東ニ走ル。義兵追ヒテ及ブ㆓於桃林ニ㆒。朕遣㆓其家人往招慰㆒。〈貞観政要〉

（注）○国家――唐のこと。　○潼関――陝西省潼関県。　○桃林――河南省雲宝県。
○招慰――降服させ、帰順させる。

答（書き下し）ひとをしてこれをみしむ。
（解釈）人をやってこれ（牛の色）を見に行かせた。

解説 返り点は「使㆓人視㆑之」のようになる。「之」は門外で鳴いている牛が「黒牛」で「白題」かどうかということ。

訳 詹何が座って、弟子たちが周りに控えていた。（その時）門外で鳴く牛がいた。弟子が言った「これは黒い牛です。そして、白いひたいです」と。（すると）詹何が言った「そのとおり。これは黒い牛である。しかし白いのは（ひたいではなく）角にある」と。（そこで）――（すると）果たして黒い牛で（白い）布でその牛の角を包んでいたのであった。

答 其《そ》の家人《かじん》をして往《ゆ》きて招慰《せうゐ》せしむ。

解説「朕《ちん》」は太宗の自称。太宗が隋の将であった屈突通を桃林に追いつめた時、屈突通の家の者をやって、降服させようとした、という部分。「招慰」は音読みしてサ変動詞。

訳 太宗は言った、「屈突通は隋の将となり、我が国と潼関で戦った。隋の都が陥落したと聞き、兵を引き上げて東に逃げ去った。（我が）正義の軍が追跡して桃林で追いついた。私は屈突通の家の人をやって帰順させようとした」と。

□9 ★★★ 傍線部を現代語訳せよ。　（愛知県立大）

宋人ニ有リ下好ミテ行フ二仁義ヲ一者上。家無レクシテ故黒牛生メリ二白《はく》犢《とく》ヲ一。以テ問フ二孔子ニ一。孔子曰ク「此レ吉祥也。以テ薦メヨト二上帝ニ一。」居ルコト一年。其ノ父無レクシテ故而盲ス。其ノ牛又復タ生メリ二白犢ヲ一。其ノ父又復タ令其子問孔子。其ノ子曰ク「前ニ問レヒテ之ニ而失レセリ明ヲ。又何ゾ問ハント乎。」

〈列子〉

（注）○白犢――白い子牛。

答 子供に孔子に（このことを）尋ねさせた。

解説 返り点は「令三其子問二孔子一」のようになり、読み方は「其《そ》の子《こ》をして孔子《こうし》に問はしむ」である。

訳 宋の国の民に自ら好んで仁義を実践している人がいた。（その）家で（ある時）わけもなく黒い牛が白い牛を産んだ。孔子に（その件を）尋ねた。孔子は言った「これは良いことの前兆だ。（白い子牛を）神様にお供えして祭るのがよい」と。一年が経った。その家の父親がわけもなく失明してしまった。例の黒牛がまた再び白い子牛を産んだ。父親は再び――息子は言った「以前に孔子に（このことを）尋ねて（お父さんは）失明した。またなぜ尋ねたりするのですか」と。

★★ □10 傍線部についての後の設問に答えよ。（広島大）

有リ下郡守ノ徴《め》シ二画工ヲ一絵《ゑが》カシメントスル中屋壁ニ上。里人ノ疾《にく》ムレ周ヲ者、入ルレバ二其ノ姓名ヲ一、遂ニ被ルレ摂セ。或勧周謁貴遊以免。周曰ク、「往クハレ役《えき》ニ二義也。謁二貴遊一、不ル二更ニ辱メ一乎ト。」卒ニ供シテレ役而還ル。〈明史〉

（注）○周――明代の有名な画家、沈周。 ○入――強制徴用者の名簿に入れること。
○摂――ひっぱるの意。 ○貴遊――身分の高い友人。 ○役――徭役《ようえき》。

(1) 返り点、送り仮名を施せ。
(2) 沈周はこの勧めをなぜ断ったのか、三十字以内で説明せよ。

答 (1) 或ルヒト勧メテレ周ニ謁シテ二貴遊ニ一以テ免レシム。
(2) 身分の高い友人に頼んで徭役を免除してもらうのは屈辱だから。

解説 傍線部は「ある人が周に勧めて、身分の高い友人に会って（徭役を）免除してもらうようにさせようとした」の意。「Aに勧めてBせしむ」の形。
「役に往《ゆ》くは義なり（＝徭役に行くのは義務である）」も解答に加えたいところであるが、三十字という制限があり、傍線部にかかわる点を優先したい。

訳 知事が画工を徴用して屋敷の壁に絵を描かせようとした。村人に周を嫌う者がいて、周の名前を（強制徴用者の名簿に）入れたので、とうとう（彼は画工として）引っ張られてしまった。ある人が周に身分の高い友人に会って免除してもらうように勧めた。周は言った、「徭役に行くのは義務である。身分の高い友人に会（って徭役を免除してもら）うのは、もっと屈辱的ではないか」と。とうとう徭役をやり終えてから帰ったのであった。

受身形

COMMENT
「見・被・為」は読みが大切！「A為B所C」の公式は型を覚えよう！

1 見(ル)二……一(セ)（被・為・所）

□1 「見」を、古文の受身の助動詞 1★★★ ・ 2★★★ と読む。「被・為・所」も同様に用いる。未然形から返って読むが、 1★★★ か 2★★★ かは、「……」の位置の動詞の活用の種類による。

- る……四段・ナ変・ラ変につく。（漢文にはナ変はない）
- らる……その他の動詞につく。

□2 次の文を読んで、訳してみよう。

見レ疑ハ、被ルレ害セ。

読 3★★★

訳 4★★★ （害＝殺す）

2 A為ル二Bノ所トレCスル

□1 Aは主語（省略されている例も多い）、Bは受身の対象（誰に「される」のか）、Cは受身の内容（何を「される」のか）で、Cは 1★★ 形にして「所」へ返る。

□2 全体で、読み方は 2★★★ 、訳し方は 3★★★ となる。次の文を読んで、訳して

←正解

1 (1) る (2) らる (3) 疑《うたが》はれ、害《がい》せらる。 (4) 疑われて、殺される。

2 (1) 連体 (2) ＡＢのＣするところとなる

みよう。

我為ル㆓人ノ所ト㆑欺ク。

読 4 ★★★
訳 5 ★★★

3 A ハ C (セラ)ル㆓ 於 B ニ㆒

□1 「於・于・乎」グループの置き字の働きによる受身形で、「於」がBの送りがな 1 ★★★ にあたり、Cに「る・らる」をつけて読む。

□2 全体で、読み方は 2 ★★ 、訳し方は 3 ★★ となる。次の文を読んで、訳してみよう。

治《ムル》者《ハ》食《やしなハル》㆓於民《ニ》㆒。

読 4 ★★
訳 5 ★★

POINT

句形	読・訳	説明
見(ル)㆓……(セ)㆒〈未然形〉	読 …る・…セラル 訳 …れる・…られる・…される	「見」以外に「被・為・所」も用いる。「る・らる」は未然形に接続。下二段型に活用。
A 為ル㆓B ノ 所 ト㆑C スル〈連体形〉	読 ABノCスルところトなル 訳 AはBにCされる	受身の公式。Cの位置を連体形にして「所」へ返る。
A ハ C (セラ)ル㆓ 於 B ニ㆒〈未然形〉	読 AハBニCセラル[Cル] 訳 AはBにCされる	置き字「於・于・乎」による受身形。Cに送りがなとして「る・らる」がつく。

(3) AはBにCされる
(4) 我人《われひと》の欺《あざむ》く所《ところ》と為《な》る。
(5) 私は人にだまされた。

(1) 二
(2) AはBにCせらる[Cる]
(3) AはBにCされる
(4) 治《をさ》むる者《もの》は民《たみ》に食《やしな》はる。
(5) 治める者は(実は)民に養われている。

実戦問題

□1 ★★★ 波線部「被」の文中における読み方を、送りがなも含めて平仮名で記せ。（広島大）

有リ下郡守ノ徴《め》シ二画工ヲ一絵《ゑが》カシメントスル中屋壁ニ上。里人ノ疾《にく》ムレ周ヲ者、入ルレバ二其ノ姓名ヲ一、遂ニ被レ摂。〈明史〉

（注）○周——明代の有名な画家、沈周。　○入——強制徴用者の名簿に入れること。
○摂——ひっぱるの意。

□2 ★★★ 傍線部「有蛇螫殺人、為冥官所追議、法当死」の返り点の付け方と書き下し文の組合せとして最も適当なものを、次の①〜⑤のうちから一つ選べ。（センター）

東《とう》坡《ば》戯レテレ之ニ曰ハク、「有蛇螫殺人、為冥《めい》官《くわん》所追議、法当死。蛇前《すすみ》ミ訴ヘテ曰ハク、『誠ニ有リレ罪、然レドモ亦タ有リレ功、可シト二以テ自ラ贖《あがな》フ一。』〈後略〉」〈西畬瑣録〉

（注）○冥官——冥界の裁判官。古来中国では、死後の世界にも役所があり、冥官が死者の生前の行いによって死後の処遇を決すると考えられていた。
○追議——死後、生前の罪を裁くこと。

答 らる［る］

解説 「摂」はサ変動詞「せつス」だが、四段動詞「とル」と訓読みすることもできる。

訳 知事が画工を徴用して屋敷の壁に絵を描かせようとした。村人に周を嫌う者がいて、周の名前を（強制徴用者の名簿に）入れたので、とうとう（彼は画工として）引っ張られてしまった。

答 ①

解説 返り点の付け方と書き下し文の組合せという形は、センターでは頻出するが、返り点のチェックは時間のムダである。
　ポイントは書き下し文で、この場合、「為…所…」を見て、即「…の…する所と為る」という型に気がつかなければならない。そうすれば、答は①しかないことがすぐにわかる。

訳 東坡は戯れに彼に向かって言った、「（ここに）蛇がいて噛んで人を殺し、冥界の裁判官に生前の罪を裁かれて、死罪の判決を受けた。（その時）蛇は進み出て（裁判官に）訴えて（こう）言った、『たしかに（人を殺したという）罪はあるのですが、私には功績もあって、自分自身で罪を償うことができます』〈後略〉」と。

① 有レ蛇螫殺レ人、為三冥官所二追議一、法当レ死
蛇有りて螫《か》みて人を殺し、冥官の追議する所と為《な》り、法は死に当たる

② 有レ蛇螫殺レ人、為二冥官所追議一、法当レ死
蛇有りて螫みて人を殺さんとし、冥官の所に追議を為すは、死に当たるに法《のっと》る

③ 有レ蛇螫殺人、為二冥官一所二追議一、法当レ死
蛇有りて螫まれ殺されし人、冥官と為りて追議する所は、死に当たるに法る

④ 有二蛇螫一殺人、為三冥官所二追議一、法当レ死
蛇の螫むこと有らば殺す人、冥官の追議する所の為《ため》に、死に当たるに法る

⑤ 有レ蛇螫殺人、為冥官所二追議一、法当レ死
蛇有りて螫まれ殺されし人、為に冥官の追議する所にして、法は死に当たる

□3 ★★★ 傍線部「本為二鳥所一レ設、今為二人所一レ資」の意味として最も適当なものを、次の①～⑤のうちから一つ選べ。（センター）

鷹ノ翅《つばさ》疾《はや》キコト如クレ風ノ、鷹ノ爪《つめ》利《するど》キコト如シレ錐《きり》ノ。
本為《なり》二鳥ノ所トレ設クル、今為ル二人ノ所トレ資スル。〈白香山詩集〉

① 鷹は、もともと獲物を捕る才能を備えており、今も人のために役立っている。
② 小鳥は、もともと鷹が食料としていたものであるが、今では人が食料としている。
③ 雉《きじ》や兎《うさぎ》は、もともと鷹のために天が授けたものであるが、今は人の食料となっている。
④ 翼や爪は、もともと鷹のために付けられているものなのに、今は人に利用されている。
⑤ 鷹狩りは、もともと鷹の訓練のために始められたものであるが、今では人の娯楽となっている。

答 ④

解説 「A為二B所一レC」の形であるが、「本・今」は主語ではなく、Aにあたるのは「鷹《たか》の翅・鷹の爪」である。いずれにせよ受身形であるから、二カ所の受身が訳出されている選択肢は④しかない。①・②・③には受身の訳がまったくない。

訳 鷹の翼の速いことは風のようであり、鷹の爪の鋭いことは錐のようである。――

★★ □4 傍線部「於」と同じ用法のものを、後の①〜⑤のうちから一つ選べ。（センター）

復《また》以《テ》二衆説《ヲ》一互《たがひ》相《ニ》詰難《シテ》而求《メ》二其《ノ》理《ノ》所《ヲ》レ安《ンズル》、以《テ》考《フレバ》二其《ノ》是非《ヲ》一、則《チ》似《テ》レ是《ぜニ》而非《ナル》者《ハ》、亦《また》将《ニ》《す》下奪《ハレテ》二於公論《ニ》一而無《カラント》中以《テ》立《ツコト》上矣。

〈朱子文集〉

（注）○詰難――欠点を非難し問いつめる。

① 青出二於藍一。
② 良薬苦二於口一。
③ 苛政猛二於虎一。
④ 君子博学二於文一。
⑤ 先則制レ人、後則制二於人一。

★★★ □5 傍線部「為二賊所一レ殺」をひらがなのみで書き下せ。（北海道大）

小《せう》娥《がハ》嗚咽《スルコトやや》良久《シクシテ》、乃《チ》曰《ク》、「我《ガ》父及《ビ》夫《ハ》皆為二賊所一レ殺。」

〈謝小娥伝〉

答 ⑤

解説 「於」は下にくる補語（ここでは「公論」）の送りがなの働きをする。この場合の「二」は「奪はれて」の「れ」による受身の対象を表している。①は「藍より出づ」の「より」、②は「口に苦し」の「に」、③は「虎よりも猛なり」の「よりも」、④は「文を学ぶ」の「を」にあたる。⑤は「人に制せらる」の「に」にあたる。

訳 また多くの意見について互いに欠点を非難し問いつめてその道理の落ち着くところを探し求め、それが正しいか正しくないかを考えるならば、一見正しそうに見えながら実は誤っている意見は、また普遍的で妥当な意見にその場を奪われて成り立たなくなるだろう。

答 ぞくのころすところとなる。

解説 「殺」はサ行四段活用。連体形にして「所」へ返る。

訳 小娥はしばらく涙にむせんでいたが、やがて言った、「私の父と夫は盗賊に殺されました」と。

★★★ □6 傍線部「為世所愛重」をすべて平仮名で書き下せ。現代仮名づかいでもよい。（広島大）

沈《ちん》周《しう》、字ハ啓南、長洲ノ人ナリ。及レビ長ズルニ、書ニ無レシ所レ不レル覧《み》。文ハ摹《ぼ》二シ左氏一ヲ、詩ハ擬《なぞらへ》二白居易・蘇《そ》軾《しょく》・陸游《いう》一ニ、字ハ仿《なら》二ヒ黄庭堅一ヲ、並ビニ為世所愛重。〈明史〉

（注）○長洲――蘇州府下の県。
○摹左氏――摹はその通りにまねるの意。左氏は「春秋左氏伝」のこと。
○白居易――唐の詩人。　○蘇軾――北宋の詩人。　○陸游――南宋の詩人。
○黄庭堅――北宋の詩人、書家。

★★★ □7 傍線部「往往為風涛所隔」を、現代かなづかいにより、すべてひらがなで書き下し文に改めよ。（京都府立大）

所レノ居ル対岸ハ武昌、山水佳絶ナリ。有リ三蜀人ノ王生在ル二邑中一ニ、往往為風涛所隔、不レレバ能二ハ即帰一スル、則チ王生能ク為ニ殺レシ鶏ヲ炊レキ黍ヲ、至ルモ二数日一ニ不レ厭ハ。〈答秦太虚書〉

（注）○武昌――現在の湖北省黄岡県南東の地名。　○蜀《しょく》――現在の四川省。
○王生――王という人。

答 よのあいちょうするところとなる。

解説 「愛重」は二字の熟語であるから、「愛《あい》重《ちょう》す」というサ変動詞である。連体形にして「所」へ返る。

訳 沈周は、字は啓南といい、長洲の人である。成長するに及んで、目を通したことのない書物はないほどであった。文章は春秋左氏伝を手本にし、詩は白居易・蘇軾・陸游をまね、書は黄庭堅を模範にし、すべて（の分野で）世間に敬愛されていた。

答 おうおうにしてふうとうのへだつるところとなり

解説 「往往」は「往往《わうわう》にして」と読む。「隔つ」は夕行下二段活用。連体形にして「所」へ返る。

訳 住んでいる所の対岸は武昌で、山や川の景色は絶景である。蜀の人間で王さんという（対岸の）村に住んでいる人がいて、しばしば風や波によって（私が対岸から戻れず家から）隔てられて、そのまま帰ることができなくなると、王さんは私のために鶏を殺して穀物を炊いて（私をもてなしてくれ、私の滞在が）数日に渡っても嫌な顔一つしない。

□8 ★★ 傍線部「以二此狗一見レ与、便当二相出一」をすべて平仮名で書き下せ。現代仮名遣いでよい。（お茶の水女子大）

生因《リ》二暗《やみニ》行《クニ》一、墜《ツ》二於空《くう》井《せいノ》中《ニ》一。狗《いぬ》呻《しん》吟《ぎんシ》徹《ス》レ暁《ヲ》。有《リ》二人《ノ》経過《スル》一、怪《シミ》二此《ノ》狗《ノ》向《ヒテ》レ井《ニ》号《さけブヲ》一、往《キテ》視《レバ》見《ル》レ生《ヲ》。生曰《ク》、「君可《シ》レ出《ダス》レ我《ヲ》。当《ニ》レ有《ル》二厚報一。」人曰《ク》、「以《テ》二此狗一見レ与、便当二相出《シト》一。」生曰《ク》、「此《ノ》狗曾《テ》活《いかセリ》二我《ノ》已《ニ》死《スルヲ》一、不《ト》レ得二相与《フルヲ》一。」〈捜神後記〉

（注）○生――人名。　○空井――水のかれた井戸。　○呻吟――うなること。
○徹暁――夜明かしをすること。　○経過――通り過ぎること。

答 このいぬをもってあたえらるれば、すなわちまさにあいいだすべし。

解説 「与ふ」は下二段活用なので、「見」は「らる」。已然形＋「ば」にして下の「便《すなは》ち」につなげる。「当」は再読文字。「出」は直前の会話文中に「いだす」と読み方が示してある。

訳 生は暗い中を歩いていたため、水のかれた井戸の中に落ちた。犬はうなって夜を明かした。通り過ぎる人があり、この犬が井戸に向かって吠えているのを不思議に思い、行って見ると（井戸の中に）生がいた。生が言った、「あなたは私を助け出してください。（そうすれば）厚くお礼をしましょう」と。その人は言った、「この犬を与えてもらえれば、すぐにあなたを出してあげよう」と。生は言った、「この犬は以前私が死にそうなところを助けてくれたのです、あなたに与えることはできません」と。

□ 9 ★★★ 傍線部「為二張献忠所一レ虜」を、平易な口語に訳せ。（埼玉大）

長《ちやう》沙《さ》ノ総統将軍高起龍ノ妻陳氏ハ、廬《ろ》州ノ人ナリ。幼ニシテ為二張献忠所一レ虜。後帰二スル高氏一ニ。〈広陽雑記〉

（注）○長沙・廬州——地名。　○総統将軍——官職名。　○高起龍・張献忠——人名。

□ 10 ★★ 傍線部「婦必被殴死、不若先溺水之為幸」を口語訳せよ。（東北大）

杭州楊鎮ノ一兇徒、素《もと》ヨリ不二‐孝ニシテ於母一ニ、尤モ凌二‐虐スノ其妻一ヲ。有二リ子三歳ナル一、愛惜スルコト甚ダ至ル。妻常ニ抱カつテ負シ、偶《たまたま》失シテ手ヲ擷《おと》シ二‐損ナフ其ノ頭ヲ一。泣キテ而謂ヒテレ姑ニ曰ク「夫帰ラバ婦必被殴死、不若先溺水之為幸。」姑曰ク「汝第《ただ》ダ無カレレ憂フル、但ダ云ヘ二是レ我之誤リトト一。」〈輟耕録〉

（注）○杭州楊鎮——地名。杭州は、現中国浙江省の都市。

答　張献忠に捕えられた。

解説　「張《ちやう》献《けん》忠《ちゆう》の虜《りよ》と為《な》る所《ところ》と為る」と読む受身形。主語は、高起龍の妻である「陳氏」。

訳　長沙の総統将軍の高起龍の妻である陳氏は、廬州の人である。幼い時に——後に高起龍のもとに嫁いだ。

答　私は必ず殴り殺されるでしょう（から）、その前に川に身を投げて死ぬことを幸せと考える方がましです。

解説　「婦」は自称。「被二殴死一」は「殴死《おうし》せられん」。後半は「不レ若（しかず）」に比較形（120ページ）がある。

訳　杭州の楊鎮にある凶悪な男がいて、平素から母親に対して不孝であったが、特にその妻を虐待していた。（男には）三歳の子どもがいて、大変な可愛がりようであった。ある時妻が（子どもを）抱こうとして、たまたま手がすべって落とし子どもの頭を怪我させてしまった。（妻は）泣きながら夫の母に言った「夫が戻ってきたならば——」と。しゅうとめは言った「あなたは心配しなくてよろしい、これは私の失敗だとだけ言いなさい」と。

□11 ★★ 傍線部「婦不レ知二此事先為レ所レ偵」を、「此事」が何を指すか具体的に示しつつ、平易な現代語に訳せ。 （東京大）

女巫《ふ》郝《かく》嫗《あう》ハ、村婦之狡《かう》黠《かつ》ナル者也。自ラ言ヒ三狐神ノ付ク二其ノ体一ニ、言フ二人ノ休《きう》咎《きう》ヲ一。凡ソ人家ノ細務、一一周知ス。故ニ信ズルレ之ヲ者甚ダ衆《おほ》シ。嘗テ有リ三孕《よう》婦ノ問フ二所レノ生ム二男女ヲ一。郝ハ許スニ以テスレ男ヲ。後ニ乃チ生ムレ女ヲ。婦ハ詰《せむ》ルニ以テス二神語ノ無キヲレ験。郝ハ瞋《いから》セテレ目ヲ曰ク、「汝ハ本ヨリ応ニレ生ムレ男ヲ。某月某日汝ノ母家饋《おく》ルニ二餅《もち》二十ヲ一、汝ハ以テ二其ノ六ヲ一供シ二翁《をう》姑《ここ》ニ一、匿《かく》シテ二其ノ十四ヲ一自ラ食フ。冥司責メ二汝ノ不孝ヲ一、転ジテレ男ヲ為スレ女ト。汝尚ホ不ルヤレ悟ラ耶。」婦ハ不レ知ラ二此ノ事ノ先ニ為ルヲレ所レ偵《さぐ》ル、遂ニ惶《くわう》駭《がい》シテ伏スレ罪ニ。

〈閲微草堂筆記〉

（注）○嫗——老婆。 ○狡黠——ずるがしこいこと。 ○休咎——幸不幸。
○翁姑——しゅうと・しゅうとめ。 ○冥司——冥界の役人。
○惶駭——驚き恐れること。

答 婦人は、実家から送られてきた餅をしゅうとしゅうとめに六個しか与えず残りを独り占めにして食べたことを、郝に前もって調べられていたとは知らず

解説 「此事」の内容は、「某月某日」から「自ら食ふ」まで。「為レ所レ偵」は「為二郝所レ偵（郝《かく》の偵《さぐ》る所《ところ》と為《な》る）」がより正確な形である。

訳 女占い師の郝ばあさんは、ずるがしこい女であった。自分で狐神が自分の体に乗り移るのだと言い、人の幸不幸を占った。他人の家の細かい事情を、何から何まで知っていた。だから彼女の占いを信じる者がたいそう大勢いた。かつてある妊婦が産まれてくる子が男か女かを尋ねた。郝は男であると保証した。後に（妊婦は）女の子を産んだ。その婦人は神のお告げの効験がなかったことを責め立てた。郝は目をむいて（怒って）言った、「おまえは本来男の子を産むはずだったのだ。某月某日おまえの実家から餅が二十個贈られてきて、おまえはそのうちの六個をしゅうとしゅうとめに与え、残りの十四個を隠しておいて自分で食べてしまった。冥界のお役人がおまえの親不孝を責め、男を女に変えたのだ。おまえにはまだわからないのか」と。——恐れおののいて罪を認めた。

比較形・選択形

1 Aハ不レ如カレBニ（不レ若）

□1 「如・若」は、四段動詞[1 ★★]で、「及ぶ」の意である。

□2 Bに送りがな[2 ★★]をつけて「不レ如」に返ることが、読みのポイント。

□3 全体で、読み方は[3 ★★★]、訳し方は、直訳すれば[4 ★★★]であるが、つまりは、AとBとを比べて、「AよりもBの方がよい」ということである。

□4 次の文を読んで、訳してみよう。

百聞ハ不レ如カ二一見ニ一。

読 [5 ★★★]
訳 [6 ★★★]

2 Aハ無シレ如クハレBニ（無レ若・莫レ如・莫レ若）

□1 この形は、全体で[1 ★★★]と読み、訳し方は[2 ★★★]のようになる。これはAとBとを比べているのではなく、Aに関する最上級の表現と言ってよい。この形も、Bの送りがなは「ニ」である。

□2 次の文を読んで、訳してみよう。

COMMENT

比較形・選択形はパターンが多い！ 大事なのは「如かず」と「如くは無し」！

正解

1
(1) しく
(2) ニ
(3) AはBにしかず
(4) AはBには及ばない
(5) 百聞《ひゃくぶん》は一見《いっけん》に如《し》かず。
(6) 百回聞くよりも一回見る方がよい。

2
(1) AはBにしくはなし
(2) Aに関してはBにまさるものはない

人ハ莫シレ若クハレ故《ふる》キニ。 読 3★★★ 訳 4★★★ （故＝旧友）

3 Aハ C（ナリ）二 於 B ヨリモ一

□ 1 「於・于・乎」グループの置き字の働きによる比較形で、「於」がBの送りがな 1★★ にあたる。

□ 2 Cの位置は、形容詞・形容動詞か、あるいは 2★ ＋「ナリ」である。

□ 3 全体で「AはBよりもC(なり)」と読み、3★★ と訳す。次の文を読んで、訳してみよう。

苛政ハ猛ナリ二於虎ヨリモ一。 読 4★★ 訳 5★★ （苛政＝苛酷な政治）

POINT

Aハ不レ如カレB二	読 AハBニしカず 訳 AはBには及ばない	「AよりもBの方がよい」と訳してもよい。AとBとを比べる形。必ず「…に如かず」と読むことがポイント。
Aハ無シレ如クハレB二	読 AハBニしクハなシ 訳 Aに関してはBにまさるものはない	AとBとを比べる形ではなく、一種の最上級の表現。「如＝若」「無＝莫」なのでいろいろな形がある。
Aハ C（ナリ）二 於 B ヨリモ一	読 AハBヨリモC（ナリ） 訳 AはBよりもCである	「於・于・乎」が比較の「ヨリモ」の働きをする。Cは形容詞か形容動詞のことが多い。

(3) 人《ひと》は故《ふる》きに若《し》くは莫《な》し。
(4) 人に関しては旧友にまさるものはない。

(1) ヨリモ
(2) 名詞
(3) AはBよりもCである
(4) 苛政《かせい》は虎《とら》よりも猛《まう》なり。
(5) 苛酷な政治は虎よりも恐ろしい。

4

Aハ莫シレC(ナル)ハ二於Bヨリ一

□1 「AはBよりC(なる)はなし」と読み、[1★★]のように訳す。これも「於」による比較形で、一種の最上級の表現である。

□2 Cは形容詞・形容動詞の連体形、あるいは名詞＋「ナル」に、[2★]がつく。

□3 次の文を読んで、訳してみよう。

水ハ莫シレ大ナルハ二於海ヨリ一。

読 [3★★]　訳 [4★★]

□4 「焉(これ)」を用いた、次のような最上級がある。

莫シレ大ナルハレ焉ヨリ。

読 [5★★]　訳 [6★★]

5

与リハレA寧ロB セヨ／セン

□1 AとBとを比べて、[1★★]の方をとる選択の形。

□2 「与」を[2★★]、「寧」を[3★★]と読めばよい。あとは読んだとおりの意味である。

□3 Bの位置を、「Bセヨ」のように命令形に読む形と、古文の意志の助動詞をつけて、「Bセン」のように読む形がある。次のそれぞれの文を読んで、訳してみよう。

正解

4
(1) Aに関してはBよりもCなものはない
(2) ハ
(3) 水《みず》は海《うみ》より大《だい》なるは莫《な》し。
(4) 水に関しては海よりも大きい[広い]ものはない。
(5) これより大《だい》なるは莫《な》し。
(6) これより大きいものはない。

5
(1) B
(2) よりは　(3) むしろ

与リハレ見《ら》ルルレ捕《とら》へ寧ロ自刃セヨ。

読 捕《とら》へらるるよりは寧《むし》ろ自刃《じじん》せよ。
訳 4 ★★

与リハレ見ルルレ捕ヘ寧ロ自刃セン。

読 5 ★★
訳 6 ★★

6 与リハレA不レ如カレBニ

□1 「AよりはBにしかず」と読み、[1 ★★]のように訳す。やはりBの方をとる選択の形で、「AはBにしかず」よりも、さらにBに重きを置くニュアンスが強い。
次の文を読んで、訳してみよう。

与リハレ見ルルレ捕ヘ不レ如カレ死スルニ。

読 2 ★★
訳 3 ★★

与リハレA不レ如カレBニ	与リハレA寧ロBセヨ（セン）	Aハ莫シレC（ナル）ハ二於Bヨリ一
	〈命令形〉〈未然形〉	〈連体形〉
読 AよリハBニしカず 訳 AよりはBの方がましだ	読 AよリハむしロBセヨ[セン] 訳 AよりはむしろBせよ[しよう]	読 AハBヨリC(ナル)ハなシ 訳 Aに関してはBよりもCなものはない
「与レA」と「AはBに如かず」が融合した形。これもBの方がよいという選択の形。	AとBとを比べてBの方をとれ、Bの方をとる、という選択の形。「与」と「寧」が読めればよい。	「AはBに如くは無し」の形と「AはBよりもC」の形が融合した、一種の最上級の表現。

(4) 捕えられるよりはむしろ自ら命を絶て。
(5) 捕《とら》へらるるよりは寧《むし》ろ自刃《じじん》せん。
(6) 捕えられるよりはむしろ自ら命を絶つつもりだ。
(1) AよりはBの方がましだ
(2) 捕《とら》へらるるよりは死《し》するに如《し》かず。
(3) 捕えられるよりは死ぬ方がましだ。

7　寧《ロ》 A《ストモ》 無《カレ》レ B《スル(コト)》

□1 AとBとを比べて、[1★★]の方をとる選択の形。

□2 「寧A」を、「むしろAすとも」と読み、後半は[2★★]と禁止形に読む。逆接仮定条件を示す「とも」の前のAは、活用語の終止形である。

□3 全体で、訳し方は[3★★]のようになる。

□4 次の文を読んで、訳してみよう。

寧《ロ》為《ルトモ》二鶏口《ト》一無《カレ》レ為《ル》二牛後《ト》一。

読 [4★★]
訳 [5★★]

（鶏口＝にわとりの口ばし／牛後＝牛の尻）

8　寧《ロ》 A《ストモ》 不レB《セ》

□1 前半はやはり[1★★]と読み、後半を禁止ではなく、[2★★]と、ふつうの否定形に読む形。「Bせざらん」と、意志の助動詞「ん」をつける場合もある。

□2 全体で、訳し方は[3★★]のようになる。

□3 次の文を読んで、訳してみよう。

寧《ロ》死《ストモ》、不レ受《ケ》レ辱《ヲ》。

読 [4★★]
訳 [5★★]

（辱＝はずかしめ）

正解

7
(1) A
(2) Bする(こと)なかれ
(3) むしろAしても、Bはするな
(4) 寧《むし》ろ鶏口《けいこう》と為《な》るとも牛後《ぎゅうご》と為《な》る無《な》かれ。
(5) むしろにわとりの口ばしにはなっても牛の尻にはなるな。

8
(1) むしろAすとも
(2) Bせず
(3) むしろAしてもBはしない
(4) 寧《むし》ろ死《し》すとも、辱《はぢ》を受《う》けず。
(5) むしろ死んでも、はずかしめは受けない。

9 Aハ孰二与レゾBニ[ト]一（孰若）

□1 「孰与」を 1★★★ と読み、全体で「AはBに[と] 1★★★ 」と読む。

□2 訳し方は、 2★★ のようになる。ただ、「比べてどうか」「どちらがいいか」と問いかけながら、AとBでは「 3★★ の方が…だろう」ということを、暗に言う形である。

□3 「与レA孰二与B一」で「Aよりは 4★★ 」と読む形もあるが、意味としては同じである。

□4 次の文を読んで、訳してみよう。

漢ハ孰二与レゾ我ノ大ナルニ一。

読 5★★

訳 6★★

（我大＝我が国の大きさ）

POINT		
寧ロAストモ無カレB（スル（コト））〈終止形〉〈連体形〉	読 むしロAストモBスル（コト）なカレ 訳 むしろAしてもBはするな	AとBとを比べてAの方をとる選択形。「寧」と、禁止の「無かれ」が読めればよい。
寧ロAストモ不レBセ〈終止形〉〈連体形〉	読 むしロAストモBセず 訳 むしろAしてもBはしない	これも、AとBとを比べてAの方をとる選択形。後半は「Bセザラン」と意志が入ることもある。
Aハ孰二与レゾBニ[ト]一	読 AハBニ[ト]いづレゾ 訳 AはBに比べてどうか	「与」は置き字で、「いづれ」の意は「孰」にある。「Bの方が…だろう」と強調する形。

(1) いづれぞ
(2) AはBに比べてどうか
(3) B
(4) Bにいづれぞ
(5) 漢《かん》は我《われ》の大《だい》なるに孰与《いづ》れぞ。
(6) 漢は我が国の大きさに比べてどうか（我が国の方が大きいであろう）。

実戦問題

□1 ★★★ 傍線部「法士自知芸不如楊也」の返り点の付け方と書き下し文の組合せとして最も適当なものを、次の①～⑤のうちから一つ選べ。（センター）

隋《ずいノ》田《でん》・楊《やう》与ニ鄭《てい》法《はふ》士《し》一倶ニ以テレ能クスルヲレ画ヲ名アリ。法士自知芸不如楊也。乃チ従ヒテレ楊ニ求ムルニ画本ヲ一、楊不レ告ゲレ之ニ。

〈衡蘆精舎蔵稿〉

（注）○田・楊――田《でん》僧《そう》亮《りょう》と楊《よう》契《きっ》丹《たん》のこと。ともに隋代の画家。　○鄭法士――隋代の画家。

① 法士自レ知レ芸不レ如レ楊也
法士芸を知りてより楊のごとくならざるなり

② 法士自知二芸不一レ如レ楊也
法士自ら芸の楊に如《し》かざるを知るなり

③ 法士自知レ芸不レ如レ楊也
法士自ら芸を知ること楊のごとくならざるなり

④ 法士自知二芸不レ如楊一也
法士自ら芸の如かざるは楊なるを知らんや

⑤ 法士自レ知二芸不一レ如レ楊也
法士芸の楊のごとくならざるを知るによらんや

答 ②

解説 鄭法士は、傍線部のあと、楊契丹に画本（画法の手本）を求めているのだから、自分の技芸が楊契丹に及ばない（＝「如かざる」）ことを知っていたはずである。ゆえに、「不如」を「如かず」と読んでいる②・④に絞って、文意を考える。

訳 隋の田僧亮と楊契丹は鄭法士とともに絵を描くのが巧みなことで有名だった。（しかし）鄭法士は自分自身の芸が楊契丹に及ばないことを知っていた。そこで楊契丹に師事して画の手本を求めたが、楊契丹は鄭法士に教えなかった。

□ **2** ★★ 空欄□を含む一文「賢二于己一者…資二切磋一」は、己を基準に比較した三段階の人に対して、どう対処するかを述べたものである。空欄に入るものとして最も適当なものを、次の①～⑤のうちから一つ選べ。（センター）

君子之学ハ必ズ好ムレ問フヲ。問フト与ハレ学ブ、相ヒ輔《たす》ケテ而行ク者也。非ズンバレ学ブニ無クニ以テ致スレ疑ヒヲ、非ズンバレ問フニ無シニ以テ広ムレ識ヲ。好ムモレ学ブヲ而不レバレ勤メレ問フニ、非ザルニ真ニ能ク好ムレ学ブヲ者ニ一也。〈中略〉賢ナルニ于己ヨリ一者ニハ、問ヒテレ焉《これ》ニ以テ破リニ其ノ疑ヒヲ一、□者ニハ、問ヒテレ焉ニ以テ求メニ一得ヲ一、等シキニ于己ニ一者ニハ、問ヒテレ焉ニ以テ資スニ切《せつ》磋《さ》ニ一。

〈劉孟涂集〉

① 不ルレ知ラレ己ヲ
② 類スルニ于己ニ一
③ 勝ルニ于己ヨリ一
④ 不ルレ如カレ己ニ
⑤ 不ルレ好マレ己ヲ

答 ④

解説 三つの文が対句になっている。「己より賢なる者」「□」「己に等しき者」であるから、「自分より賢明な者」「自分と同等の者」に比べるべき残りの一段階の人は、「自分より劣っている者」であると考えられる。

訳 君子の学問は必ず質問することを大切にする。質問することと学ぶこととは、互いに補い合って進んでゆくものである。学ぶことをしなければ疑問は生まれないし、質問をしなければ知識は広がらない。学ぶことを大切にしても積極的に質問をしなければ、本当に学問を大切にしているとは言えないのである。〈中略〉自分より賢い人には、質問して疑問を解決し、自分より劣る人には質問して一つでも得になることを求め、自分と同等の人には質問して互いに知識をみがきあう材料にするのである。

★★ □ **3** 次の詩は、蘇軾《そしょく》の「陶淵明《とうえんめい》の飲酒二十首に和す」と題した詩の一節である。傍線部「我不如陶生」に、返り点と送り仮名をつけなさい。

我不如陶生　世事纏《てん》二綿《めん》スニ之一
云何《いかん》ゾ得テ二一適ヲ一　亦《ま》タ有ランレ如キコト二生時ノ一

（注）○陶生――陶淵明先生。　○纏綿――まつわりつく。　○云何――如何と同じ。

（岡山大）

★★ □ **4** 傍線部「大二於常蜂一耳」をすべて平仮名で読み下しなさい。

兎和寺《とかじ》多シレ蜂《はち》。寺僧為メニレ余ノ言フレ之ヲ、事甚ダ具《そな》ハレリ。予因リテ問フ蜂之有ルハレ王、其ノ状ヤ何如ト。曰ク、「其ノ色青蒼ニシテ、差《やや》大二於常蜂一耳ト」。

〈小畜集〉

（大阪大）

答 我不レ如カ二陶生一

解説 「不如」は当然「不レ如」で「如かず」。「A不レ如レB」で、Bにあたる「陶生《とうせい》」が二字であるから、Bから「如」へは一二点が必要である。

訳 私は陶淵明先生には及ばず、世の俗事がまつわりついている。どうしたら一つの快適さを得て、また生まれたばかりの時のような（無邪気な）心境になれるだろうか。

答 つねのはちよりもだいなるのみ（と）。

解説 「於」による比較形。「常蜂」の右下の送りがな「ヨリモ」にあたる。「大」は「大なり」。

訳 兎和寺には蜂が多い。寺の僧が私のためにこれ（蜂）について話してくれたが、その内容は非常に事細かであった。私はそこで尋ねた、蜂の王がいるというが、その様子はどんなふうなのかと。（僧が）言った、「蜂の王の色は青黒くて、ふつうの蜂に比べて少し大きいだけである」と。

☐**5** ★★ 次の文章は、秦《しん》の始皇帝の宰相となった李斯《りし》のことばの一節である。傍線部「詬莫レ大二於卑賤一、而悲莫レ甚二於窮困一」を書き下し文にせよ。（香川大）

今、秦王欲ス下呑ミ二天下ヲ一、稱シテレ帝ト而治メント上。此レ布衣馳《ち》騖《ぶ》スル之時ニシテ、而游說者之秋《とき》也。處リテ二卑賤之位ニ一、而計不ルレ爲サ者ハ、此レ禽鹿ノ視テ二肉ヲ一人面ニシテ、而能ク彊《し》ヒテ行ク者ナル耳。故ニ詬莫レ大二於卑賤一、而悲莫レ甚二於窮困一。久シク處リ二卑賤之位、困苦之地ニ一、非《そしり》テレ世ヲ而惡ミレ利ヲ、自ラ託スルハ二於無爲ニ一、此レ非ザル二士之情ニ一也。故ニ斯將ニト三西シテ說カント二秦王ニ一矣。〈史記〉

（注）○布衣――爵禄をもたない遊説の士。　○馳騖――かけまわって働く。　○禽鹿――禽獣のことをいう。　○詬《はぢ》――恥辱。　○士――遊説の士。

答 詬《はぢ》卑賤よりも大《だい》なるは莫《な》く、悲《かな》しみ窮困《きゆうこん》よりも甚《はなは》だしきは莫《な》し。

解説 「莫レB二於A一」で「AよりもBなるは莫し」と読む形。Bは連体形であればよいので、「大」は「大なるは」、「甚」は「甚しきは」。「詬」「悲」は、送りがなに、「詬は」「悲しみは」と、「は」をつけてもよい。

訳 今、秦王が天下を従えて、帝と称して治めようとしている。これは布衣の者がかけまわって働く時であり、遊説の士にとって絶好の時である。卑賤な地位にあって、一計あってそれをなさない者は、鳥獣が人間づらをして肉を見て、無理に突き進むしかできない者である。ゆえに恥辱は卑賤であることより大きなものはなく、悲しみは困窮よりも甚だしいものはない。久しく卑賤な地位、困窮した立場にあって、世間をけなして利を憎み、自分から何もなさないままでいるのは、遊説の士の本心ではない。ゆえに私は西に行って秦王に策を説こうと思うのだ。

★★★
□6 傍線部「罰レ之使二人懲一レ悪、不レ若三賞レ之使二人能勧一レ善」を平易な現代語に訳せ。

（東京大）

罰《シテ》レ之《ヲ》使《ムルハ》二人《ヲシテ》懲《リ》一レ悪《ニ》、不レ若《カ》三賞《シテ》レ之《ヲ》使《ムルニ》二人《ヲシテ》能《ク》勧《マ》一レ善《ニ》。威《おどシテ》レ之《ヲ》使《ムルハ》二人《ヲシテ》畏《レ》一レ刑《ヲ》、不レ若《カ》三恩《シテ》レ之《ヲ》使《ムルニ》二人《ヲシテ》能《ク》懐《カ》一レ徳《ニ》。悪《にくミテ》レ之《ヲ》使《ムルハ》二人《ヲシテ》遠《ザカラ》一レ悪《ニ》、不レ若《カ》三愛《シテ》レ之《ヲ》使《ムルニ》二人《ヲシテ》能《ク》感《ゼ》一レ心《ニ》。

〈古学先生文集〉

（注）○恩――恩恵を与える。

★★
□7 傍線部「夫保二‐全一身一、孰三‐若保二‐全天下一乎」をわかりやすく現代語訳しなさい。

（大阪大）

龐《はう》公《こうナル》者《ハ》、南郡《ノ》襄《じやう》陽《やうノ》人也。居《リ》二峴《けん》山《ざん》之南《ニ》一、未《ダ》三嘗《テ》入《ラ》二城府《ニ》一。荊《けい》州《しう》刺《し》史《し》劉《りう》表《へう》数《しばしば》延請《スルモ》、不レ能《あたハ》レ屈《スル》、乃《チ》就《キテ》候《うかがフ》レ之《ヲ》。謂《いヒテ》曰《ク》、「夫《そレ》保二‐全《スルハ》一身《ヲ》一、孰《いづれゾ》三‐若《ト》保二‐全《スルニ》天下《ヲ》一乎。」

〈後漢書〉

（注）○刺史――州の長官。　○延請――呼び招く。　○屈――要請を受け入れさせる。
○就――赴く。　○候――訪ねる。

6
答 罰することで人に悪事をするまいと思わせるよりは、ほめることで人を善に励むことができるようにさせる方がよい。

解説 「A不レ若レB」で「AよりはBの方がよい」とする形。

訳 ――脅すことで人に刑罰を恐れさせるよりは、恩恵を与えることで人を徳に親しませる方がよい。憎むことで人を悪から遠ざけさせるよりは、愛して人を感動させる方がよい。

7
答 そもそも、わが身を安全に保つことと、天下を安全に保つこととでは、どちらが大切か。

解説 「A孰三若B一（AはBにいづれぞ）」で、「AはBに比べてどうか」が直訳。

訳 龐公という者は、南郡の襄陽の人であった。峴山の南に住んでいて、一度も城内に入ったことがなかった。荊州刺史の劉表が度々呼び招いたが、出仕させることができず、そこで自ら赴いて龐公を訪ねた。（劉表は）言った、「――」と。

□8 ★★ 傍線部「莫レ若三宛レ頸戢レ翼、終身勿二復鳴一也」とあるが、鳩がこのように言った理由を六〇字以内で説明せよ。（鹿児島大）

昔荊《けい》之梟《ふくろふ》将ニ三徙《うつり》テ巣《す》ツクラント二於呉ニ一。鳩《はと》遭《あ》ヒテレ之ニ曰ハク、「子将ニ二安クニ之カント一。」梟曰ハク、「将ニレ巣ツクラント二於呉ニ一。」鳩曰ハク、「何ゾ去リテレ荊ヲ而巣ツクランレ呉ニ乎《や》ト。」梟曰ハク、「荊人悪《にく》ムト二予之声ヲ一。」鳩曰ハク、「子能ク革《あらた》ムレバ二子之声ヲ一則チ免《まぬか》ル。無カレ為ス二去リテレ荊ヲ巣ツクルコトヲレ呉ニ也。如シ不レバレ能ハレ革ムルコト二子之音ヲ一、則チ呉楚《そ》之民不レ異ニセレ情ヲ也。為ニレ子ノ計ラバ者、莫シト レ若クハ三宛《ま》ゲテレ頸《くび》ヲ戢《をさ》メレ翼ヲ、終身勿《な》キニ二復タ鳴クコト一也。」〈曹子建集〉

（注）○荊——春秋時代の楚の国の別名。　○呉——荊の隣国。

答 楚にいても呉に行っても人間は同じであり、梟が鳴き声をあげる限りは、その鳴き声が人間に嫌われるのは同じであると思ったから。

解説 傍線部そのものは「頸を曲げて翼をたたんで、一生二度と鳴かずに過ごすのにこしたことはない」の意。理由は直前部で鳩が語っている。

訳 昔楚の国の梟が呉の国に移動して巣を作ろうとしていた。鳩がたまたま梟に会って言った、「あなたはどこに行こうとしているのですか」と。梟は言った、「これから呉で巣を作ろうとしているのです」と。鳩が言った、「どうして楚を去って呉に巣を作ろうとするのですか」と。梟が言った、「楚の国の人が私の鳴き声を嫌っているからです」と。鳩が言った、「あなたはあなたの鳴き声を変えることができれば問題ありません。（わざわざ）楚を去って呉に巣を作るなんてことをすることはありません。（でも）もしあなたの鳴き声を変えることができないなら、呉も楚も人間の情はみな同じです（から、あなたの鳴き声は呉の人にも嫌われる）。あなたのために計をめぐらすと、（あなたは）頸を曲げて翼をたたんで、（目立たないように）一生二度と鳴かずに過ごすのにこしたことはない」と。

仮定形

1 如《シ》……《セバ／ナラバ》（若）

□**1** 「如・若」は、仮定形の場合は［1 ★★★］と読み、原則として、下にくる「……」の部分が、「未然形＋［2 ★★］」と呼応する。ただし、「未然形＋［2 ★★］」か、「已然形＋［2 ★★］」かの区別は、漢文ではそれほど厳密ではない。

□**2** 「もし」と読む字は、［3 ★★★］の二字以外にも非常に多い。

使・令・当・尚・倘・向・即・則・脱・設・誠・
仮如・如使・向使・当使

□**3** 次の文を読んで、訳してみよう。

如《シ》有《ラバ》レ過《チ》、改《メン》。

読［4 ★★★］
訳［5 ★★★］

2 苟《シクモ》……《セバ／ナラバ》

□**1** 「苟」は、［1 ★★★］と読み、「如（もし）」と同じく「未然形＋［2 ★★］」と呼応する。

COMMENT

仮定形は「もし」「いやしくも」「たとひ」「いへども」の読みが大事！

正解

1
(1) もし (2) ば (3) 如・若
(4) 如《も》し過《あやま》ち有《あ》らば、改《あらた》めん。
(5) もし過ちがあるならば、改めよう。

2
(1) いやしくも (2) ば

□ **2** 「苟」は、「[3 ★★]…ならば」と訳すことが多いが、意味としては「もし…ならば」とほとんど同じである。

□ **3** 次の文を読んで、訳してみよう。

苟《シクモ》 有《ラバ》二天運一、必《ズ》勝《タン》。

読 [4 ★★]

訳 [5 ★★]

□ **4** 「如し」や「苟しくも」のような副詞を用いなくても、「未然形＋[6 ★★]」であれば、仮定形である。

□ **5** 仮定は、原則的には「未然形＋[7 ★★]」で表すが、形容詞や形容詞型に活用する「べし(可)」「ごとし(如)」、打消の助動詞「ず(不)」などは、連用形に係助詞「は」をつけて仮定を表す。それが、「無くは→無くんは→無くんば」「べくは→べくんは→べくんば」のようになった形が、漢文では頻出する。「ず(不)」の仮定の形は[8 ★★]になる。

POINT

如《シ》……セバ／ナラバ〈未然形〉	読 もシ…セ[ナラ]バ 訳 もし…(する)ならば	「もし」と読む字は多いが、必ず覚えなければならないのは「如・若」のみ。
苟《シクモ》……セバ／ナラバ〈未然形〉	読 いやシクモ…セ[ナラ]バ 訳 かりにも…(する)ならば	「いやしくも」は読みの問題に出ることも多い。「もし」とほぼ同じだが、訳し方は「かりにも」。

(3) かりにも

(4) 苟《いや》しくも天運《てんうん》有《あ》らば、必《かなら》ず勝《か》たん。

(5) かりにも天運があるならば、必ず勝つだろう。

(6) ば

(7) ば

(8) ずんば

3 縦《ヒ》……《ストモ／スルモ》

□1 「縦」は、[1★★★]と読み、「……」の部分で、活用語の[2★★]形＋「トモ」、あるいは、連体形＋「モ」と呼応する。

□2 「たとひ」と読む字には、「縦」以外にも、[3★]や「縦令・縦使・縦然・即」などがある。

□3 「縦……」で、[4★★]・「…だとしても」のように訳す。

□4 次の文を読んで、訳してみよう。

縦《ヒ》我不《トモ》レ行《カ》、何《ゾ》不《ル》レ来《タラ》。

読 [5★★]
訳 [6★★]

4 雖《モ》二……一《ト》

□1 「雖」そのものは、[1★★★]と読む。四段活用の動詞[2★]の已然形に、逆接仮定条件を表す接続助詞[3★]がついたものである。

□2 「雖」は、必ず「……」に送りがな[4★★★]をつけて返読する。

□3 「雖二……一」は、[5★★]・「たとえ…であっても」のように、逆接仮定条件を表すことが多いが、「…だけれども」のように、逆接確定条件を表す場合もまれにある。

正解

3
(1) たとひ (2) 終止
(3) 仮令
(4) たとえ…であっても
(5) 縦《たと》ひ我《われ》行《ゆ》かずとも、何《なん》ぞ来《き》たらざる。
(6) たとえ私が行かなくても、どうして来ないのか。

4
(1) いへども (2) いふ
(3) ども
(4) ト
(5) …だとしても

□4 次のそれぞれの文を読んで、訳してみよう。

雖《モ》二千万人《ト》一吾往《ゆカン》矣。

江東雖《モ》レ小《ナリト》、地方《ハ》千里。

読 [6 ★★]　(千万人＝敵の人数)

訳 [7 ★★]

読 江東小《かうとうせう》なりと雖《いへど》も、地《ち》は方千里《はうせんり》。

訳 [8 ★★]　(小＝狭い)

5 微《カリセバ》二……一

□1 「…なかりせば」と読んで、[1 ★★]と訳す。古文の反実仮想にあたる。

□2 次の文を読んで、訳してみよう。

微《カリセバ》レ母、我不《じ》レ在《ラ》。

読 [2 ★★]

訳 [3 ★★]

POINT

縦《ヒ》……ストモ〈終止形〉／スルモ〈連体形〉	読 たとヒ…ストモ［スルモ］ 訳 たとえ…であっても	Aは、終止形＋「トモ」か、連体形＋「モ」と呼応する。逆接仮定条件を表す。「たとひ」は読みも頻出。
雖《モ》二……ト一	読 …トいへどモ 訳 …だとしても	必ず「…と雖も」と返ることが読みのポイント。逆接仮定条件がふつうだが、確定条件の例もある。
微《カリセバ》二……一	読 …なカリセバ 訳 (もし)…がなかったならば	古文の反実仮想にあたる。「…がなかったならば…だっただろうに、しかし…はあったから…だ」の意。

(6) 千万人《せんまんにん》と雖《いへど》も吾往《われゆ》かん。
(7) たとえ千万人であっても私は行く。
(8) 江東は狭いけれども、土地は千里四方はある。

(1) (もし)…がなかったならば

(2) 母微《ははな》かりせば、我在《われあ》らじ。
(3) 母がいなかったら、私はいなかったであろう。

実戦問題

☐1 ★★★ 傍線部「如」の読み方をひらがなで記せ。（鹿児島大）

如不レバレ能ハレ革ムルコト二子之音ヲ一、則チ呉楚ソ之民不レ異ニセレ情ヲ也。

〈曹子建集〉

☐2 ★★★ 傍線部「苟」の読みを、送りがなも含めてすべてひらがなで答えなさい。（長崎大）

彼ノ風与トレ月ハ、天下終ニ無キ二一人ノ能ク有スル者一也。苟天下終ニ無クンバ二一人ノ能ク有スル者一、則チ是レ無キレ主之物ナル耳《のみ》。

〈無辺風月楼記〉

☐3 ★★★ 傍線部「雖」の読みを、送りがなを含めて、ひらがなを用いて現代かなづかいで記せ。（京都府立大）

后ハ寵雖レ衰、然レドモ上《しやう》未ダルレ有ラ二意ノ廃スルコト一也。

〈通鑑紀事本末〉

（注）○后——唐の第三代皇帝高宗の最初の皇后。　○上——高宗。

答 もし

解説 「能はざれば」の「ば」と呼応している。

訳 もしあなたの鳴き声を変えることができないならば、呉も楚も人間の情はみな同じです。

答 いやしくも

解説 「無くんば」の「ば」と呼応している。

訳 あの風と月は、この世についに一人も占有できる者はいない。かりにもこの世についに一人も占有できる者がいないのならば、これは持ち主がいない物である。

答 いえども

解説 「衰」の送りがなが省略されているが、「衰ふと」から「雖」へ返読する。

訳 皇后は（高宗からの）寵愛が衰えていたけれども、高宗はまだ廃后しようという気持ちを抱いてはいなかった。

★★ □**4** 傍線部「若不過、則不及焉」を全て平仮名で書き下し文にせよ。（愛知県立大）

橐《たく》駝《だ》ハ非ザル三能ク使ムルニ二木ヲシテ寿ニシテ且ツ孳《しげ》ラ一也。能ク順《したが》ヒ二木之天ニ一、以テ致スニ二其ノ性ヲ一焉《の》爾《み》。他ノ植ウル者ハ則チ不レ然ラ。根ハ拳《かが》マリテ而土ハ易ハル。其ノ培フレ之ヲ也、若不過、則不及焉。

〈古文真宝〉

（注）○橐駝――植木職人の名。

★★ □**5** 傍線部「若有是非、直言無隠」を書き下しなさい。（県立広島大）

太《たい》宗《そう》曰《いは》ク、「夫《そ》レ以テレ銅ヲ為《な》セバレ鏡ト、可《べ》シ三以テ正ス二衣冠《くわん》ヲ一。以テレ古《いにしへ》ヲ為セバレ鏡ト、可シ三以テ知ル二興替ヲ一。以テレ人ヲ為セバレ鏡ト、可シ三以テ明カニス二得失ヲ一。朕《ちん》常ニ保チ二此《こ》ノ三鏡ヲ一、以テ防グ二己《おの》ガ過チヲ一。自リレ斯《これ》以後、各悉《つくせ》二乃《なんぢ》ノ誠ヲ一。若有是非、直言無隠。」

〈貞観政要〉

（注）○太宗――唐の皇帝、李世民《りせいみん》。　○興替――興ったり替わったり。盛衰。
○得失――利益と損失。よしあし。

答 もしすぎざれば、すなはちおよばず。

解説 返り点は「若不レ過、則不レ及焉」。「若」を「もし」と読み、「不」に「ば」をつけて「則ち」へ。「焉」は置き字。

答 若《も》し是《ぜ》非《ひ》有《あ》らば、直言《ちよくげん》して隠《かく》す(こと)無《な》かれ(と)。

解説 返り点は「若有二是非一、直言無レ隠」。「是非」は名詞なので送りがなは不要。「有り」に「ば」をつけて下へ。「無」は文脈から考えて、禁止に読みたい。

訳 橐駝は木を長生きさせたり繁殖させたりすることができるわけではない。木が生まれつきもつ性質にもとづいて、その木の性質を生かしているだけである。他の植木職人はそうではない。(彼らが木を植えると)根は曲がり土は変わってしまう。彼らが木を育てる時、もし限度を超えないならば、木は育たない(と思っている)。

訳 太宗が言った、「そもそも銅を鏡とすれば、衣冠を正すことができる。いにしえを鏡とすれば、(歴史に学んで物事の)盛衰を知ることができる。人を鏡とすれば、(その人を手本として行いの)よしあしを明らかにできる。私は常にこの三つの鏡を保持して、自分の過ちを防いできた。今後、各人がそれぞれの誠意を尽くせ。もし(私に)非があれば、遠慮なく言って隠すことのないように」と。

★★ □6 役人が民に命じて官船のかいを一本ずつ作らせた。ある者が、幸霊《こうれい》の作ったかいを盗んだ。傍線部「若爾不以情告我者、今真死矣」の意味として最も適当なものを、次の中から選べ。（早稲田大）

俄《ニシテ》而窃《ム》者心痛《ミテ》欲《ス》レ死《セント》。霊謂《ヒテ》レ之《ニ》曰《ハク》、爾《なんぢ》得《ンヤト》レ無《キヲ》レ窃《ムコト》二我《ガ》楫《ヲ》一乎。窃《ム》者不レ応《こたへ》。有《リテ》レ頃《しばらく》、愈《いよいよ》急《ナリ》。霊曰《ハク》、若爾不以情告我者、今真死矣。窃《ム》者急《ニ》遽《あはテテ》乃《チ》首《まうシテ》出《ス》レ之《ヲ》。霊於《テ》レ是《ニ》飲《マスニ》レ之《ニ》以《テス》レ水《ヲ》。病即《チ》立《チドコロニ》愈《ユ》。〈晋書〉

（注）○霊——人名。　○楫——船のかい。

イ　もしあなたがわたくしに真実を語らなければ、あなたは今に本当に死にますよ。

ロ　もしあなたが真心からわたくしに謝罪しなければ、あなたは今に本当に死にますよ。

ハ　あなたのように情け容赦もなくわたくしを訴える人は、今に本当に死にますよ。

ニ　あなたのように真実を隠してわたくしを訴える人は、今に本当に死にますよ。

答 イ

解説 「若」は「もし」。「爾」が「なんぢ」。返り点は、「若爾不二以レ情告一レ我者、今真死矣」で、「若《も》し爾《なんぢ》情《じやう》を以《もつ》て我《われ》に告《つ》げずんば、今真《いましん》に死《し》せん」と読む。「矣」は断言する意の置き字。

選択肢冒頭の「もし」と「あなた」の4対2の配分から八・ニを消去。「不人情な応対」「恩を仇で返す」は内容にそぐわないので、ホ・ヘを消去。「謝罪」に相当する語がないのでロを消去する。

訳 盗んだ者は急に胸が痛んで死にそうになった。幸霊はその者に言った、「あなたはわたくしの舟のかいを盗んだのではありませんか」と。盗んだ者は何も答えない。しばらくすると、ますます痛みがひどくなった。幸霊は言った、「――」と。盗んだ者は急に慌てふためいて、やっと自首して盗んだかいを出した。幸霊はそこでその者に水を飲ませてやった。病気はたちまち治ってしまった。

ホ　もしあなたがわたくしに不人情な応対をするならば、今に本当に死にますよ。

へ　もしあなたがわたくしに恩を仇で返すのならば、今に本当に死にますよ。

□ **7** ★★ 傍線部「人性下愚、雖㆓孔・孟教㆑之、無㆑益也」の意味として最も適当なものを次の中から一つ選べ。（愛知大）

凡ソ物ニ各有ルコト㆓先天㆒、如㆔人ニ各有ルガ㆓資稟《ひん》㆒。人性下愚ナレバ、雖《いへど》モ㆓孔・孟教フト㆑之ヲ、無キ㆑益也。〈随園食単〉

（注）○資稟――生まれつきの才能。　○孔・孟――孔子と孟子。

1　生まれつき才能がなければ、どんなに優れた教育をしても上達は望めない。
2　生まれつきの才能がなければ、孔子や孟子のように立派な人にはなれない。
3　人間の性質は愚かなものなので、孔子や孟子のような聖人にはなれない。
4　生まれつきは愚鈍であっても、この世の無常は知ることができる。
5　愚かな人が商売をしても、所詮はもうからないものだ。

答　1

解説　後半の直訳は「孔子や孟子が教えても、効果がない」であるから、2・3は「孔・孟《こうもう》之《これ》(＝人性下愚な人間)を教ふと雖も」の文意にそぐわない。
4は「この世の無常」、5は「商売をしても…もうからない」が間違いである。

訳　一般的に物にそれぞれ生来備わった性質があるのは、人にそれぞれ生まれつきの才能があるのと同じである。――

★★ □ 8 傍線部「若賞之、是賞佞人也」を、現代語訳せよ。（法政大）

穆《ぼく》伯《はく》曰《ク》、間《かん》倫《りん》為《リ》レ人《ト》也《や》、佞《ニシテ》而不レ仁《ナラ》。若《シ》使《メバ》二間倫《ヲシテ》下《サ》レ之《ヲ》、吾可《ケン》二以《テ》不《ル》レ賞《セ》レ之《ヲ》乎。若賞之、是賞佞人也。佞人得《レバ》レ志《ヲ》、是《レ》使《メン》二晋国之士《ヲシテ》、捨《テテ》レ仁《ヲ》而為《サ》レ佞《ヲ》。吾雖《モ》レ得《ト》レ鼓《ヲ》、将《はタ》何《ゾ》用《ヒント》レ之《ヲ》。〈貞観政要〉

（注）○穆伯――春秋時代、晋の大夫。　○間倫――晋の人。
○下之――鼓を破る。　○鼓――春秋時代、現在の河北省にあった国の名。

★★ □ 9 傍線部「雖二甚愚者一、猶知二其難一也」を口語訳せよ。（島根大）

夫《レ》以《テシテ》下今之世去《ルコト》二先王之世《ヲ》一遠《ク》、所《レ》遭《あフ》之変所《レ》遇《あフ》之勢不《ルヲ》上レ一《ナラ》、而欲《スルハ》三一一修《メント》二先王之政《ヲ》一、雖《モ》二甚《ダ》愚《カナル》者《ト》一、猶《ホ》知《ル》二其《ノ》難《キヲ》一也。〈上仁宗皇帝言事書〉

（注）○先王――君主が模範とすべき、昔のすぐれた王。

答 もしこれを賞すれば、佞人を賞することになる。

解説 読み方は「若《も》し之《これ》を賞《しやう》すれば、是れ佞《ねい》人《じん》を賞するなり」となる。「之」は「間倫」のこと。「佞人」は「こびへつらう人間」の意。

訳 穆伯は言った、「間倫の性質は、こびへつらう性質で仁ではない。もし間倫に命じて鼓を破ったら、私は間倫を賞さないわけにいかない。（しかし）――。こびへつらう人が志を得れば、晋国の士に、仁を捨ててこびへつらう人になれということになる。たとえ鼓を得たとしても、どうして（そのような人間を）用いることがあろうか」と。

答 たいそう愚かな者であっても、やはりそれが難しいことは知っている。

解説 「甚だ愚かなる者」は、筆者（王安石）自身のことを言っている。

訳 そもそも今の世は昔のすぐれた王の時代からはるかにへだたっており、遭遇する変化や時勢が（昔のと）同一ではないから、いちいち昔のすぐれた王の政治をそのまま適応しようとするのは、――

□10 傍線部を現代語に訳せ。 （和歌山大）

戴十《じふ》不知何許《こ》人。一通事牧馬豆田中。戴出遂之。通事怒、以馬策乱捶《すい》而殺之。妻梁氏舁尸詣《いたり》営中訴之。通事乃貴家奴、主人所倚《たよ》。因以牛二頭、白銀一笏《こつ》、就《あたへ》梁贖罪。且説之曰、「汝夫死、亦天命。両子皆幼。得銭可以自養。就令《たとひ》殺此人、於死者何益。」

〈続夷堅志〉

（注）○戴十――人名。 ○通事――職名。ここでは、「執事」に同じ。 ○策――鞭《むち》。 ○捶――むち打つ。 ○舁――かつぐ。 ○営――ここでは、屋敷の意。 ○笏――ここでは、銀を板状に鋳造した塊。五十両の銀塊。 ○就――ここでは、贈り与えるの意。 ○就令――「たとひ」と読み、譲歩の仮定を表す。

答 おまえの夫が死んだのは、天命である。二人の子供はともに幼い。銭が手に入ればそれで生活ができる。たとえこの男を死罪にしたとしても、死んだ者に何の得になろうか。

解説 「両子」は二人の子供。「此の人」は、妻の梁氏が「訴」えた、夫を殺した「通事」を指す。「死者」は夫を指す。

訳 戴十はどこの人であるのかわからない。（ある時）ある執事が豆畑の中に馬を放牧した。戴十は出て来てこの馬を追い払った。執事は怒って、馬の鞭でめった打ちにして戴十を殺してしまった。妻の梁氏は戴十の死体をかついで執事のいる屋敷まで運び（執事の裁きを）その邸の主人に訴えた。執事は身分の高い家の家僕で、主人が頼りにしている者だった。主人はそのため牛二頭、白銀五十両を、梁氏に与え執事の罪をまぬがれようとした。その上梁氏にこう言った、――

★★ □ 11 傍線部「前定雖レ不レ当レ賢、猶可二以守一レ法」を、「前定」の意味を明らかにしつつ、平易な現代語に訳せ。（東京大）

曰《ク》、「伝《ヘテ》二之《ヲ》子《ニ》一而当《ラバ》レ不《ルニ》レ淑《よカラ》、則《チ》奈何《ト》。」曰《ク》、「伝《フレバ》二之《ヲ》人《ニ》一則《チ》争《フ》、未《ダ》二前《ニ》定《マラ》一也。伝《フレバ》二之《ヲ》子《ニ》一則《チ》不《ハ》レ争、前《ニ》定《マレバ》也。前《ニ》定《マレバ》雖《モ》レ不《ト》レ当《ラ》レ賢《ニ》、猶《ホ》可《シ》二以《テ》守《ル》一レ法《ヲ》。不《シテ》二前《ニ》定《マラ》一而不《レバ》レ遇《ハ》レ賢《ニ》、則《チ》争《ヒ》且《ツ》乱《ルト》。」〈対馬問〉

（注）○伝——帝位を継がせること。

★ □ 12 傍線部「苟非二其人一、簞食豆羹見二於色一」とはどういうことか、わかりやすく説明せよ。（東京大）

「好《ム》レ名《ヲ》之人、能《ク》譲《ルモ》二千乗之国《ヲ》一、苟《クモ》非《レバ》二其《ノ》人《ニ》一、簞《たん》食《し》豆《とう》羹《かうモ》見《ルト》二於色《ニ》一。」此《レ》真《ニ》孟子《ノ》通二達《スル》世故《ニ》一語也。〈庸間斎筆記〉

（注）○千乗之国——兵車千台を出すことのできる国。大国のこと。
○簞食豆羹——竹の器に盛った飯と木の器に容れた汁。わずかな食物のこと。

答 前もって帝位の後継者が決まっていればその人物が賢人ではないとしても、やはり法を守ることはできる。

解説 「定」は「伝」、つまり帝位の後継者を決定しておくことをいう。

訳 （尋ねて）言った、「帝位を子に譲って善良ではない者が即位することになったら、どうするのですか」と。（答えて）言った、「帝位を他人に譲るとなると争いが起こる、（それは後継者が）前もって決まっていないからである。帝位を子に譲れば争いにはならない、（それは後継者が）前もって決まっているからである。——前もって決まっていない状態で賢人がいないとなると、争いが起こり（世の中が）乱れる」と。

答 名誉を重んじる人でなければ、わずかな価値しかないものにも欲望が態度に表れるということ。

解説 「其人」は「名を好むの人」を指す。「見」は「あらはる」。

訳 「名誉を好む人は、千乗の大国でも（人に）譲ることができるが、かりにもそのような人でなければ、わずかな食物（を惜しむ気持ち）も表情に表れる」と。これは本当に孟子が世間の事情によく通じている（ことを示す）言葉である。

★□**13** 傍線部「即盗在、是亦四十七人冤矣」とはどういうことか。なぜ四十七人なのかがわかるように、簡潔に説明せよ。（東京大）

閩《びん》藩《はん》司《シノ》庫蔵弗レ飭《ととのハ》、大順語《つゲテ》二左使《ニ》一治《メシム》レ之《ヲ》。不レ聴《カ》。已《ニ》果《タシテ》大《イニ》亡《うしなヒ》二庫銀《ヲ》一、悉《ことごとク》逮《とらフ》二官吏邏《ら》卒五十人《ヲ》於獄《ニ》一。大順曰《ク》、「盗多《キモ》不レ過《ギ》二三人《ニ》一、而《ルニ》繋《つなグ》二五十人《ヲ》一。即《もシ》盗在《ルモ》、是《レ》亦《タ》四十七人《ハ》冤《ゑんナリト》矣。」

〈閩書〉

（注）○閩藩司――福建（閩）の民政をつかさどる役所。長官は左右二名の布政使。
○弗飭――きちんとした安全管理がなされていない。
○大順――右布政使の陶大順。
○左使――左布政使。この時、蔵の管理を担当。
○邏卒――警備の兵士。
○繋――逮捕する。

答 盗賊は多くても三人であろうから、もし逮捕した五十人の中に盗賊がいたとしても、四十七人は無実だということ。

解説 左使は「官吏邏卒五十人」を逮捕したのであるが、大順は「盗多きも三人に過ぎず」と見ている。「冤」は「冤罪」、つまり無実だということ。

訳 福建の役所の金庫はきちんとした安全管理がなされておらず、大順は管理者の左使に言いつけて整備するように命じた。（しかし左使は言いつけを）聞かなかった。案の定収められていた銀を大量に失う結果となり、（左使は）役人や警備の兵士たち五十人全員を逮捕して牢獄に入れた。大順は言った、「盗賊は多くても三人以上ではないだろうに、五十人を逮捕した。もし（この中に）盗賊がいたとしても、四十七人は冤罪である」と。

抑揚形・累加形

1

A《スラ》且《ツ》B、況《ンヤ》C《ヲ》乎

□**1** 前半の「A且B」は、[1★★★]のように、Aに副助詞「スラ」をつけて読み、後半の「況C乎」は、[2★★★]と読む。「乎」の前のCに、送りがな「ヲ」を入れて読むことがポイントである。

□**2** 「且(かツ)」のかわりに、「[3★★★](なホ)」を用いることもある。

□**3** 全体で、[4★★★]のような訳し方になるが、「なおさらBだ」と、Bの位置を強調することが、解釈上のポイントである。

□**4** 次の文を読んで、訳してみよう。

死馬《スラ》且《ツ》買《フ》レ之《ヲ》、況《ンヤ》生《ケル》者《ヲ》乎。

読 [5★★★]
訳 [6★★★]

(生者＝生きている駿馬《しゅんめ》)

□**5** 前半に「且・猶・尚」がなくて不完全な形や、「況んや」の前に[7★]がある形、後半の「況んや…をや」の部分が省略された形など、いろいろな変型があるが、意味は同じである。

COMMENT

抑揚形は文に強弱の波を作る強調構文。累加形も「累《かさ》ね加える」強調表現！

正解

(1) Aすらかつ B
(2) いはんやCをや
(3) 猶[尚]
(4) Aでさえ B(なの)だ(から)、ましてCであればなおさらだ
(5) 死馬《しば》すら且《か》つ之《これ》を買《か》ふ、況《いは》んや生《い》ける者《もの》をや。
(6) 死んだ馬でさえ買うのだから、まして生きている駿馬ならばなおさら高く買うだろう。
(7) 而《しか》るを

2 A且《スラツ》B、安《クンゾ》C乎《ン》

□1 前半の「A且B」を、1★★★と読む点も、「且」のかわりに「猶・尚」を用いることがある点も同じであるが、後半が、右の2★★★のように、反語形になる形。反語であれば何でもよい。

□2 全体で、3★★★のような訳し方になり、やはり、Bの位置を強調する。

□3 次の文を読んで、訳してみよう。

禽獣且《スラツ》知《ル》レ恩《ヲ》、人安《クンゾ》不《ラン》レ知《ラ》レ恩《ヲ》哉。

読 4★★★
訳 5★★★
（禽獣＝鳥やけもの）

□4 後半に、「況んや」もあって、「何ぞ況んや…」のようになる場合は、文末は反語を優先して、「…ヲや」ではなく、6★★とする。

POINT

A且《スラツ》B、況《ンヤ》C乎《ヲ》 （猶《ホ》・尚《ホ》）	読 Aスラかツ［なホ］B、いはンやCヲや 訳 AでさえB（なの）だ（から）、ましてCであればなおさらBだ	Bの位置を強調する抑揚形。 「且つ」のかわりに「猶ほ［尚ほ］」のことも多い。 「況んや↓をや」の呼応がポイント。
A且《スラツ》B、安《クンゾ》C乎《ン》 （猶《ホ》・尚《ホ》）	読 Aスラかツ［なホ］B、いづクンゾCンや 訳 AでさえB（なの）だ、どうしてCであろうか、いやCではなく、Bだ	Bの位置を強調する抑揚形。 後半に反語がくるが、意味は「況……乎」と同じ。 反語であるから、文末が「…ンや」になる。

(1) Aすらかつ B
(2) いづくんぞCんや
(3) Aでさえ B（なの）だ、どうしてCであろうか、いやBだ
(4) 禽獣《きんじゅう》すら且《か》つ恩《おん》を知《し》る、人《ひと》安《いづ》くんぞ恩《おん》を知《し》らざらんや。
(5) 鳥やけものでさえ恩を知っているのだ、どうして人間が恩を知らないことがあろうか。
(6) ンや

3 不二唯《ダニ》A《ノミナラ》一 B・非《ズ》二唯《ダニ》A《ノミニ》一 B

□1 「不二唯A一B」は、「ただにAのみならず、B」と読み、「非二唯A一B」は、［1 ★★］と読む。訳し方は［2 ★★］のようになる。「不・非」の否定と、「唯だに…のみ」という限定とが組み合わさった累加形である。

□2 「ただに」は、「唯」のほか、「惟・徒・但・直・只・特・祇」などを用いても同じである。「ただに」でなく、「独（［3 ★★］）」を用いる形もある。

□3 次の文を読んで、訳してみよう。

非《ズ》二徒《ダニ》無《キノミニ》レ益、而《しかモ》又害《ス》レ之《これヲ》。

読［4 ★★］
訳［5 ★★］

（害レ之＝有害である）

4 豈《ニ》唯《ダニ》A《ノミナランヤ》 B

□1 「豈に…んや」という反語と、「唯だに…のみ」という限定とが組み合わさった累加形で、「あにただにAのみならんや、B」と読み、［1 ★★］のように訳す。

□2 次の文を読んで、訳してみよう。

豈《ニ》唯《ダニ》我《ノ》嘆《クノミナランヤ》、天下皆嘆《ク》。

読［2 ★★］
訳［3 ★★］

正解

(1) ただにAのみにあらず、B
(2) ただAなだけでなく、さらに［その上］Bだ
(3) ひとり
(4) 徒《た》だに益《えき》無《な》きのみに非《あら》ず、而《しか》も又之《またこれ》を害《がい》す。
(5) ただ益がないだけでなく、その上有害である。

(1) どうしてただAなだけであろうか、いやそれだけではなく、さらにBだ
(2) 豈《あ》に唯《た》だに我《われ》の嘆《なげ》くのみならんや、天下皆嘆《てんかみななげ》く。
(3) どうしてただ私が嘆いただけであろうか、私だけでなく世は皆嘆いた。

5 何《ゾ》独《リ》A《ノミナランヤ》 B

□1 「何ぞ…んや」という反語と、「独り…のみ」という限定とが組み合わさった累加形で、「なんぞひとりAのみならんや、B」と読み、「豈唯……」と同じように［1 ★★］と訳す。Bが省略された形が多い。

□2 次の文を読んで、訳してみよう。

故郷何《ゾ》独《リ》在《ルノミナランヤ》二長安《ニ》一。

読［2 ★★］
訳［3 ★★］

POINT

句形	読・訳	解説
不《ニ》二唯《ダニ》A《ノミナラ》一 B	読 たダニAノミナラず、B 訳 ただAなだけでなく、さらにBだ	「不」のかわりに「非」を用いた形は「ただにAのみにあらず、B」。「唯だに」のかわりに「独り」を用いる形もある。
豈《ニ》唯《ダニ》A《ノミナランヤ》 B	読 あニたダニAノミナランヤ、B 訳 どうしてただAなだけであろうか、いやそれだけではなく、さらにBだ	「豈に…んや」の反語と、「唯だに…のみ」の限定による累加形。「唯」は「惟・徒」でも同じ。
何《ゾ》独《リ》A《ノミナランヤ》 B	読 なんゾひとりAノミナランヤ、B 訳 どうしてただAなだけであろうか、いやそれだけではなく、さらにBだ	「何ぞ…んや」の反語と、「唯だに…のみ」の限定による累加形。Bは省略されることが多い。

(1) どうしてただAなだけであろうか、いやそれだけではなく、さらにBだ

(2) 故郷《こきやう》何《なん》ぞ独《ひと》り長安《ちやうあん》に在《あ》るのみならんや。

(3) 故郷はどうしてただ長安にあるだけであろうか。

実戦問題

☐1 ★★ 波線部a「猶」・b「而」・c「況」の読みとして最もふさわしいものを、次のア〜オの中からそれぞれ一つずつ選びなさい。（國學院大）

畜《ノ》老《ユルスラ》猶憚《はばかル》レ殺《スヲ》レ之《ヲ》、而況君《ヲ》乎。〈春秋左氏伝〉

a 猶　ア まさに　イ なほ　ウ すべからく　エ なんぞ　オ つねに

b 而　ア すなはち　イ しかして　ウ しかるを　エ しかるに　オ しからば

c 況　ア なんすれぞ　イ まして　ウ いはんや　エ むしろ　オ まさしく

☐2 ★★ 傍線部「非独哭死」の訓読として最も適当なものを、左記各項の中から一つ選べ。（立教大）

孔子晨《あしたニ》立《チ》二堂上《ニ》一、聞《ク》二哭《スル》者《ノ》声音甚《ダ》悲《シキヲ》一。孔子出《デテ》而弟子《ニ》有《リ》二吒《たスル》者一。問《フ》、「誰《ゾ》也《ト》。」曰《ク》、「回也《ト》。」孔子曰《ク》、「回為《ニシテ》レ何《ノ》而吒《スルヤト》。」回曰《ク》、「今《い》者《ま》

答 a イ b ウ c ウ

解説 「況」の前に「而」がある時は、「しかるをいはんや…をや」と読む。

訳 家畜の（長年飼って）年老いたものでさえ殺すことに気がひけるのに、まして主君を殺すのはなおさらである。

答 3

解説 「非独…」で「独《ひと》り…のみに非《あら》ず」と読む累加形。ここは、「ただ死者のために泣いているだけではない」という意味になる。

訳 孔子が朝に大広間に立っていると、泣き叫ぶ者の声がひどく悲しげなのを耳にした。孔子が（部屋を）出ると弟子の中に嘆き悲しむ者がいた。「誰か」と尋ねると、「顔回です」と答えた。孔子は言った、「顔回よ、なぜ嘆き悲しむのだ」と。顔回は言った、「今泣き叫ぶ者がおり、

有《リ》二哭《スル》者一、其《ノ》音甚《ダ》悲《シ》。非独哭死又哭《スト》二生離《ノ》者《ヲ》一。」 〈説苑〉

（注）○堂上――建物正面の大広間の中。 ○吒――嘆き悲しむ。 ○回――顔回の名。字は淵。

1 ひとりにあらずしてこくしてしし
2 ひとりこくしてしするのみにあらず
3 ひとりしをこくするのみにあらず
4 ひとりにあらずしてしをこくし
5 ひとりこくするのみにあらずしてしし

★★ □ **3** 傍線部「天且弗レ違、而況於レ人乎」の読みを全文ひらがなで書き、かつ訳せ。現代仮名遣いでよい。 （宮崎大）

夫《レ》大人《ナル》者、與《と》二天地一合《シ》二其《ノ》徳《ヲ》一、與二日月一合《シ》二其《ノ》明《ヲ》一、與二四時一合《シ》二其《ノ》序《ヲ》一、與二鬼神一合《ス》二其《ノ》吉凶《ヲ》一。先《ダチテ》レ天《ニ》而天弗レ違、後《レテ》レ天《ニ》而奉《ズ》二天《ノ》時《ヲ》一。天且弗レ違、而況於レ人乎。況於二鬼神一乎。 〈易経〉

答 （読み）てんすらかつたがわず、しかるをいわんやひとにおいてをや。

（訳）天でさえ違背しないのであるから、まして人ならばなおさらである。

解説 「而況」は「しかるをいはんや」と読む。

その声はひどく悲しげでした。（あれは）ただ死者のために泣いているだけではなく、生き別れになる者のために泣いているのです」と。

訳 そもそも大人というのは、天地と同様に（寛容の）徳を持ち、太陽や月と同様に（恩徳の）光を放ち、四季と同様に順序正しく（物事を行い）、鬼神と同様に吉凶を正確に予知する。（大人が）天よりも先に事を行っても天は違背しないし、天よりも後に事を行えば天の理法を遵奉することになる。――まして鬼神ならばなおさらである。

★★ □4 傍線部「況其真有者乎」をすべて平仮名で書き下せ。現代仮名づかいでよい。（東北大）

借《リテ》レ物《ヲ》以《テ》備《フルスラ》二一朝之用《ニ》一、尚《な》猶《ほ》如《シ》レ此《クノ》。況其真有者乎。〈稼亭先生文集〉

★★ □5 工之僑《こうしきょう》は名琴を作って献上したが、古くないとされて返された。そこで彼は古びた細工をし、箱に入れて土に埋め、数年してから献上した。傍線部「豈独一琴哉、莫不然矣」を漢字ひらがなまじりで書き下せ。（奈良女子大）

献《ジ》二諸《ヲ》朝《ニ》一、楽官伝視《シ》、皆曰《ク》、「希世之珍也《ト》。」工之僑聞《キ》レ之《ヲ》、歎《ジテ》曰《ク》、「悲《シイ》哉《かな》、世也《や》、豈独一琴哉、莫不然矣。」〈郁離子〉

★★ □6 傍線部「叔不二惟薦一レ仲、又能左二-右之一如レ此」の解釈として最も適当なものを、次の①〜⑤のうちから一つ選べ。（センター）

答 いわんやそのしんにゆうするものをや。

解説 「有」は「有《いう》す」とサ変動詞に読む。

訳 物を借りて何か起こった時に備えることでさえ、やはりこのようである。まして本当に所有している物についてはなおさらである。

答 豈《あ》に独《ひと》り一琴《いっきん》のみならんや、然《しか》らざるもの莫《な》し。

解説 「豈独…哉」で「豈に独り…のみならんや」と読む累加形。後半は「莫不…」が二重否定である。「矣」は置き字。

訳 琴を朝廷に献上すると、楽官たちは順に回して見、皆言った、「世にもまれな珍品だ」と。工之僑はこれを聞いて、ため息をついて言った、「悲しいなあ、世間というのは、琴一つのことだけではない、すべてがこうなのだ」と。

答 ⑤

解説 「不惟…」で「惟だに…のみならず…」。「ただ…だけでなく」であるから、②・④・⑤に絞る。①・③は

訳 鮑叔はもともと管仲を(彼が)まだ身分の低い時から知っていた。管仲が斉の宰相になったのは、鮑叔が推薦したからである。管仲は宰相になると、

鮑叔《はうしゆく》固《もと》ヨリ已ニ識ル二管仲《くわんちゆう》ヲ於微ナリシ時ニ一。仲相タルハレ斉ニ、叔薦ムレバレ之ヲ也。仲既ニ相タリテ、内ニ修メ二政事ヲ一、外ニ連ヌ二諸侯ヲ一。桓公《くわんこう》毎《つね》ニ質ス二之ヲ鮑叔ニ一。鮑叔曰ハク、「公必ズ行ヘ二夷《い》吾《ご》之言ヲ一。」叔不二惟ダニ薦ムルノミナラレ仲ヲ、又能ク左二-右スルコト之ヲ一如シレ此クノ。真ニ知己也。

〈千百年眼〉

（注）○鮑叔――春秋時代の斉の重臣。管仲との交友関係は「管鮑の交わり」として知られる。○管仲――斉の宰相。○微時――身分の低いとき。○桓公――斉の君主。○夷吾――管仲のこと。

① 鮑叔は管仲を宰相に推薦しただけでは心配で、このように自らもまた桓公を通じて政治に関与していたのである。

② 鮑叔が管仲を宰相に推薦しただけではなく、このように管仲もまた鮑叔のことを気づかうことができたのである。

③ 鮑叔は管仲を宰相に推薦しただけでは心配で、このように管仲が道を踏みはずさぬように導いてもいたのである。

④ 鮑叔が管仲を宰相に推薦しただけではなく、このように管仲もまた鮑叔と権力をわけあうことができたのである。

⑤ 鮑叔は管仲を宰相に推薦しただけではなく、このように見えないところでうまく管仲を補佐してもいたのである。

「心配で」がよけいである。あとは「左右す」の意味と、「此《か》くのごとし」の指示する内容の把握。「左右」という名詞が「そば近くに仕える臣。側近」であることから「左右す」は、「補佐する」意と類推する。「此くのごとし」は、「桓公《くわんこう》毎《つね》に之《これ》を…公は必ず夷吾《いご》の言《げん》を行へ」までを指す。

内政を正しく行い、外交でも諸侯をうまくまとめた。桓公はいつも鮑叔に管仲の政治について問いただした。鮑叔は言った、「公は必ず管仲の言う通りになさいませ」と。――本当の親友である。

★★ □ **7** 傍線部「得二灌園一已出二望外一、況管庫乎」を、現代語訳せよ。（熊本大）

宋《ノ》張孝基娶《めとル》二同里《ノ》富人《ノ》女《むすめヲ》一。富人只《ニ》有《ルモ》二一子《ノミ》一、不肖《ニシテ》、逐《おフ》レ之《ヲ》。富人病《ミテ》且《ニ》レ《ルヤ》死《セント》、悉《ク》以《テ》二家財《ヲ》一付《シ》二孝基《ニ》一、与《ヘテ》レ之《ニ》治《メシム》二後事《ヲ》一。久《シクシテ》レ之《ヲ》、其《ノ》子丐《こフ》二于途《みちニ》一。孝基惻《そく》然《トシテ》謂《ヒテ》曰《ク》、「汝能《ク》灌《くわん》園《スル》乎《かト》。」答《ヘテ》曰《ク》、「如《シ》得《テ》二灌園《スルヲ》一以《テ》就《つかバ》レ食《ニ》、何《ゾ》幸《ヒナルト》。」遂《ニ》使《ム》二灌園《セ》一。其《ノ》子甚《ダ》力《つとム》。孝基怪《シミ》レ之《ヲ》、復《タ》謂《ヒテ》曰《ク》、「汝能《ク》管庫《スル》乎《かト》。」答《ヘテ》曰《ク》、「得《ルコトスラ》二灌園《スルヲ》一已《ニ》出《ヅ》二望外《ニ》一、況《ンヤ》管庫《スルヲ》乎《や》。又何《ゾ》幸《ヒナルト》。」

〈日記故事〉

（注）○同里――同じ村。
○一子――一人の男の子。
○丐――ものごいをする。
○惻然――悲しみいたむさま。
○灌園――畑仕事をする。
○管庫――倉庫を管理する。

答 畑仕事をさせていただいたことでさえ望外の幸せでしたのに、まして倉庫の管理の仕事をいただけるのはなおさらです。

解説 「灌《くわん》園《ゑん》するを得《う》」は、張孝基《ちょうこうき》から畑仕事をさせてもらえるようにしてもらったこと。「望外《ばうぐわい》」は望んでいた以上の幸せ。

訳 宋の張孝基は同じ村の金持ちの娘をめとった。その金持ちには息子が一人だけいたが、愚か者だったので、（親は）彼を追い出した。金持ちが病気になって今にも死にそうになった時、すべて家財を孝基に預け、彼に与えて死後のことを託した。だいぶ経って、その息子が路上で物乞いをしていた。孝基は悲しみいたむ様子で言った、「おまえは畑仕事をできるか」と。（男は）答えて言った、「もし畑仕事をいただけて食べれるなら、何と幸福なことでしょう」と。こうして畑仕事をさせることになった。その息子はたいそうよく働いた。孝基はそれを不思議に思い、また言った、「おまえは倉庫を管理できるか」と。（男は）答えて言った、「――また何と幸福なことでしょう」と。

★★ □8 傍線部「不㆓惟不㆑燃、反能滅㆑火者也」を現代語訳せよ。〈福岡教育大〉

有《リ》三火聚《あつマル》二於此《ニ》一。五物在《リ》レ傍《かたはラニ》。一《ハ》如《シ》二乾草《ノ》一。纔《わづかニ》触《ルルニ》即《チ》燃《ユル》者也。其《ノ》二《ハ》如《シ》レ木《ノ》。嘘《ふケバ》レ之《ヲ》則《チ》燃《ユル》者也。其《ノ》三《ハ》如《シ》レ鉄《ノ》。不《ル》レ可《カラ》レ得レ燃《ヤスコト》者也。然《レドモ》而猶《ホ》可《キ》レ鎔《とかス》也。其《ノ》四《ハ》如《シ》レ水《ノ》。不二惟《ダ》不《ルノミナラ》レ燃《エ》、反《テ》能《ク》滅《スル》レ火《ヲ》者也。〈竹窗随筆〉

答 ただ燃えないだけでなく、逆に火を消すこともできるものである。

解説 傍線部の主語は「水」。「不惟AB」で「ただAだけでなくB」と訳す累加形。

訳 ここに燃えさかる火がある。五つの物がその火の傍らにある。一つは乾いた草のようなものである。少し火に触れるとすぐに燃え上がるものである。二つ目は木のようなものである。(すぐには燃えないが)吹いてやると燃えるものである。三つ目は鉄のようなものである。これは燃やすことのできないものである。しかしそれでも溶かすことができる。四つ目は水のようなものである。――

★★
□9 次の詩句は、白居易が南北朝時代の謝霊運の詩について歌った詩の一節である。傍線部「豈唯玩二景物一」を現代語訳せよ。（筑波大）

洩ラシテ為リ二山水ノ詩ト一　逸韻諧《かなフ》二奇趣ニ一
大ニシテハ必ズ籠《こメ》二天海ヲ一　細ニシテハ不レ遺《のこサ》二草樹ヲ一
豈唯ダ玩ブノミナランヤ二景物ヲ一　亦欲スレ據《のベント》二心素ヲ一
往往即事ノ中　未ダレ能ハレ忘ルルニ興諭ヲ一
〈白氏文集〉

（注）○逸韻——すぐれた詩。
○據心素——思いを述べる。
○即事——目の前の景色。
○興諭——興は、ほかの物事にたとえて述べること。諭は、遠まわしにさとすこと。

★★
□10 傍線部「久生奚為」と述べているのはなぜか。その説明として最も適当なものを、次の①～⑤のうちから一つ選べ。（センター）

久シク生クルコト奚《なんゾ》為サン。五情好悪ハ、古《いにしへ》猶ホキレ今ノ也。四体ノ安危ハ、古猶ホキレ今ノ也。世事ノ苦楽ハ、古猶ホキレ今ノ也。変易治乱ハ、古猶ホキレ今ノ也。既ニ聞ケリレ之ヲ矣。既ニ見タリレ

答　どうしてただ風景をめでるだけであろうか。

解説　「豈唯…」で「豈《あ》に唯《た》だ…のみならんや」と読み、「どうしてただ…だけであろうか（いやそれだけでなく…）」と訳す累加形。

訳　流れ出て山河の風景を描く詩となり／すぐれた詩は自然の景観とうまく合っていた／大きな描写では空や海を包みこみ／細やかな描写では草や樹を余さない／———／（それだけではなく）また自らの思いを述べようとしている／常々目の前の景色（を描くこと）の中に／ほかの物事にたとえて述べたり、遠まわしにさとすことを忘れることはできなかったのである。

答　④

解説　傍線部そのものは「長生きなどどうして望むのだろうか（そんなことを望むのは馬鹿げている）」という意。
　解答の根拠は、傍線部の直後から末尾までであるが、本文末に「A

訳　いつまでも長生きすることなどどうして望むことがあろうか。（なぜなら）人間の五感の好き嫌いは、昔も今も変わりがない。身体が安全か危険かということは、昔も今も変わりがない。俗世間の出来事の苦しみや楽しみは、昔も今も変わりがない。

之《レヲ》矣。既《ニ》更《ヘタリ》レ之《レヲ》矣。百年猶《スラホ》厭《いとフ》二其《ノ》多《キヲ》一。況《ンヤ》久《シク》生《クルコト》之苦《シキヲ》也《や》乎《ト》。〈列子〉

（注）○五情——耳、目、鼻、口、肌の五官の感覚。　○四体——からだ。　○更——経験する。

①生きていく苦しみは耐えがたく、またそこには価値も見いだせないのだから、むしろはやく死んだほうが長生きするよりはましだ、と思っているから。

②人のいのちは短くはかないものであり、それは昔も今も変わらないことなのだから、長生きしようとあくせくするのは愚かな努力にすぎない、と思っているから。

③真理は過ぎてゆく時間の上にしか含まれておらず、時がうつろえばすぐに捉《とら》えがたいものとなってしまうので、これ以上生きながらえてもむだだ、と思っているから。

④人の営みはいつの時代も変化はなく、それをひとたび経験した者には百年の寿命でさえ長過ぎるのに、ましていつまでも生きていく苦しみは耐えがたいものだ、と思っているから。

⑤長生きしたとしても人々の営みのすべてを追体験できるわけではなく、しかも新しい体験もそこで見いだされないので、長寿のための努力はむなしいことだ、と思っているから。

スラ猶ホB。況ンヤCヲや」の抑揚形があり、これが生かされている選択肢が正解である。

世の推移や治安状態も、昔も今も変わりがない。（こうしたことを）既に聞いている。（その上）既に目で見た。既に経験してきた。百年（の命）でさえも長過ぎていとわしいと思っている。ましていつまでも長生きすることの苦しさは、なおさらのことであろう。

限定形

1 ……（スル）耳（已・爾・而已・而已矣）

□1 文末に用いた「耳・已・爾」や、「而已・而已矣・也已・也已矣」などを、[1 ★★★]と読む。[1 ★★★]の前の「……」は、体言［名詞］か、活用語の連体形である。書き下し文では、「のみ」は必ずひらがなにする。

□2 「耳」は、[2 ★★]と訳す限定形であるが、強調・断言程度に用いられていることもある。

□3 次の文を読んで、訳してみよう。

口耳之《の》間《ハ》則《チ》四寸耳。

読 [3 ★★]
訳 [4 ★★]

2 唯《ダ(ニ)》……（スル）（耳）（惟・只・但・徒・直・特・祇）

□1 「唯・惟・只・但・徒・直・特・祇」は、[1 ★★★]と読む。文末に「のみ」と読む字が用いられない場合は、送りがなで[2 ★★]と呼応させる。「のみ」の前の「……」は、体言または連体形である。

COMMENT

限定形は文頭にくる「ただ」や文末の「のみ」が読めればOK！

正解

1
(1) のみ
(2) だけ
(3) 口耳《こうじ》の間《かん》は則《すなは》ち四寸《よんすん》のみ。
(4) 口と耳の間はたった四寸だけだ。

2
(1) ただ［ただに］
(2) ノミ

□2 次の文を読んで、訳してみよう。

直《ダ》不《ル》二百歩《ナラ》一耳。

読 [3★★]
訳 [4★★]

3 独《リ》……(スル)(耳)

□1 「独」は、読み方は [1★★] であるが、意味は「唯(ただ)」と同じである。「のみ(ノミ)」との呼応についても同じ。

□2 次の文を読んで、訳してみよう。

独《リ》臣《ノミ》有《リ》レ船。

読 [2★★]
訳 [3★★]
(臣＝私)

□3 「独……(哉)(ひとり…セン(や))」は、限定形ではなく、[4★★★] である。(→84ページ)

POINT

……(スル)耳 〈連体形〉	読 …(スル)のみ 訳 …(する)だけだ	「のみ」と読む字は多く、「已・爾」や「而已・而已矣・也已・也已矣」などがある。
唯《ダ(ニ)》……(スル)(耳) 〈連体形〉	読 タダ(ニ)…(スル)のみ「ノミ」 訳 ただ…(する)だけだ	「ただ[ただに]」と読む字も、「唯・惟・只・但・徒・直・特・祇」などがある。
独《リ》……(スル)(耳) 〈連体形〉	読 ひとり…(スル)のみ「ノミ」 訳 ただ…(する)だけだ	「ひとり」と読むが、意味は「ただ」と同じ。「僅・纔(わづカニ)」などを用いることもある。

(3) 直《た》だ百《ひやっ》歩《ぽ》ならざるのみ。
(4) ただ百歩でないだけだ。

(1) ひとり
(2) 独《ひと》り臣《しん》のみ船《ふね》有《あ》り。
(3) ただ私だけが船を持っています。
(4) 反語形

実戦問題

★★ □1 傍線部「唯」と同じ意味・用法を持つ語はどれか。最も適当なものを、次の①～⑤のうちから一つ選べ。〈センター〉

白《はく》敏《びん》中《ちゅう》在《リシトキ》二郎署《ニ》一、未《ダ》レ有《ラ》二知《ル》者一。唯《ダ》李《り》衛《ゑい》公《こうノミ》器《トシ》レ之《ヲ》、多《シ》レ所二延誉《スル》一。〈唐語林〉

（注）○郎署――宮中に宿衛する官吏の役所。　○延誉――ほめて評判を広める。

① 凡　② 夫　③ 只　④ 抑　⑤ 蓋

★★★ □2 波線部「耳」の読みを、現代かなづかいにより、すべてひらがなで記せ。〈京都府立大〉

欲《スレバ》下与二太虚一言《ハント》上者無《キモ》レ窮《リ》、但《ダ》紙《ノ》尽《クル》耳。〈答秦太虚書〉

（注）○太虚――秦観（一〇四九～一一〇一）。この手紙文の筆者である、蘇軾の門人。太虚は秦観の字。

★★★ □3 傍線部「而已」の読みを答えよ。〈愛知県立大〉

我知《ル》レ種《ウルヲ》レ樹《ヲ》而已。〈古文真宝〉

答 ③

解説 「唯」は「ただ」で、下の「ノミ」と呼応している。「惟・只・但・徒・直・特・祇」などが同じ。

訳 白敏中が郎署に勤めていた頃、まだ彼の能力を知る人はいなかった。ただ李衛公だけが彼の才能を高く評価し、機会あるごとに彼をほめてその評判を広めた。

答 のみ

解説 上の「但だ」と呼応している。「已・爾・而已・而已矣」などと同じである。

訳 あなたに語ろうとするときりがないけれども、ただ紙幅が尽きるまで書くだけのことだ。

答 のみ

解説 読むのは「已」で、「而」は置き字。

訳 私は木を植えることしか知らない。

□**4** ★★ 傍線部「独此騾不忍棄」の返り点の付け方と書き下し文の組合せとして最も適当なものを、次の①～⑤のうちから一つ選べ。（センター）

時ニ有リ二騾《ら》馬《ば》三十余一、帰ルノレ粤《ゑつ》ニ時、尽ク以テ贈ルニ二同人ニ一、独此騾不忍棄。随《したが》ヘテ至レバ二鎮安ニ一、青芻香秣《まつ》モテ、稍酬《むく》ユ二其ノ労ニ一。調《うつ》リテ守タルニ二広州ニ一、亦《ま》タ随ヘ往ク。

〈簷曝雑記〉

（注）○騾馬――ラバ。雌馬と雄ロバを交配させた家畜。以下の「騾」も同じ。
○粤――地名。いまの広東省・広西壮族自治区一帯。　○同人――知人。
○鎮安――地名。粤に属する県。滇との国境付近に位置する。
○青芻香秣――新鮮でおいしい飼料。
○調守二広州一――広州（地名、粤のみやこ）に長官として転任すること。

① 独此騾不レ忍棄　　独り此の騾のみ忍ばずして棄つ
② 独此騾不二忍棄一　　独り此の騾は忍びて棄てず
③ 独二此騾一不二忍棄一　　此の騾を独りにして忍びて棄てず
④ 独二此騾一不レ忍棄　　此の騾を独りにして忍ばずして棄つ
⑤ 独此騾不レ忍レ棄　　独り此の騾のみ棄つるに忍びず

答 ⑤

解説 「独」は「唯だ」と同じで、送りがなの「ノみ」と、「独り…のミ」と呼応する。よって、②・③・④は消去。①であれば、ラバを「棄」てたことになり、⑤であれば「棄」てられなかったことになる。傍線部の直後の内容からどちらが適当かを考える。

訳 ある時ラバを三十頭余り持っていたが、粤に帰る時に、すべて知人に贈ったが、このラバだけは手放すに忍びなかった。連れて行って鎮安に着くや、新鮮でおいしい飼料を与えて、いささかその苦労に報いた。広州に長官として転任する時も、また連れて行った。

★★ □ **5** 傍線部「非独書為然」を書き下し文に改めよ。（愛知教育大）

黄《くわう》生《せい》允《ゐん》修《しう》借ルレ書ヲ。随《ずい》園《ゑん》主人授クルニ似テシレ書ヲ而告ゲテレ之ニ曰ハク「書非ザレバレ借ルニ不ルレ能ハレ読ムコト也。子ハ不ルレ聞カ二蔵スルレ書ヲ者ヲ一乎。『七略』『四庫』ハ、天子之書ナリ。然ルニ天子ノ読ムレ書ヲ者有ルカレ幾《いくばく》。汗牛塞屋ハ、富貴ノ家之書ナリ。然ルニ富貴ノ人読ムレ書ヲ者有ルカレ幾。其ノ他祖父積ミテ、子孫棄ツル者無シレ論焉。非独書為然、天下ノ物皆然リト。」

〈黄生借書説〉

（注）○黄生允修――人名。
○随園主人――袁枚のこと。筆者。
○『七略』『四庫』――皇帝の宮廷内にある蔵書。
○祖父――祖父と父。

答 独《ひと》り書《しょ》のみ然《しか》りと為《な》すに非《あら》ず

解説 「非独…」で抑揚の形でもあるが、この場合の限定の意味は「書」にかかるので、「独《ひと》り書《しょ》のみ…に非《あら》ず」と読む。「為」が動詞なので「然」から返る。

訳 書生の黄允修が書を借りに来た。（私）随園主人は書を与えて彼に言った「書物を借りるのでなければ読むことができない。君は書物を所蔵している人の話を聞いたことがあるだろうか。『七略』『四庫』は、天子の所有する書物である。しかし天子が読むのはどれほどであろうか（どれほどもない）。家屋いっぱいの蔵書は、富貴の家の人の所有する書物である。しかし富貴の人が読むのはどれほどであろうか（どれほどもない）。その他（富貴な）祖父と父が書を集め、その子や孫が（読まずに）捨てることは論をまたない。書物だけがこのようなのではなく、世の中の物は皆このようであるのだ」と。

★□ **6** 傍線部「欲レ買レ杏者、但自取レ之」を、現代語訳しなさい。（岐阜大）

奉《ほう》還《リテ》二廬《ろ》山《ノ》下《ニ》一居《ル》。為《メニ》レ人《ノ》治《シ》レ病《ヲ》、不レ取《ラ》二銭物《ヲ》一。使《メ》三病《ノ》愈《いユル》者《ヲシテ》、為《メニ》種《エ》二一株《ノ》杏《ヲ》一、数年《ニシテ》有《リ》二十万余株《》一。鬱然《トシテ》成《シ》レ林《ヲ》、杏子大《イニ》熟《ス》。奉於《テ》二林中《ニ》一作《リ》レ倉《ヲ》、宣語《スラク》欲レ買レ杏者、但自取レ之。一器《ノ》穀《ニシテ》得《ヨト》二一器《ノ》杏《ヲ》一。毎《ニ》二穀少《クシテ》而取《ルコト》レ杏《ヲ》多《キ》者《アル》一、有《リテ》レ虎逐《フ》レ之《ヲ》。有《レバ》レ偸《ぬすムコト》レ杏《ヲ》、虎逐《ヒテ》齧《かミ》殺《ス》。家人知《リテ》送《リテ》レ杏《ヲ》還《セバ》、死者即《チ》活《ク》。自《リ》レ是買《フ》レ杏《ヲ》者、自《ヅカラ》平二-量《シテ》之《ヲ》一、不二敢《ヘテ》欺《カ》一。〈蒙求〉

（注）○奉——人名。薫奉《とうほう》。
○宣語——告示する。

答 杏の実を買いたい者は、ただ自分で勝手に持って行くだけだ。

解説 送りがなが省かれているが、読み方は、「杏《あんず》を買《か》はんと欲《ほっ》する者は、但《た》だ自《みづか》ら之《これ》を取るのみ」となる。傍線の直後の内容から、「一器の穀《こく》」で「一器の杏」を持って行くのであるから、「自ら之を取る」は、自分で勝手に持って行くことと考えたい。

訳 薫奉は廬山の麓に戻り居を構えた。人のために病気を治療したが、金銭や品物は受け取らなかった。（かわりに）病気の治った者には一株の杏を植えさせ、数年もすると（杏は）十万株余りにもなった。杏は林となり、鬱蒼と生い茂った杏の実がよくみのった。薫奉は杏林の中に倉を建て、「——（代金は）一杯の穀物で一杯の杏の実だ」と告示した。穀物は少なく杏の実を多く持って行く者がいれば、虎がその者を追いかけた。杏の実を盗む者がいれば、虎が追いかけて噛み殺した。家族が気づいて杏の実を返すと、噛み殺された者はすぐに生き返った。これ以来杏の実を買う者は、自分で（杏の実と穀物とを）正しく計量して、決して欺こうとはしなかった。

願望形

COMMENT
願望形は、文末が「ン」か命令表現かによる訳し分けがポイント！

1 願ハクハ……セン／セヨ（幸）

□1 「願・幸」を、[1 ★★★]と読む。

□2 「……」の部分の文末が、未然形＋意志の助動詞「ン」であれば「自己の願望」を表し、訳し方は、[2 ★★★]や、「何とかして…したい」のようになり、文末が命令表現であれば「相手への願望」を表し、[3 ★★★]のように訳す。

□3 次の文を読んで、訳してみよう。

願ハクハ大王急ギ渡レ。

読 [4 ★★★]
訳 [5 ★★★]

2 請フ……セン／セヨ（乞）

□1 「請・乞」を、[1 ★★★]と読む。「願はくは」と同じように、「……」の部分の文末が「ン」であれば「自己の願望」を表し、[2 ★★★]、「何とかして…したい」のように訳し、文末が命令表現であれば「相手への願望」を表し、[3 ★★★]のように訳す。

□2 次のそれぞれの文を読んで、訳してみよう。

正解

(1) ねがはくは
(2) どうか…させてください
(3) どうか…してください
(4) 願《ねが》はくは大王《だいわう》急《いそ》ぎ渡《わた》れ。
(5) どうか大王様急いでお渡りください。

(1) こふ
(2) どうか…させてください
(3) どうか…してください

請フ以テレ剣ヲ舞ハン。　読 4 ★★★　訳 5 ★★★

請フ勿カレレ疑フレ我ヲ。　読 6 ★★★　訳 7 ★★★

3 庶ハクハ……セン／セヨ（冀・庶幾）

□1 「庶・冀・庶幾」を、1 ★★★ と読む。文末表現による訳し分けは、「願はくは」や「請ふ」の場合と同じである。

□2 次の文を読んで、訳してみよう。

王庶幾《こひねが》ハクハ改メヨレ之《これ》ヲ。　読 2 ★★★　訳 3 ★★★

POINT

願ハクハ……セン〈未然形〉 読 ねがハクハ…セン 訳 どうか…させてください 何とかして…したい	請フ……セン〈未然形〉 読 こフ…セン 訳 どうか…させてください 何とかして…したい	庶ハクハ……セン〈未然形〉 読 こひねがハクハ…セン 訳 どうか…させてください 何とかして…したい
願ハクハ……セヨ〈命令形〉 読 ねがハクハ…セヨ 訳 どうか…してください	請フ……セヨ〈命令形〉 読 こフ…セヨ 訳 どうか…してください	庶ハクハ……セヨ〈命令形〉 読 こひねがハクハ…セヨ 訳 どうか…してください

(4) 請《こ》ふ剣《けん》を以《もつ》て舞《ま》はん。
(5) どうか剣舞をさせてください。
(6) 請《こ》ふ我《われ》を疑《うたが》ふ勿《な》かれ。
(7) どうか私を疑わないでください。
(1) こひねがはくは
(2) 王庶幾《わうこひねが》はくは之《これ》を改《あらた》めよ。
(3) 王様どうかこれをお改めください。

実戦問題

☆☆☆ □**1** 傍線部「庶幾」の読み方として、最も適当と思われるものを次のア〜エの中から一つ選びなさい。（南山大）

吾雖《モ》三徳薄《ク》、位為《たリト》二蕃《はん》侯《こう》一、猶《ホ》庶幾勠《あはセ》二力《ヲ》上《じやう》国《こくニ》一、流《シ》二恵《ヲ》下民《ニ》一、建《テ》二永世之業《ヲ》一、留《メンコトヲ》二金石之功《ヲ》一。〈文選〉

（注）○蕃侯――諸侯。
○上国――都に近い国。
○金石之功――永遠不滅の功績。

ア　いくばくぞ
イ　こひねがはくは
ウ　ことごとく
エ　いかで

答　イ

解説　「庶幾…留《とど》めんことを」と呼応して自己の願望を表す。

訳　私は徳が薄く、位は諸侯に過ぎないとはいえ、やはり願わくは都に近い国々と力を合わせて、人民に恩恵を施し、永遠に残る功績を成し遂げて、永遠不滅の功績をうちたてたい。

☆☆ □**2** 傍線部「願聞大王之所謂士者」の訓読として最も適当なもの一つを左記の中から選べ。（立教大）

斉王之謂《ヒテ》二尹《いん》文《ぶんニ》一曰《ク》、「寡人甚《ダ》好《ム》レ士《ヲ》。以《テ》二斉

答　5

解説　文頭にあれば、願望の型としては「ねがはくは…」と読むので、2・4は消去。

訳　斉王が尹文に言った、「私は非常に士を好む。（ところが）斉国に士がいないのはどうしてか」と。尹文は言った、「どうか大王様

国《ヲ》一無《キハ》レ士何《ゾ》也《ト》。」尹文曰《ク》、「願聞大王之所謂士者。」斉王無《シ》二以《テ》応《フル》一。〈公孫竜子〉

（注）○尹文――戦国時代の思想家。

1 ねがはくはだいわうにしなるものをいふところをきかんと
2 ねがひきくはだいわうのいふところのしなるものならんかと
3 ねがはくはきかんだいわうしをいふところのものなりと
4 だいわうにきこえんことをねがひてしなるものをいふところなりと
5 ねがはくはだいわうのいふところのしなるものをきかんと

□3 ★★★ 王の宴席で、灯火が消えた時、后の衣を引いた者がいた。傍線部「願趣レ火視二絶レ纓者一」をひらがなのみで書き下せ。〈北海道大〉

后援《ひキテ》二其《ノ》冠《ノ》纓《えいヲ》一而絶《チ》レ之《ヲ》、言《ヒテ》二於王《ニ》一曰《ハク》、「今燭《ともしび》滅《スルニ》、有《リ》下牽《ク》二妾《ノ》衣《ヲ》一者《上》。妾援《キテ》二其《ノ》冠《ノ》纓《ヲ》一而絶《ツ》レ之《ヲ》。願趣レ火視二絶レ纓者一。」王曰《ハク》、「止《やメヨト》。」〈韓詩外伝〉

（注）○援――引っぱる。 ○纓――冠のひも。 ○趣――「取」と同じ。
○妾――女性がへりくだって用いる自称。

3のように「願はくは」の直後に「聞かん」と読む形もなくはないが、「聞」く内容が「大王士を謂ふ所の者なり」になって、言いたい意味がよくわからない。
1か5かは、読んだとおりに解釈して決定する。

答 ねがはくはひをとりてえいをたつものをみん［みよ］（と）。

解説 「趣」は「取」と同じと注がある。文末は「視ん」でも「視よ（視られんことを）」でもどちらでもよい。「と」は不問。

の言う士とはどのようなものかお聞かせください」と。斉王は答えなかった。

訳 后はこの（無礼者の）冠のひもを引きちぎり、王に向かって言った、「今灯火が消えたのをいいことに、私の衣を引いた者がおります。私はその者の冠のひもを引きちぎってやりました。どうか明かりを取って冠のひもがちぎれた者が誰であるか調べさせてください」と。王は「調べてください」「やめておけ」と。

□4 傍線部「以二臣之言一為レ不レ然、願問二群臣一」を現代語訳せよ。（新潟大）

秦《しん》二世之時、趙《てう》高《かう》駕《が》シテレ鹿ニ而従ヒ行ク。王曰ク、「丞相何為レゾ駕ストレ鹿ニ。」高曰ク、「馬也ト。」王曰ク、「丞相誤マレル邪《か》、以テレ鹿ヲ為スレ馬ト也ト。」高曰ク、「乃チ馬也。陛下以テ二臣之言ヲ一為サバレ不トレ然ラ、願ハクハ問ヘト二群臣ニ一。」〈新語〉

（注）○秦二世――秦の皇帝。始皇帝の次子。趙高の策謀によって皇帝となった。
○趙高――人名。始皇帝の死後、始皇帝の長子を殺して二世皇帝を即位させた。
○丞相――官名。皇帝を補佐する大臣。

□5 傍線部「請以レ粟食レ之」とあるが、「吏」はなぜこう言ったのか、わかりやすく説明せよ。（佐賀大）

鄒《すう》ノ穆《ぼく》公有リレ令スルコト下食《やしな》フ二鳧《ふ》鴈《がん》ヲ一者上。必ズ以テセヨレ粃《しひな》ヲ、毋カレト二敢ヘテ以テスルコトレ粟ヲ。於イテレ是ニ倉ニ毋クシテレ粃、而求メ二易ヘンコトヲ於民ニ一、二石ノ粟ニシテ易フ二一石ノ粃ニ一。吏以テ請ヒテ曰ク、「以テレ粃ヲ食ハバレ鴈ヲ、為セバレ無シトレ費エ也。今求ムルニ二粃ヲ於民ニ一、二石ノ粟ニシテ而易フ二一石ノ粃ニ一。以テレ粃ヲ食ヘバレ鴈ヲ、則チ費エ甚シ矣。請フ

答 私の言葉が間違っているとお思いならば、どうか（これが馬か鹿かを）群臣にお尋ねください（と）。

解説 「Aを以《もっ》てBと為《な》す」は「AをBだと思う」と訳す。「群臣に問う」内容もできれば補って答えたい。

訳 秦の二世皇帝の時、趙高は鹿に車を引かせて（王の行列に）従った。王は言った、「丞相はどうして鹿に車を引かせているのか」と。趙高は言った、「（これは）馬です」と。王は言った、「丞相は勘違いしているのか、鹿のことを馬だと言っている」と。趙高は言った、「これは馬です。陛下が――」と。

答 カモやガンに、粟を与えた方が、粃を買うよりも出費が抑えられるから。

解説 「粃」一石を買うために「粟」二石が必要になるのでは、かえって出費がかさむだけで、それなら「鳧鴈」にも「粟」を与える方が安上がりであるということ。

訳 鄒の穆公がカモとガンを飼育する役人に命令を下したことがある。「（カモとガンの餌には）必ずくず米を用いよ、決して穀物を用いてはならない」と。そこで国庫にはくず米がなくなり、（穀物とくず米を）交換することを民に求め、二石の穀物と一石のくず米とを交換してもらっていた。役人がそこで（穆公に）願い出て言った、「くず米で（カモ

以テレ粟ヲ食ヘトレ之ヲ。」

（注）○鄒穆公――鄒は春秋時代の国。穆公はその君主。
○鳧鴈――カモとガン。
○粃――人の食用にならないくず米。
○粟――人の食用になる穀物。
○石――穀物を計る単位。

〈賈誼新書〉

★□**6** 冬場に頓死した「無頼子《ぶらいし》」は、地獄の獄卒に賂《まいない》を送って、熱した鉄湯のかわりに温かい酒にしてもらったおかげで、極楽に送られることになった。傍線部で「新鬼」はどのように考えてこう言ったのかを説明せよ。〈山梨大〉

獄卒将ニスルニレ送ラントレ之ヲ、新鬼顧テ又私カニ請ヒテ曰ハク、「小人衣単《ひとへ》ニシテ而寒風難シレ堪ヘ。向《さき》ノ熱鉄湯若シ有ラバ二余滴一、請フ更ニ賜ハランコトヲト二一杯ヲ一。」

〈前戯録〉

答 無頼子（＝新鬼）は薄い衣しか着ておらず、極楽までの途中、寒風に堪えられないので、実は温酒である熱鉄湯を飲んで、体を温めようと考えた。

解説 「請《こ》ふ…賜《たま》はらんことを」は、「請ふ…賜はらん」と同じ。「請ふ…賜へ」の意でとっても同じである。

と）ガンを飼育するのは、出費を抑えようとしてのことです。それが今くず米を民に求めるのに、二石の穀物で一石のくず米と交換しています。（このまま）くず米で（カモと）ガンを飼育していたら、出費が膨大になります。どうか穀物でカモとガンを飼育してください」と。

訳 獄卒が無頼子を送り届けようとしたところ、死んだばかりの無頼子はふり返ってまたそっと頼んで言った、「わたくしめは薄い衣しか着ておらず、寒風に堪えられません。先程の鉄の熱湯がもし少し残っていましたら、もう一杯頂きたいのです」と。

比況形

1 如《シ》二……一《ノ[スルガ]》（若）

□1 「如・若」を、古文の比況の助動詞［1★★★］と読む。書き下し文ではひらがなにする。「如二……一」で、訳し方は［2★★］。

□2 「如・若」は、格助詞「ガ」か「ノ」から返読する。

活用語の連体形から返読する場合→［3★★★］
体言[名詞]から返読する場合→［4★★★］
→ごとし

□3 次の文を読んで、訳してみよう。

人生《ハ》如《シ》二朝露《ノ》一。
読［5★★］
訳［6★★］

□4 「如・若」は、「ごとクス」とサ変動詞のように読んだり、［7★］のように形容動詞型の助動詞として読むこともある。

2 猶《ホ》シ二……一《ノ[スルガ]》・猶《ホ》如《シ》二……一《ノ[スルガ]》

□1 再読文字「猶」も比況形の一種で、「猶二……一」で［1★★★］と読み、［2★★★］のよ

COMMENT

比況の「ごとし」は「体言＋ノ」「連体形＋ガ」の返り方がポイント！

正解

1
(1) ごとし
(2) …のようだ
(3) ガ
(4) ノ
(5) 人生《じんせい》は朝露《てうろ》のごとし。
(6) 人生は朝の露のようなものだ。
(7) ごとくなり

2
(1) なほ…のごとし[なほ…する]

うに訳す。なお、「猶」を「なほ」とだけ読み、下に「如二……一」（…のごとし・…するがごとし）」がくる形もまれにある。

□**2** 次の文を読んで、訳してみよう。

猶ホ シ 事《つか》フルガ レ 父ニ。

読 [3 ★★★]
訳 [4 ★★★]

3 似タリ 二……一 ニ

□**1** 「似二……一」で、[1 ★]と読み、「…のようだ。…と同じだ」と訳す。

□**2** 次の文を読んで、訳してみよう。

風景ハ 似タリ 二 去年一ニ。

読 [2 ★]
訳 [3 ★]

POINT

如シ 二……一 ノ〔スルガ〕〈連体形〉	読 …ノ〔スルガ〕ごとシ 訳 …のようだ・…と同じだ	連体形からは「ガ」、体言（名詞）からは「ノ」をつけて返読することがポイント。
猶ホ シ 二……一 ノ〔スルガ〕〈連体形〉	読 なホ…ノ〔スルガ〕ごとシ 訳 あたかも…のようだ	再読文字。二度目の読み「ごとし」への返り方は、「如・若」の「ごとし」と同じ。
似タリ 二……一 ニ	読 …ニにタリ 訳 …のようだ・…と同じだ	「…に似ている」でもよいが、「…と同じだ。…のようだ」と訳す方があてはまりやすい。

がごとし」

(2) あたかも…のようだ

(3) 猶《な》ほ父《ちち》に事《つか》ふるがごとし。
(4) あたかも父に仕えるかのようだ。

(1) …に似たり

(2) 風景《ふうけい》は去年《きよねん》に似《に》たり。
(3) 風景は去年と同じだ。

実戦問題

★ □ 1 傍線部は「智の目のごときを患ふるなり」と読む。この読み方に従って返り点をつけなさい。（都留文科大）

楚《ノ》荘王欲《ス》レ伐《タント》レ越《ヲ》。杜《と》子《し》諫《メテ》曰《ハク》、王之伐《ツハ》レ越《ヲ》何《ゾ》也《やト》。曰《ハク》、政乱《みだレ》兵弱《ケレバナリト》。杜子曰《ハク》、臣愚患智之如目也。能《ク》見《ルモ》二百歩之外《ヲ》一、而不レ能《ハ》三自《ラ》見《ル》二其《ノ》睫《まつげヲ》一。〈韓非子〉

（注）○楚・越――春秋時代の国の名。　○臣愚――杜子が自分のことをいう謙称。

★★★ □ 2 傍線部「如虎」の読みを、送りがなを補って、すべてひらがなで答えよ。（宮崎大）

蜀《しよく》漢《ノ》丞相《じようしやう》亮《りやう》、又伐《ツ》レ魏《ヲ》。魏遣《つかハシ》二司《し》馬《ば》懿《いヲ》一督《とくシテ》二諸軍《ヲ》一拒《ふせガシム》レ亮《ヲ》。懿不二肯《ヘテ》戦《ハ》一。賈《か》詡《く》等曰《ハク》、「公畏《ルルコト》レ蜀《ヲ》如レ虎。」〈十八史略〉

（注）○丞相――宰相。　○賈詡――魏の知謀の士。

答 患二智 之 如レ目 也。

解説 「之」が「の」、「如」が「ごとき」、「也」が「なり」。「目」から「如」へはレ点で返る。「如」から「患」へは一二点で返る。「如」の左下でレ点と一点が同居する。

訳 楚の荘王が越を討とうとした。杜子が諫めて言った、「王が越を討つのはどうしてですか」と。王は言った、「政治が乱れており兵力が弱いからだ」と。杜子が言った、「私は人間の知恵が目のようであることを心配しています。（目は）百歩も離れた遠いところを見ることもできますが、自分で自分のまつげを見ることはできません」と。

答 とらのごとし

解説 「如（ごとし）」は、体言（名詞）から返る場合は「ノ」＋「ごとし」になる。

訳 蜀漢の宰相（諸葛）亮は、再び魏を討った。魏は司馬懿を遣わして諸軍を統率して亮の軍を防いだ。懿は強いて戦おうとしなかった。賈詡らは言った、「公は蜀を虎のように恐れておられる」と。

□3 ★★★ 傍線部「如レ是而已」を、すべてひらがなで書き下し文にしなさい。 〈琉球大〉

二帝三王之《の》治、其《ノ》変固《もとヨリ》殊《ことナリ》、其《ノ》法固《ヨリ》異《ナレリ》。而《しかレドモ》其《ノ》為《をさムル》二国家天下一《ヲ》之意、本末先後、未《ダ》二嘗《テ》不《ンバアラ》一レ《ル》同《ジカラ》也。二子之道、如レ是而已。 〈唐宋八家文〉

（注）○二帝三王——古代の聖人たち。二帝は堯《ぎょう》と舜《しゅん》。三王は、夏の禹《う》王、殷の湯《とう》王、周の文王・武王の三代の王。　○二子——孔子と孟子。

□4 ★★ 傍線部「如二白駒過一レ隙耳」とはどういうことか。簡潔に説明せよ。 〈東京大〉

人生処世、如《キ》二白駒《ノ》過《グルガ》一レ隙《げきヲ》耳《のみ》。 〈梁書〉

（注）○隙——すきま。

答 かくのごときのみ

解説 「如レ是」で「かくのごとし」。「而已（のみ）」は連体形に接続するので、「ごとき」になる。

訳 古代の聖人たちが政治を行う時、その政治改革は言うまでもなく異なり、その制度は言うまでもなく異なっていた。しかしその天下国家を治める意図は、何を本とし何を末とし何を先にし何を後にするのかはすべて同じであった。孔子と孟子のいう道理は、まさにこれと同じである。

答 人生は非常に短くはかないものであるということ。

解説 「駒」は馬のこと。

訳 人生や処世は、白馬がすきまを駆けぬけて行くようなものだ。

★□ **5** 傍線部「初似二児戯一、然或有レ験、殆未レ易二致詰一也」を、何を「致詰」するのかを明らかにして、平易な現代語に訳せ。（東京大）

有リ二患フレ疾ヲ者一。医問フ二其ノ得ルレ疾ヲ之由ヲ一。曰ク、「乗リテレ船ニ遇ヒレ風ニ、驚シテ而得タリトレ之ヲ。」医取リテ下多年ノ柁《だ》牙《が》ノ為ル二柁工ノ手汗ノ所トレ漬《つ》クル処ヲ上、刮《けづ》リテ末トナシ、雑《まじ》フ二丹《たん》砂《さ》・茯《ふく》神《しん》之流《たぐひ》ヲ一。飲ミテレ之ヲ而癒ユト。〈中略〉医ノ以テレ意ヲ用フルコトレ薬ヲ多シ二此ノ比《たぐひ》一。初メハ似タレドモ二児戯ニ一、然ルニ或イハ有リレ験、殆ド未ダルレ易カラ二致《ち》詰《きつ》シ一也。〈東坡志林〉

（注）○柁牙——柁は舵のこと。柁牙は舵を操作する際に握る部分。
○丹砂・茯神——いずれも中国医学で用いられる薬材の名。
○致詰——物事を見極めること。

★□ **6** 傍線部「人之賢不肖、譬如レ鼠矣。在レ所二自處一耳」をわかりやすく説明せよ。（香川大）

李《り》斯《し》少キ時、為ル二郡ノ小吏一ト。見ル下吏舎ノ廁《し》中ニ、鼠ノ食ラヒ二不潔ヲ一、近ヅクヤ二人犬ニ一、數《しばしば》驚中-恐スルヲ上レ之ニ。斯入ルニレ倉ニ、觀ル下倉中ノ鼠ノ食ラヒ二積《し》粟《ぞく》ヲ一、居リ二大廡《ぶ》之下ニ一、不ルヲ上レ見二

答 一見子どもだましのようではあるが、効果がある場合もあるので、薬の処方とその効能の関係を見極めることは容易ではない。

解説 「似レA（Aに似る）」は「如レA（Aのごとし）」と同じで、「Aのようだ」。「験」は「ききめ、効果」。「致詰」の対象は、どうしてその薬（処方）が効いたのかという、薬と効能の関係。

答 便所に住む鼠と倉に住む鼠とでは境遇に大きな差があるように、人の賢明と愚昧も、自ら身を置く場によって決定されるということ。

訳 病気になった者がいた。医者がその病気になった理由を尋ねた。（患者は）言った、「船に乗って風に遭い、ぞくっとしてこの病気になりました」と。医者は長年手の汗の浸みこんだ舵を取り寄せて、これを削って粉末にして、丹砂・茯神の類《たぐい》をまぜ合わせた。（病人は）これを飲んで治癒した。〈中略〉医者が考えて薬を使う場合はこの類のものが多い。——

訳 李斯は若い時郡の下級役人となった。役所の便所の中で、鼠が汚物を食べ、人や犬に近づくとしばしば驚き恐れるのを見た。（また）李斯は倉に入ると倉の中の鼠が積まれた穀物を食べ、大きな屋根の下に住んで、人や

人犬之憂《ヒヲ》一。於《テ》レ是《ニ》李斯乃《チ》歎《ジテ》曰《ク》、「人之賢不肖《ハ》、譬《たとへバ》如《シ》レ鼠《ノ》矣。在《ル》レ所《ニ》二自《ラ》処《をル》一耳《ト》。」〈史記〉

（注）○不絜――不潔と同じ。汚物をいう。　○大廡――大きな屋根。

★★ □ **7** 後の問一・二に答えよ。（大阪市立大）

匠《しやう》石《せき》、之《ゆキ》レ斉《ニ》、見《ル》二櫟《れき》社《しやノ》樹《ヲ》一。其大《ナルコト》蔽《おほヒ》二数千《ノ》牛《ヲ》一、絜《はかルニ》レ之《ヲ》百囲《アリ》。其高《キコト》臨《ミ》レ山《ニ》、十仞《じんニシテ》而後《ニ》有《リ》レ枝。観《みル》者如《シ》レ市《ノ》。匠石不《レ》顧《かへりミ》、遂《ニ》行《キテ》不《レ》輟《とどめ》。弟子厭《あクマデ》観《テ》レ之《ヲ》、走《リテ》及《ブ》二匠石《ニ》一。曰《ク》、「自《リ》下吾《われ》執《リテ》二斧斤《ヲ》一以《テ》随《ヒテ》中夫子《ふうしニ》上、未《ダ》三嘗《かつテ》見《ルハ》二材《ノ》如《キ》レ此《ノ》其美《ナル》一也。先生不《二》肯《あヘテ》視《みテ》一、行《キテ》不《レ》輟《とどめ》、何《ゾ》邪《やト》」。〈荘子〉

（注）○匠石――匠は大工のこと。石は名前。　○櫟社樹――神木として祀《まつ》られたクヌギの木。
○仞――長さの単位。一仞は約一六〇センチメートル弱。
○夫子――ここでは匠石のことを指す。

問一　傍線部①はどういう様子をいうか、わかりやすく説明せよ。

問二　傍線部②を書き下し文にし、わかりやすく現代語訳せよ。

解説「吏舎の厠（便所）」にいる鼠と「倉」にいる鼠の境遇の対比に着眼する。

犬の心配がないのを見た。そこで李斯は嘆息して言った、「人の賢愚は、たとえれば鼠のようなものだ。自分が身を置く場所によるのだ」と。

答 問一 神木であるクヌギの大木を見ようとして、見物人が群がっている様子。
問二 未《いま》だ嘗《かつ》て材《ざい》の此《か》くのごとく其《そ》れ美《び》なるを見《み》ざるなり。
（訳）これまでこんなにも見事な材木を見たことがありません。

解説 ②の「此《か》くのごとく其《そ》れ美《び》なる」は、クヌギが大きく見事であることを指す。

訳 匠石が、斉の国に出かけ、神木として祀られたクヌギの大木を見た。その大きさは数千頭の牛を覆いかくすほどで、幹の太さは百かかえもあった。その高さは山を見下ろすほどで、地上十仞の高さからはじめて枝が出ている。見物人が市場のように集まっている。（しかし）匠石は振り向きもせず、そのままずんずんと先へ歩いて行った。弟子たちはじっくりと心ゆくまで眺めてから、走って匠石に追いついた。（そして）言った、「われわれが斧やまさかりを手に取り先生につき従ってから、――（なのに）先生が見向きもされず、通り過ぎたのは、どうしてでしょうか」と。

詠嘆形

COMMENT
詠嘆といえば「ああ」と「かな」であるが、大事なのは疑問・反語型の解釈！

1 ……矣《ナル》(夫・哉・与・乎・也)

□1 「矣・夫・哉・与・乎・也」などを、詠嘆の助詞 [1★★★] と読む。

□2 「……」は活用語の [2★] 形である。

□3 「……矣」で、訳し方は、[3★★] のようになる。

□4 次の文を読んで、訳してみよう。

逝《ゆク》者《ハ》如《キ》レ斯《かクノ》夫。

読 [4★★]
訳 [5★★]

2 A(ナル)矣B也

□1 「A矣B也」で、「A(なる)かなBや」と読み、[1★★] のように訳す。Aには、体言＋断定の「ナル」か、活用語の連体形がくる。

□2 次の文を読んで、訳してみよう。

賢《ナル》哉回也。

読 [2★★]
訳 [3★★]　(回＝人名)

◆「かな」も「や」も、それぞれ、他の同用法の字を用いることもある。

正解

1
(1) かな
(2) 連体
(3) …だなあ[…なことよ]
(4) 逝《ゆ》く者《もの》は斯《か》くのごときかな。
(5) 去りゆく者は皆このようなものなのだなあ。

2
(1) Aだなあ、Bは
(2) 賢《けん》なるかな回《くわい》や。
(3) 賢明だなあ、回は。

3 嗚呼……ナル（矣）

□1 「嗚呼」は、感動詞 1★★ で、「矣（かな）」と呼応する形もあるが、「矣」とは呼応せずに用いることもある。

□2 「ああ」と読む字は、他にも次のようなものがある。漢字のままでよい。

唉・嘻・噫・嗚・嗟・吁・嗚乎・嗟呼・嗟乎・吁嗟・于嗟・嗟于・噫嘻・烏乎・于差　など

□3 次の文を読んで、訳してみよう。

嗚呼哀《シイ》哉。

読 2★★
訳 3★★

(1) ああ
(2) 嗚呼《ああ》哀《かな》しいかな。
(3) ああ悲しいなあ。

POINT

……ナル矣〈連体形〉	読 …ナルかな 訳 …だなあ・…なことよ	「かな」と読む字は「夫・哉・与・乎・也」などもある。「かな」の前は連体形。
A《ナル》矣B也〈連体形〉	読 A(ナル)かなBや 訳 Aだなあ、Bは	「A矣」に「B也」がついた形。「かな」も「や」も同用法の他の字を用いてもよい。
嗚呼……ナル（矣）〈連体形〉	読 ああ…ナル(かな) 訳 ああ…だなあ・ああ…なことよ	「ああ」と読む字は「嗚呼」以外にも非常に多いが、覚える必要はない。読めれば可。

4 何ゾ……ナル〔スル〕也

□ 1 本来は疑問の形の詠嘆形である。読み方は、疑問の場合と同じく［1 ★★★］であるが、「どうして…するのか」ではなく、［2 ★★★］と訳す。どちらであるかは、文脈から判断する。

□ 2 「……」の位置は活用語の［3 ★★★］形であるが、動詞ではなく、形容詞・形容動詞、あるいは、体言＋断定の「ナル」のことが多い。

□ 3 次の文を読んで、詠嘆形に訳してみよう。

何ゾ 志《こころざし》之《の》小ナル也。

読 ［4 ★★★］
訳 ［5 ★★★］

5 豈ニ不レAナラ〔セ〕哉・豈ニ非ズレAニ哉

□ 1 本来は反語形の形の詠嘆形である。反語形の場合は「あにAなら〔せ〕ざらんや」・「あにAにあらざらんや」と読むが、詠嘆形として読む場合は、反語形の特徴である「ン」を入れず、それぞれ［1 ★★★］・［2 ★★★］と読む。

□ 2 訳し方は、どちらも、［3 ★★★］となる。

□ 3 次のそれぞれの文を読んで、訳してみよう。

豈ニ不レ悲シカラ哉。

読 ［4 ★★★］
訳 ［5 ★★★］

正解

4
(1) なんぞ…するや
(2) なんと…なことよ
(3) 連体
(4) 何《なん》ぞ 志《こころざし》の小《せう》なるや。
(5) なんと志の小さいことか。

5
(1) あにAなら〔せ〕ずや
(2) あにAにあらずや
(3) なんとAではないか
(4) 豈《あ》に悲《かな》しからずや。
(5) なんと悲しいことではないか。

豈《ニ》非《ズ》二天命《ニ》一哉。

読 6★★★ 訳 7★★★

6 不二亦A《ナラ[セ]》一乎

□1 本来は反語の形の詠嘆形である。これも、反語形の場合は「またAなら[せ]ざらんや」と読むところを、詠嘆形では、「ン」を入れずに、1★★★ と読む。

□2 訳し方は、「豈不A哉」と同じで、2★★★ と訳す。

□3 次の文を読んで、訳してみよう。

不二亦楽《シカラ》一乎。

読 3★★★ 訳 4★★★

(6) 豈《あ》に天命《てんめい》に非《あら》ずや。
(7) なんと天命ではないか。

(1) またAなら[せ]ずや
(2) なんとAではないか

(3) 亦楽《またたの》しからずや。
(4) なんと楽しいことではないか。

POINT

句形	読・訳	解説
何《ゾ》……ナル[スル]也 〈連体形〉	読 なんゾ…ナル[スル]や 訳 なんと…なことよ	本来は疑問形。自問自答する形で、心中での詠嘆を表す。疑問か詠嘆かは文脈で判断する。
豈《ニ》不レA《ナラ[セ]》哉 〈未然形〉	読 あニAナラ[セ]ずや 訳 なんとAではないか	本来は反語形。「ざらんや」でなく「ずや」。「非」を用いた形は「あニAニあらずや」。
不二亦A《ナラ[セ]》一乎 〈未然形〉	読 またAナラ[セ]ずや 訳 なんとAではないか	本来は反語形。これも「ざらんや」でなく、「ずや」。「亦」は「亦《タ》」と送りがなを用いることもある。

実戦問題

★★ □ **1** 傍線部「嗚呼」の読み方を、すべてひらがなで記せ。（九州大）

嗚呼、匪《あらズ》二獏《ばく》之悲《シミニ》一、惟時之悲《シミ》也。〈白氏文集〉

（注）○獏――伝説上の動物。

★★ □ **2** 傍線部「与」は文法的にどんな意味を表しているか、次の中から最も適当なものを選べ。（高崎経済大）

昔者《むかし》、荘周夢《ニ》為《ル》二蝴蝶《こてふト》一。栩栩《くく》然《トシテ》蝴蝶也。自《ラ》喩《たのシミ》適《かなヘル》レ志《ニ》与《かな》。不《ル》レ知《ラ》レ周《ナルヲ》也。〈荘子〉

（注）○蝴蝶――蝶々。
○周――荘子のこと。周は名。戦国時代の道家の思想家。

（ア）感嘆　（イ）疑問　（ウ）反語
（エ）接続　（オ）原因

★★★ □ **3** 傍線部「其入不二亦深一乎」をすべてひらがなで書き下し文にせよ。（鹿児島大）

---

1 答 ああ

訳 ああ、これは獏の悲しみではなく、時代の悲しみなのである。

2 答 （ア）

解説 ふりがなまでついているので、当然、詠嘆（感嘆）の「かな」。

訳 昔、荘周（私）は夢の中で蝶になっていた。（その時の私は）ひらひらと飛び回る蝶であった。飛ぶのを楽しみ思い通りであった。（その時は）自分が周という人間であることを忘れていた。

3 答 そのいることとまたふかからずや(と)。

訳 子路が言った、「南山に竹が生えています。直さなくても自然にまっす子路曰《ハク》、「南山《ニ》有《リ》レ竹。不《シテ》レ揉《たメ》自《ラ》直《ク》、斬《きリテ》而用《キレバ》レ之《ヲ》、達《ス》二于犀《さい》革《かくニ》一。以《テ》レ此《ヲ》言《ハバ》レ之《ヲ》、何《ノ》学《ブコトカ》之《レ》有《ラント》。」孔子曰《ハク》、「括《くわつシテ》而羽《はねツケ》レ之《ニ》、鏃《ぞくシテ》而礪《みがカバ》レ之《ヲ》、其入不二亦深一乎。」

〈孔子家語〉

（注）○犀革——サイの堅固な革。
○括——矢はず（矢の、弓の弦を受ける部分）をつける。
○鏃——矢じりをつける。

□★★ **4** 傍線部「豈非二所謂実情実景者一哉」をすべて平仮名で書き下し文にしなさい。

（岡山大）

詩《ハ》貴《ブ》二真実《ヲ》一。不《ンバ》二真実《ナラ》一、不レ足《ラ》二以《テ》言《フニ》一レ詩《ト》。古人之詩《ハ》、雖《モ》二縦横自《みずかラ》恣《ほしいままニシ》不《ト》レ事《トセ》二拘検《ヲ》一、而《モ》皆《ナ》実情実景《ナリ》。〈中略〉今観《ルニ》二蕭君如岡之詩《ヲ》一、〈中略〉豈非二所謂実情実景者一哉。

〈雲陽集〉

（注）○拘検——束縛する。制限する。

解説 「深し」は未然形「深から」にして「ず」へつなげる。「其入」は矢がサイの体に「入ること」について言っている。

訳 ぐであり、それを切って（矢として）用いたならば、サイの堅固な革をも通します。このことから言うならば、どうして学ぶ必要があるでしょうか（いや、ありはしません）」と。孔子が言った、「（その矢に）矢はずをつけて羽を添え、矢じりをつけて研いだなら、なんと深く食い入ることだろう」と。

答 あにいはゆるじつじやうじつけいなるものにあらずや。

解説 「所謂」は「いはゆる」。「実情実景」から「者」へは、断定の「なり」を送りがなに用いてつなげる。歴史的かなづかいに注意したい。

訳 詩は真実を（詠むことを）尊ぶ。真実を詠んだものでなければ、詩ということはできない。昔の（すぐれた詩）人の詩は、縦横無尽で制限にこだわらなかったけれども、皆実際の情景、実際の風景（を詠んだもの）である。〈中略〉今蕭君如岡の詩を見ると、〈中略〉なんと実際の情景、実際の風景というものではなかろうか。

★★ □5 傍線部「何其暴而不敬也」の意味内容として最も適当なものを、次の①〜⑥のうちから一つ選べ。（センター）

荊《けい》ノ荘《さう》哀《あい》王《わう》猟シ二於雲《うん》夢《ぼう》一ニ、射テ二随《ずい》兕《じ》一ヲ、中ツレ之ニ。申《しん》公《こう》子《し》培《ばい》劫《おびや》カシテレ王ヲ而奪フレ之ヲ。王曰ハク、「何ゾ其レ暴ニシテ而不ルレ敬ナル也ト。」命ジテレ吏ニ誅《ちゆう》セントスレ之ヲ。
〈呂氏春秋〉

（注）○荊荘哀王──春秋時代の楚国《そこく》の王の名。荊は楚の別名。
○雲夢──楚の地名。
○随兕──水牛に似た珍獣の名。
○申公子培──人名。

① なぜ申公子培は粗暴で無礼なことをするのだろうか。
② なぜ随兕は強暴で馴《な》れ親しまないのだろうか。
③ なんと申公子培は粗暴で無礼なことか。
④ なんと随兕は強暴で馴れ親しまないことか。
⑤ どうして申公子培が粗暴で無礼だといえようか。
⑥ どうして随兕が強暴で馴れ親しまないといえようか。

答 ③

解説 まず、反語形の訳になっている⑤・⑥を消去する。王は「随兕」に対して怒っているのではない点から、②・④・⑥は消去。あとは、①の疑問形と③の詠嘆形のどちらが適切かを文脈から判断する。

訳 荊の荘哀王が雲夢で狩りをし、随兕に矢を射て、これに命中させた。（ところが）申公子培が王を脅かしてこれを奪い取った。王は言った、「──」と。官吏に命じてこれ（申公子培）を罰しようとした。

★★ □6 蜘蛛《くも》の網にかかった蟬をめぐって、蜘蛛と蟷螂《とうろう》（かまきり）が争い、蜘蛛は怒りをこらえきれず勇然と闘いを挑み、蟷螂もまた蜘蛛を馬鹿にして一撃で殺そうとして蜘蛛の網にかかり、二匹とも地面に墜ちて死

答 ひどいものだなあ、思慮のない勇ましさがあてにならないことは。

訳 二匹とも（くだらない）勇ましさを頼りにしてなんの作戦もなく、とうとうけらやありに食べられ

んでしまった。次の文の傍線部「甚哉勇之不レ足レ恃也」を、わかりやすく解釈せよ。（九州大）

倶《ニ》頼《リテ》レ勇《ニ》無《ク》レ策、遂《ニ》為《ル》二螻《ろう》蟻《ぎノ》所《ト》一レ食《スル》。甚《ダシイかな》哉勇之不《ル》レ足《ラ》レ恃《たのムニ》也。〈彪邨文集〉

（注）○螻蟻——けらとあり。

★★ □**7** 傍線部「困不二亦宜一乎」を、「困」のここでの意味に注意しつつ、口語訳せよ。（奈良女子大）

蘇《そ》秦《しん》者、東周雒陽《ノ》人也。出游《スルコト》数歳、大《イニ》困《くるシミテ》而帰《ル》。兄弟嫂妹妻妾窃《ひそカニ》皆笑《ヒテ》レ之《ヲ》曰《ク》、「周人之俗、治《メ》二産業《ヲ》一、力《つとメ》二工商《ニ》一、逐《フヲ》二什二《ヲ》一以《テ》為《ス》レ務《メト》。今子《ハ》釈《すテテ》レ本《ヲ》而事《トス》二口舌《ヲ》一、困《シムモ》不二亦《タ》宜《むベナラ》一乎《ト》」。蘇秦聞《キテ》レ之《ヲ》而慙《はヂ》、自《ラ》傷《ム》。〈史記〉

（注）○雒陽——洛陽。
○逐什二——「什二」は十のうち二、すなわち二割。「逐什二」で、二割の利益を追う経済活動を指す。

解説 「A哉B也」で、「Aだなあ、Bは」という訳し方になる。「勇」は、「蜘蛛」についても「蟷螂」についても共通していえることで、思慮を欠いたただの勇猛さをいう。

答 生活に困り貧しくなるのも、なんともっともなことではないか。

解説 「宜なり」は「もっともだ。当然だ」。「困」の内容は、蘇秦が言っているように、「本を釈てて」いるために生活が困窮していることをいう。

てしまった。——

訳 蘇秦は、東周の洛陽の人である。数年間遊学したが、困窮して帰って来た。兄弟や兄嫁・妹・妻妾は皆陰で彼のことを笑って言った、「周の人間のならわしは、生業を営み、商工業に励み、二割の利益を追うことを務めにしている。ところがあなたは大本を捨てて口先で世渡りしようとするのだから、——」と。蘇秦はそれを聞いて恥じ、我が身を哀れんだ。

□8 ★★ 傍線部「有レ味哉、其言レ之矣」を解釈せよ。〈大分大〉

諺《ことわざニ》云《ハク》、瞞《あざむキ》レ心《ヲ》昧《くらマスト》レ己《レヲ》。有《レ》味哉、其言《レ》之矣。欺《キ》レ世《ヲ》盗《ムハ》レ名《ヲ》、其《ノ》過《あやまチ》大《ナリ》。瞞《キ》レ心《ヲ》昧《マスハ》レ己《レヲ》、其《ノ》過《チ》深《シ》。〈呻吟語〉

□9 ★★★ 空同子《くうどうし》が川のほとりに行った時、目の細かい網で小さな魚までとっている漁師を見た。傍線部①「何其仁也」・②「甚哉乎漁者之不仁也」を訳せ。〈お茶の水女子大〉

顧《ミテ》謂《ヒテ》二門弟子《ニ》一曰《ク》、「先王《ノ》発《スルヤ》レ政《ヲ》、網罟《こ》之目《ハ》必《ズ》四寸《ニシテ》、而魚之鬻《ひさグ》二于市《ニ》一者《ハ》必《ズ》満《ツ》レ尺《ニ》。①何《ゾ》其《レ》仁《ナル》也。当《タリ》二是之時《ニ》一、魚鼈《べつ》之類咸《みな》遂《グ》二其《ノ》生《ヲ》一。又何《ゾ》幸《ナル》也。今繒《そう》以《テ》為《シ》レ網《ト》、而魚之如《キ》レ指《ノ》大《キサナル》者《モ》登《ル》二鼎《てい》俎《そニ》一焉。甚《ダシキ》哉《かな》乎魚之不幸《ナルコト》也。②甚《ダシキ》哉乎漁《ル》者之不仁《ナルコト》也。」〈空同子瞽説〉

（注）○罟――あみ。　○鬻――うる。　○魚鼈――魚類の総称。　○繒――きぬ。　○鼎俎――かなえとまないた。調理具。

答 **趣深いなあ、この言葉は。**

解説 傍線部は「味《あぢ》は有るかな、其《そ》の之《これ》を言ふこと」と読む。

訳 ことわざに言う、「良心に背いて自分を欺くと。――世間を欺いて実力もないのに名声を得るのは、大きな過ちである。良心に背いて自分を欺くのは、深刻な過ちである。

答 **①なんと思いやり深いことか。②ひどいものだなあ、漁師の思いやりのなさは。**

解説 ①の「仁」は思いやりがあること。先王の時代には網の目を大きくして、小さい魚までとらないようにしたことを指す。②の「不仁」は思いやりがないこと。漁師たちが目の細かい網で根こそぎとってしまうことを指す。

訳 （空同子は）弟子たちを顧みて言った、「先王が法令を出された時には、網の目は必ず四寸（≒約12センチ）とし、市で売られる魚は必ず一尺（≒約30センチ）以上でなければならなかった。①――この時代、魚類はすべてその生を全うした。また何と幸せなことであろう。（ところが）今は絹で作った目の細かい網を使い、指ほどの大きさの魚までもが調理されている。ひどいものだなあ、魚の不幸は。②――」と。

□10 ★★ 傍線部「豈非二一張琴一邪」をわかりやすく現代語訳せよ。（東京大）

宋《そう》之神《しん》廟《べう》謂ヒテ二趙鉄面ニ一曰ク、「卿《けい》ノ入リタルトキレ蜀《しょく》ニ、以テ二一琴一亀ヲ一自ラ随ヘ、為スコトレ政ヲ簡易也」ト。一日余ノ友人、袖《しう》シテ二小画軸ヲ一来リ、見らルレ需メ二賛語ヲ一。〈中略〉梅ハ則チ花中ノ御史、表ス三趙扑《べん》之為ルヲ二鉄面御史一。屋頭ニ長松之屈蟠《ばん》シテ、而有ル二大雅ノ風声一者《は》、豈ニ非ズ二一張ノ琴ニ一邪。一亀モ亦タ浮二游ス水上ニ一。神廟之片言、頗ル与と二絵ノ事一合スレ符ヲ。

〈梅花無尽蔵〉

（注）○神廟——北宋の神宗皇帝（在位一〇六七～一〇八五）。
○趙鉄面——趙抃が剛直だったためについたあだな。
○蜀——地名。今の四川省のあたり。
○余——筆者である万里集九。
○賛語——画面に書きそえる詩やことば。
○御史——官僚の不正行為を糾《ただ》す官職。
○屈蟠——くねくねと曲がる。
○張——弓・琴など弦を張った物を数えることば。

答 一張りの琴を表すものではなかろうか。

解説 直訳すれば「なんと一張りの琴ではないか」であるが、この場合言いたいことは、画に描かれた、松に風の音がしているような風情が「一張りの琴」を表しているように見えるということである。

訳 宋の神宗皇帝は（かつて）趙鉄面に言った、「あなたが蜀におられた時、一張りの琴と一匹の亀とを携え、おおらかな政治を行われた」と。ある日私の友人が、一巻の小さな絵をそでに入れてやって来て、画賛を書いてくれと頼まれた。〈中略〉（絵に描かれた）梅は花の中の御史であることから、趙抃が鉄面（と呼ばれた）御史であったことを表している。屋根のあたりに大きな松が見事な枝を張り、（松を吹く風の）素晴らしい響きがあるのは、一張りの琴を表しているのではないか。一匹の亀も水面を泳いでいる。神宗の言葉が、この絵に描かれたものとぴったり一致しているのである。

第2章 ▼句法 19 詠嘆形

思想史

儒家の孔子・孟子・荀子、道家の老子・荘子、法家の韓非子の六人は超重要！

★★★
孔子《こうし》
春秋時代末の思想家。名は**丘**《きゅう》、字は**仲尼**《ちゅうじ》。**儒家**《じゅか》**の祖**。『**論語**』。

★★★
孟子《もうし》
戦国時代の**儒家**の思想家。「**仁義・王道・性善説**」などを唱えた。『孟子』。

★★
荀子《じゅんし》
戦国時代の**儒家**の思想家。「**性悪説**」を唱えた。『荀子』。

★★★
老子《ろうし》
道家《どうか》**の祖**。春秋時代の人とされる。「**無為自然**」の「道」を説いた。

★★★
荘子《そうし》
戦国時代の**道家**の思想家。名は周。「**万物斉同**《ばんぶつせいどう》・**無用之用**」を唱えた。『荘子』。

★
列子《れっし》
戦国時代の**道家**の思想家だが、詳しいことは不明。名は禦寇《ぎょこう》。

★★★
韓非子《かんぴし》
戦国時代末期の**法家**《ほうか》の思想家。**法治主義**の政治論を唱えた。『韓非子』。

★★
墨子《ぼくし》
「**兼愛**《けんあい》・**非攻**《ひこう》・**節用**《せつよう》」などを唱えた墨家《ぼっか》の祖。戦国時代の人。『墨子』。

★
縦横家《じゅうおうか》
蘇秦《そしん》・**張儀**《ちょうぎ》など、弁舌で諸国を遊説《ゆうぜい》してまわった外交戦術家たち。

★★
徳治主義《とくちしゅぎ》
自己を人格的に修養し、人徳で世を治めるべきとする、**儒家**の政治論。

★★
性善説《せいぜんせつ》
孟子の唱えた、人間の本性は生まれながらに善であるという考え方。

★★
性悪説《せいあくせつ》
荀子の唱えた、人間の本性は生まれながらに悪であるという考え方。

★
無為自然《むいしぜん》
「道」に従い、人為を排して、あるがままに自然に生きよという考え方。

★
無用之用《むようのよう》
無用に見えるものが実は有用な働きをしているのだとするものの見方。

★
信賞必罰《しんしょうひつばつ》
賞すべきものは必ず賞し、罰すべきものは必ず罰するという法家の考え方。

★★
諸子百家《しょしひゃっか》
儒家・道家など、春秋戦国時代に現れた多くの思想家・学派の総称。

第 CHAPTER 3 章

重要語《じゅうようご》

PARAGRAPH

20 読みの重要語

21 意味の重要語

読みの重要語

COMMENT
漢文は読みの問題が多い！同訓異字・同字異訓・副詞を中心に覚えよう！

1 同訓異字

番号	読み	漢字	意味
★1	いささカ	**些**・聊	少し。わずか。
★2	いフ	言・**道**・**謂**・曰・云	四段
★★★3	かクノごとシ	**如レ此**・**如レ是**・如レ斯・若レ此・若レ是	このようである。
★4	かすかニ	幽・微・仄	ほのかに。
★★5	こたフ	**対**・**応**・答・諾	下二段
★★6	ことごとク	**尽**・**悉**・畢	すべて。
★7	しばらク	**暫**・**且**・少・姑・頃・間	わずかの間。

番号	読み	漢字	意味
★★8	すくなシ	寡・鮮・少	少ない。
★★★9	すなはチ	則・乃・即・便・輒	そこで。
★★10	たちまチ	忽・乍	すぐに。にわかに。
★★★11	つひニ	遂・終・卒・竟	とうとう。結局。
★★12	なんぢ	汝・若・爾・女・而	目下の者への二人称。
★13	にはかニ	俄・遽・暴・驟・卒	急に。突然。
★★14	はなはダ	甚・已・苦・太・孔	非常に。たいそう。
★★15	ひそカニ	私・窃・密・陰・暗・潜	こっそりと。
★16	ほしいまま	恣・肆・縦	思いどおりに。

★★17	まタ	又・**亦**・**復**・還	再び。その上。
★18	みル	見・看・視・観・診・覧・監・瞰・睹・覩	上一段
★★★19	もとヨリ	**固**・**素**・原・故	もともと。もちろん。
★20	やうやク	漸・稍・浸・遅	しだいに。やっと。
★★★21	ゆク	行・**往**・**之**・**適**・如・逝・征・徂・于	四段
★★★22	より	**自**・**従**・由	…から。

2 同字異訓

	1 ★★★	2 ★★★	3 ★★★	4 ★★	5 ★★	6 ★★
漢字	与	已	故	夫	且	為
読み	❶と（「与レA」の形で） ❷と（「A《ト》与レB」の形で） ❸ともニ（「与《ニ》レA《ト》」の形で） ❹ともニ…（＝倶・共） ❺や・か（文末で、疑問・反語） ❻かな（文末で、詠嘆） ❼よりモ・よりハ（「与《リモ》レA」の形で、比較・選択） ❽あたフ（下二段 与える） ❾あづカル（四段 かかわる・関与する） ❿くみス（サ変 賛成する・仲間になる）	❶すでニ（＝既） ❷すでニシテ（やがて） ❸やム（四段 やむ。下二段 やめる。＝止・休・罷） ❹のみ（文末で、限定。＝耳・爾） ❺はなはダ（非常に。＝甚・太・苦）	❶ふるシ（形容詞。＝古・旧） ❷ゆゑ（理由・わけ） ❸ゆゑニ（だから・それゆえ） ❹もと（以前・昔） ❺こと（＝事） ❻ことさらニ（わざと・故意に）	❶それ（文頭で。そもそも・いったい。＝其） ❷かノ（あの…。＝彼） ❸かな（文末で、詠嘆。＝矣・哉・与・乎）	❶かツ（しかも・その上） ❷まさニ…（セント）す（再読文字。いまにも…しようとする。＝将） ❸しばらク（＝暫・少・姑・頃）	❶なル（四段 なる） ❷なス（四段 する） ❸つくル（四段 作る） ❹をさム（下二段 治める） ❺ためニ… ❻ためニス（サ変 …のためにする） ❼たり（「為レA」の形で、断定） ❽る・らル（「為レA」の形で、受身。＝見・被）

番号	語	読み・意味
★7	而	❶しかシテ・しかうシテ（順接の接続詞。そこで・そして・そうであるから）❷しかルニ・しかルヲ・しかモ（逆接の接続詞。それなのに・にもかかわらず）❸なんぢ（目下に対する二人称。＝汝・若・女・爾）❹読まない置き字。
★★★8	見	❶みル（上一段 見る）❷みユ（下二段 見える）❸まみユ（下二段 お目にかかる）❹あらハル（下二段 現れる・露見する）❺る・らル（「見レA」の形で、受身。＝為・被）
★9	者	❶もの（名詞・形式名詞）❷こと（形式名詞）❸は（係助詞「は」）❹「昔・今・古《いにしへ》・前《さきニ》」などの、時を表す語の後ろについて用いる。読まない置き字。
★★10	之	❶これ（指示語。＝此・是・諸）❷の（格助詞）❸ゆク（四段＝行・往）
★★★11	如	❶もシ（仮定形。＝若）❷ごとシ（比況形。「ガ・ノ」から返読する。＝若）❸しク（四段 及ぶ。＝若）❹ゆク（四段＝行・往・之）
★★12	焉	❶いづクンゾ（疑問・反語。どうして…。＝安・悪・寧・烏）❷これ・ここ（指示語。＝之・此・是）❸文末で用いて、読まない置き字。

3 動詞

番号	語	読み	意味	熟語
★★★1	中ッ	あツ	下二段 あてる。あたる。（＝当）	命中・的中・中毒

番号	語	読み	意味	関連語
★★ 2	諫ム	いさム	下二段 主君や目上の人の過ちを戒める。	諫言・諫臣
★★ 3	道フ	いフ	四段 言う。述べる。（＝言）	報道
★★ 4	与カル	あづカル	四段 かかわる。関与する。関係する。	関与・参与
★★★ 5	見ハル	あらハル	下二段 現れる。事が露見する。	露見
★★★ 6	易フ	かフ	下二段 かえる。とりかえる。（＝替・換）	交易・貿易・変易
★★ 7	肯ンズ	がヘンズ	サ変 承知する。肯定する。	肯定・首肯
★★ 8	与ス	くみス	サ変 賛成する。支持する。仲間になる。	与党・与力
★★★ 9	対フ	こたフ	下二段 目上の人にお答えする。（＝応・答）	応対
★ 10	数ム	せム	下二段 責めたてる。（＝責）	

★★★11	事フ	つかフ	下二段	お仕えする。（＝仕）	師事
★★★12	悪ム	にくム	四段	憎む。嫌う。（＝憎）	憎悪・好悪
★13	走グ	にグ	下二段	逃げる。（＝逃）	逃走・遁走
★★14	鬻グ	ひさグ	四段	売る。商売する。	
★15	白ス	まうス	四段	申す。申し上げる。（＝首・甲）	敬白・自白・表白
★★★16	見ユ	まみユ	下二段	お目にかかる。拝謁する。	参見
★17	釈ス	ゆるス	四段	許す。釈放する。（＝赦）	釈放・保釈
★18	説ブ	よろこブ	四段	喜ぶ。（＝悦）	

4 形容詞・形容動詞

番号	語	読み	意味	関連語
★★ 1	普シ	あまねシ	広く全体に行きわたっているさま。(＝遍)	普遍・普及
★★★ 2	衆シ	おほシ	多いさま。(＝多)	大衆・群衆・衆議
★★★ 3	寡シ	すくなシ	少ないさま。(＝少・鮮)	寡黙・寡欲
★★ 4	詳カナリ	つまびらカナリ	くわしいさま。事こまかなさま。(＝審)	詳細・詳報・詳密
★ 5	利シ	とシ	するどいさま。	鋭利・利器
★ 6	全シ	まつたシ	完全なさま。十分なさま。無事なさま。	完全・安全
★★★ 7	宜ナリ	むべナリ	もっともである。当然である。	
★★★ 8	少シ	わかシ	若いさま。	幼少・少年

5 副詞

番号	語	読み	意味
★★★1	徒ニ	いたづらニ	むだに。無意味に。むなしく。
★2	一ニ	いつニ	もっぱら。ひとえに。まったく。
★3	自カラ	おのづカラ	自然に。ひとりでに。おのずと。　※「自ら」は「みづかラ」。
★★4	凡ソ	およソ	おしなべて。総じて。およそ。だいたい。
★★5	嘗テ	かつテ	以前に。昔。（＝曾）
★★6	反ッテ	かへッテ	反対に。逆に。かえって。（＝却）
★★★7	蓋シ	けだシ	思うに。考えるに。おそらく。
★★8	向ニ	さきニ	以前に。前に。（＝前）

番号	語	読み	意味
★★9	頗ル	すこぶル	はなはだ。たいそう。非常に。かなり。
★10	立チドコロニ	たチドコロニ	すぐさま。ただちに。即座に。
★11	早ニ	つとニ	早くから。早くも。早く。朝早く。（＝夙）
★★12	毎ニ	つねニ	常に。いつも。（＝常・恒）
★★★13	具サニ	つぶサニ	具体的に。くわしく。こまごまと。
★14	倶ニ	ともニ	一緒に。（＝共・与）
★★15	殆ンド	ほとンド	もう少しで。すんでのところで。おおかた。（＝幾）
★16	略	ほぼ	だいたい。おおかた。ほぼ。
★★★17	方ニ	まさニ	ちょうど。今。今にも。まさしく。（＝正・将）

第3章 ▼重要語 20 読みの重要語

★18	尤モ	もつとモ	とりわけ。はなはだ。（＝最）
★★★19	因リテ	よリテ	そこで。それゆえに。

6 接続語

★★★1	於イテレ是ニ	ここニおイテ	そこで。（＝乃《すなは》ち。因《よ》りて）
★★★2	是ヲ以テ	ここヲもつテ	だから。それゆえ。（＝故《ゆゑ》に）
★★★3	然ラバ則チ	しかラバすなはチ	そうだとしたら。それならば。
★4	雖モレ然リト	しかリトいへどモ	そうとはいっても。そうだとしても。
★5	然ル後ニ	しかルのちニ	そののち。それから。
★★★6	然レドモ	しかレドモ	しかし。しかしながら。そうではあるが。

★★ 7	不《ンバ》者	しからずンバ	そうでなければ。
★★ 8	不《ンバ》則《チ》	しからずンバすなはチ	そうでなければ。（＝否則）
★★★ 9	何《トナレバ》則《チ》	なんトナレバすなはチ	なぜならば。なぜかというと。

7 畳語

★★ 1	いよいよ	逾・愈・兪・弥	ますます。一段と。
★ 2	おのおの	各	めいめい。各自。
★ 3	こもごも	交	交互に。
★★★ 4	しばしば	数・屢	何度も。頻繁に。

番号	読み	漢字	意味
★★5	そもそも	抑	さて。ところで。それでは。
★6	それぞれ	夫	めいめい。各自。
★★★7	たまたま	偶・会・適・遇	偶然。ちょうどその時。
★8	ますます	益	一層。いよいよ。
★9	みすみす	看	むざむざと。みるみるうちに。

8 句法上の読みの重要語

番号	読み	語	句法
★ 1	ああ	嗚呼・噫・唉・嘻・嗟呼　など	詠嘆形（↓175ページ）
★★★ 2	あニ	豈	反語形（↓84ページ）
★★★ 3	いかん	何如・何若・奚若・奚如	疑問形（↓80ページ）
★★★ 4	いかんセン	如何・奈何・若何	疑問・反語（↓80ページ）
★★★ 5	いくばく	幾何・幾許・幾	疑問・反語（↓82ページ）
★★★ 6	いづクンゾ	安・寧・焉・悪・烏	疑問・反語（↓78ページ）
★★ 7	いづレゾ	孰与・孰若	比較形（↓125ページ）
★★★ 8	いやシクモ	苟	仮定形（↓132ページ）

番号	読み	漢字	句法
★9	かな	矣・夫・哉・与・乎・也	詠嘆形（↓174ページ）
★10	こひねがハクハ	庶・冀・庶幾	願望形（↓163ページ）
★★★11	しム	使・令・教・遣・俾	使役形（↓100ページ）
★★12	たダ	唯・惟・只・但・徒・直・特・祇	限定形（↓156ページ）
★★13	たとヒ	縦・縦令・縦使・縦然・仮令・即	仮定形（↓134ページ）
★★★14	なシ	無・莫・勿・毋	否定形（↓42ページ）
★★15	なんすレゾ	何為・胡為・奚為・曷為	疑問・反語（↓77ページ）
★★★16	なんゾ	何・胡・奚・庸・曷・何遽	疑問・反語（↓77ページ）
★★★17	のみ	耳・已・爾・而已・而已矣	限定形（↓156ページ）

★★★18	★★19
もシ	や・か
如・若・使・令・尚・向・即・設　など	乎・也・哉・与・耶・邪・歟
仮定形（→132ページ）	疑問・反語（→76ページ）

実戦問題

□1 ★★★ 傍線部「与」の読み方として最も適当なものを、次の①～⑤のうちから一つ選べ。（センター）

隋《ずい》ノ田《でん》・楊《やう》与二鄭《てい》法《はふ》士《し》一倶ニ以テレ能クスルヲレ画ヲ名アリ。

〈衡廬精舎蔵稿〉

①あづかりて　②より　③くみして　④と　⑤あたへて

答 ④

解説 「与」は選択肢①～⑤すべての読みが可能で、用法が多い。ここでは、「与レA」と返読して「Aと」と読む。

訳 隋の田（僧亮）と楊（契丹）は鄭法士とともに絵を描くのが巧みなことで有名だった。

□2 ★★★ 傍線部「輒」の読み方として最も適当なものを、次の①～⑤のうちから一つ選べ。（センター）

毎《ごとニ》二数里一輒勒《ろく》住《ぢゆう》シ、

〈簷曝雑記〉

（注）○勒住――手綱を押さえ歩みをとどめること。

①あるいは　②あへて　③たちまち　④すなはち　⑤もっぱら

答 ④

解説 「すなはち」は「則・乃・即・便」なども同じ。「輒」は、「…するたびごとにいつも」の意。

訳 数里ごとに（ラバの）手綱を押さえて歩みをとどめ、

□3 ★★
傍線部「抑」の読み方として最も適当なものを、次の①～⑤のうちから一つ選べ。（センター）

抑其ノ性貞烈ニシテ、〈簷曝雑記〉

① いよいよ　② そもそも　③ たまたま
④ しばしば　⑤ みすみす

□4 ★★
傍線部「忽」の読み方として最も適当なものを、次の①～⑤のうちから一つ選べ。（センター）

就レクニ寝ニ、忽碗《わん》碟《てふ》砉《けき》然トシテ有レリ声。〈雪濤小説〉

（注）○碗碟砉然――食器ががたがたと音を立てる。

① すなはち　② たちまち　③ ゆるがせに
④ かすかに　⑤ むしろ

□5 ★★★
傍線部「於レ是」の読み方として最も適当なものを、次の①～⑤のうちから一つ選べ。（センター）

於レ是倉ニ田レクシテ粃《ひ》而求メ二易フルヲ於民ニ一、〈新書〉

（注）○粃――よく実の入っていない籾《もみ》。

① ここより　② これより　③ これによりて
④ ここにおいて　⑤ これにおいて

答 ②
解説 ①「いよいよ」は「逾・愈・兪・弥」、③「たまたま」は「偶・会・適」、④「しばしば」は「数・屢」、⑤「みすみす」は「看」。

訳 そもそも（このラバは）その性質として節操が正しくて、

答 ②
解説「忽」は「忽《こつ》然と…」などの表現からも類推できよう。③の「ゆるがせに」の読みも可能だが、「いいかげんに」では意味が異なる。

訳 眠りについた頃、突然食器ががたがたと音を立てた。

答 ④
解説「これにおいて」ではなく、「ここにおいて」と読む。「そこで」の意。

訳 そこで倉に粃がなくなってしまい民に穀物の交換を求めることになり、

□6 ★★ 傍線部「奈何」の読み方として最も適当なものを、次の①～⑤のうちから一つ選べ。（センター）

奈何其レ以テ養ハンレ鳥ヲ也。〈新書〉

① なんぞ　② いづれぞ　③ いかんぞ
④ なんすれぞ　⑤ いづくんぞ

□7 ★★★ 二重傍線部㋐「竟」・㋑「乃」・㋒「安」の読み方の組合せとして最も適当なものを、次の①～⑤のうちから一つ選べ。（センター）

・㋐竟大酔シ、入ルニレ号ニ輒チ酣《かん》睡《すい》ス。〈竹葉亭雑記〉
・㋑乃告ゲレ之ニ。
・㋒安得ン丁〈中略〉倒《さかしま》ニ看ルヲ丙日月ノ走ルヲ乙人間ヲ甲。

① ㋐ つひに　㋑ すなはち　㋒ いづくんぞ
② ㋐ すでに　㋑ なほ　㋒ いづくにか
③ ㋐ つひに　㋑ なほ　㋒ いづくにか
④ ㋐ すでに　㋑ すなはち　㋒ いづくんぞ
⑤ ㋐ つひに　㋑ なほ　㋒ いづくんぞ

答 ③

解説 「奈何」は「如何」「若何」と同じ。文頭で用いる時は「いかんぞ…」と読む。

訳 どうしてそれで鳥を飼育することができようか、いやできない。

答 ①

解説 ㋐「竟」は「遂・終・卒」と同じ。「すでに」は「已・既」。㋑「乃」は「則・即・便・輒」と同じ。「なほ」と読む字は「猶・尚・仍・由」など。㋒「安」はここでは「いづくんぞ」と読む。「いづくにか」と読むと「どこに…か」と場所を問う意味になる。

訳 ・とうとう酔っぱらってしまい、（試験会場の）個室に入るとすぐにぐっすり眠ってしまった。
・そこでこの者に告げた。
・どうして〈中略〉太陽や月が人間界を巡るのを逆さまにできるだろうか、いやできない。

☐**8** ★★★ 二重傍線部(ア)「且」・(イ)「已」・(ウ)「因」の読み方の組合せとして最も適当なものを、次の①〜⑤のうちから一つ選べ。（センター）

・必ズ食ヒレ肉ヲ、(ア)且無クレ所レ不ルレ食ハ、
・但ダ食ヒ二(イ)已死セル之物ノミヲ一、
・(ウ)因下己ノ親《みづか》ラ経ルコト二患難ヲ一無キニ上異ナル三鶏《けい》鴨《あふ》之在ルニ二庖《はう》廚《ちう》ニ一、

〈山志〉

（注）○鴨――アヒル。○庖廚――台所。

❶ (ア) かつ　(イ) やめて　(ウ) たのみて
❷ (ア) かつ　(イ) やめて　(ウ) よりて
❸ (ア) しばらく　(イ) すでに　(ウ) たのみて
❹ (ア) かつ　(イ) すでに　(ウ) よりて
❺ (ア) しばらく　(イ) やめて　(ウ) よりて

☐**9** ★★ 傍線部「幾」の読み方として最も適当なものを、一つ選べ。（獨協大）

漢之為ルコトレ漢、幾四十年、

〈漢書〉

① ほとんど　② こひねがはくは
③ いくばく　④ まさに　⑤ しばらく

答 ④

解説 (ア)「且」は「しばらく」とも読むが、ここは「その上に」と加え重ねる意であるから、「かつ」と読む。(イ)「已」も、「やめて」とも読めるが、意味をあてはめてみるとおかしい。(ウ)「因」は「よりて」。「たのみて」とは読まない。

訳 ・（人間は）必ず肉を食べ、しかも食べないものはなく、
・すでに死んでいるものだけを食べ、
・自分自身がつらい目にあったことがニワトリやアヒルが台所に（いて殺されるのを待って）いるのと異ならないので、

答 ①

解説 「幾」の読みは、①・③は可能性があるが、「いくばく」では疑問詞である。「庶幾」で「こひねがはくは」とも読む。

訳 漢が王朝となって、ほぼ四十年、

□10 ★★★ 傍線部「卒」の読み方を、送り仮名も含めてすべて平仮名で記せ。現代仮名遣いでもよい。（弘前大）

上《しやう》卒可《ゆる》スレ之ヲ。〈十八史略〉

□11 ★★★ 傍線部「終」のよみを、送りがなも含めてすべてひらがな（現代仮名遣い）で答えなさい。（長崎大）

終無キ二一人ノ能ク有スル者一也。〈無辺風月楼記〉

□12 ★★★ 傍線部「素」の読み方を、送りがなも含めてひらがなで書け。（立命館大）

素奉ルコト二神仏ヲ一甚ダ謹メリ。〈池北偶談〉

□13 ★★ 傍線部「私」の読みを、現代かなづかいにより、送りがなも含めてすべてひらがなで記せ。（京都府立大）

廩《りん》入《にふ》既ニ絶ユルモ、人口不レ少ナカラ、私甚ダ憂フレ之ヲ。〈答秦太虚書〉

（注）○廩入――俸禄。

答 つひ［い］に
解説「卒」は「遂・終・竟」と同じ。
訳 天子は結局これを聞き入れた。

答 ついに
解説「終」は「遂・卒・竟」と同じ。
訳（風と月とは）ついに一人も占有できる者はいないのである。

答 もとより
解説「素」は「固・原・故」と同じ。「もともと。初めから」の意。
訳 もともと神仏を崇拝することを非常に尊んでいた。

答 ひそかに
解説「私」は「窃・密・陰・暗・潜」などと同じ。
訳 俸禄はもうなくなったのに、家族も少なくなく、内心そのことを非常に心配していた。

□14 ★★★ 傍線部①「毎」・②「固」をすべてひらがなで書き下せ。

文人墨士《ノ》①毎欲《スルハ》レ鐫《ゑラント》二名《ヲ》於山水《ノ》秀処《ニ》一②固情《ナレドモ》、 〈七修類稿〉

（注）○鐫——彫る。 〈徳島大〉

□15 ★★ 傍線部「悉」の読みを、ひらがなで記せ。

余金悉置《キ》二棺《ノ》下《ニ》一、 〈後漢書〉

〈名古屋大〉

□16 ★★★ 傍線部ⓐ「能」・ⓑ「方」の読みを記せ。

眠《リテ》不レⓐ能《ハ》レ動《ク》。〈中略〉醒《メテ》ⓑ方《ニ》見《ル》レ之《ヲ》。 〈捜神後記〉

〈お茶の水女子大〉

□17 ★★★ 傍線部①「与」・②「数」の本文に即した読み方を、送り仮名まで含めてすべてひらがなで示しなさい。（仮名遣いは新旧どちらでもよい）

〈佐賀大〉

弦《げん》高《かう》・蹇《けん》他《た》相①与謀《リテ》曰《ク》、師行《クコト》数千里、②数絶《わたルト》二諸侯之地《ヲ》一。 〈淮南子〉

（注）○弦高・蹇他——いずれも人名。 ○師——軍隊。

答 ①つねに ②もとより

解説 「毎」は返読する場合は、「…ごとに」。副詞としては「つねに」で「常・恒」と同じ。

訳 文人墨客が常に自分の名を風光明媚の地に刻みたいと願うのは言うまでもなく人情というものであるが、

答 ことごとく

解説 「悉」は「尽・畢」と同じ。

訳 残りの金をすべて棺の下に置いて、

答 ⓐあた（ハ） ⓑまさ（ニ）

解説 「不」がなければ「能」は「よく」。

訳 ぐっすり眠って動くことができなかった。〈中略〉目がさめて初めてこれを目にした。

答 ①ともに ②しばしば

解説 ①「与」は用法が多い。ここでは「ともに」。「倶・共」と同じで「ともに」。②「数」は、副詞としては「しばしば」と読む頻出語。

訳 弦高と蹇他は互いに相談し合って言った、（秦の）軍隊は数千里も行軍し、しばしば諸侯の領地を通っている、と。

★★ □18 傍線部①「事」・②「未幾」・③「会」・④「適」の読みを、送りがなを含めて、ひらがなを用いて現代かなづかいで記せ。（京都府立大）

（武氏）初《メテ》入《ルニ》レ宮《ニ》、卑《ひくクシ》レ辞《ヲ》屈《シテ》レ体《ヲ》以《テ》事レ后《ニ》。后愛《シ》レ之《ヲ》、数称《ス》二其《ノ》美《ヲ》於上《ニ》一。未レ幾大《イニ》幸《いつくしマレ》、為《ル》二昭《せう》儀《ぎト》一。〈中略〉会昭儀生《ム》レ女《ヲ》。〈中略〉左右皆曰《ク》皇后適来《ルト》。

〈通鑑記事本末〉

（注）○武氏――則天武后《そくてんぶこう》。○昭儀――後宮女性の官職名。

★★★ □19 傍線部ⓐ「自」・ⓑ「猶」の読みをひらがなで記しなさい。（送りがなも含む）（山口大）

蒼《さう》然《ぜんタル》暮色、自レ遠《キ》而至《リ》、至《ツテ》レ無《キニ》レ所レ見《ル》、而《モ》猶不レ欲《セ》レ帰《ルヲ》。

〈始得西山宴游記〉

★★ □20 傍線部「凡」の読みを、送りがなも含めて、ひらがなで答えよ。（新潟大）

凡一城之内、仏像有《ラバ》二手足不《ル》レ完《まったカラ》者一、皆修《ム》レ之《ヲ》。

〈甕牖閑評〉

答 ①つかう
②いまだいくばくならずして
③たまたま
④たまたま

解説 ①「事」は「仕ふ」と同じ。②の「幾」は「いくばく」+「ナリ」をつけて「ず」へ返る。③「会」・④「適」はいずれも「偶」と同じで「たまたま」と読む。

訳 （則天武后は）後宮に入ったばかりの頃、言葉を丁重にしてへり下って皇后に仕えた。皇后は彼女をかわいがり、度々彼女の美点を皇帝にほめそやした。ほどなく（則天武后は）大変な寵愛を受けて、昭儀となった。〈中略〉たまたま昭儀は娘を生んだ。〈中略〉侍女たちは皆言った、皇后がたまたまおいででした、と。

答 ⓐより ⓑなほ

解説 ⓐ「自」は返読して「…より」で、「従・由」と同じ。返読しない場合は「みづから」か「おのづから」。

訳 薄暗い夕暮れの色が、遠くからやってきて、何も見えなくなってからも、しかしなお帰りたくなかった。

答 およそ

解説 「凡」は副詞としては「およそ」で、「総じて。おしなべて」の意。

訳 おしなべて町なかで、手足の欠けている仏像があれば、皆それを修理した。

□21 ★★★ 傍線部「蓋」の読みを書け。（熊本県立大）

蓋倖ト与レ屈之謂《いひ》也。〈竹窓随筆〉

（注）○倖——まぐれ。　○屈——不運。

□22 ★★★ 傍線部「対」の読み方を平仮名で記せ。（福岡教育大）

対曰ハク、「臣ハ当ニシトレ死ス。」〈説苑〉

□23 ★ 傍線部「説」の読みを記しなさい。（福岡女子大）

斉王大イニ説ブ二蘇子ヲ一。〈戦国策〉

（注）○蘇子——蘇代《そだい》。燕《えん》の人。

□24 ★★ 傍線部「雖」の読みをひらがなで答えなさい。（静岡大）

仮《もし》シ使メバ二此ノ役ヲシテ為レ国ノ為ニシテレ民ノ而相謀ルモノナラ一、雖二大寺巨刹《さつ》ト一亦不レ得レ不ルヲレ移サレ之ヲ。〈近古史談〉

（注）○役——工事。　○巨刹——大きな寺院。

答 けだし

解説 「蓋し」は「思うに。おそらく」の意。

訳 思うに「まぐれ」と「不運」ということである。

答 こたへて

解説 「対《こた》ふ」は「目上の人にお答えする」の意。

訳 お答えして言った、「私は死ぬべきなのです」と。

答 よろこ(ぶ)

解説 「悦」と同義。

訳 斉王はたいそう蘇代が気に入った。

答 いへども

解説 「…と雖《いへど》も」と返読することがポイント。

訳 もしこの工事が国のため民のために計画したものなら、どんな大きな寺院であっても移転させないわけにはいかない。

★★★ □25 傍線部①「夫」・②「是以」の読み方をすべてひらがなで記せ。（徳島大）

夫礼者《は》、忠信之薄《ニシテ》而乱之首《はじめ》。前識者《は》、道之華《ニシテ》而愚之始《はじめ》。是以大丈夫《ハ》処《おり》二其《そノ》厚《キニ》一、不レ居《ラ》二其《ノ》薄《キニ》一、処《リ》二其《ノ》実《ニ》一、不レ居《ラ》二其《ノ》華《ニ》一。〈老子〉

★ □26 傍線部「古者」の読みを答えなさい。（静岡大）

古者諫《いさムルニ》無《シ》レ官。〈諫院題名記〉

★★ □27 傍線部(1)「好」・(2)「易」と同じ意味で用いられているのはどれか。次の各群の①〜⑤のうちから、それぞれ一つずつ選べ。（センター）

久《シク》生《クルコト》奚《なんゾ》為《サン》。五情《ノ》好悪《ハ》、古《いにしへ》猶《ホ》《キ》レ今《ノ》也。四体《ノ》安危《ハ》、古猶《ホ》《キ》レ今《ノ》也。世事《ノ》苦楽《ハ》、古猶《ホ》《キ》レ今《ノ》也。変易治乱《ハ》、古猶《ホ》《キ》レ今《ノ》也。〈列子〉

（注）○五情――耳、目、鼻、口、肌の五官の感覚。　○四体――からだ。

答 ①それ　②ここをもつて

解説 ①「夫れ」は「そもそも。いったい」の意。②は「ここをもつて」と読み、「だから」の意。「これ」ではない。

訳 そもそも礼などというのは、忠や信が軽視されるようになったから生まれたもので世が乱れ始めた前兆である。前もって身につけた常識は、「道」に対する上っ面の虚飾に過ぎず愚の兆候である。だから立派な人物は人としての自然な感情を重視する道を選び、それを軽視（して礼などを重視）する道を選ばないし、実質的な道を選んで、（礼のような）虚飾の道を選んだりしないのである。

答 いにしへ

解説 「者」は置き字。

訳 昔は（君主を）諫めるのに（特別な）官職などなかった。

答 (1)①　(2)②

解説 (1)「好悪」の「好」は「すき。このむ」の意。選択肢の②・③・④・⑤の「好」はいずれも「よい」の意である。

(2)「易」は「エキ」と読んで「かふ（換える）」意、「イ」と読んで「やすし（たやすい、

訳 いつまでも長生きすることなどどうして望むことがあろうか。（なぜなら）人間の五感の好き嫌いは、昔も今も変わりがない。身体が安全か危険かということは、昔も今も変わりがない。俗世間の出来事の苦しみや楽しみは、昔も今も変わりがない。世の推移や治安状

(1) 好
① 愛好
② 好評
③ 好況
④ 好調
⑤ 良好

(2) 易
① 簡易
② 交易
③ 容易
④ 難易
⑤ 平易

★★ □ **28** 波線部(ア)「中」・(イ)「師」と同じ意味で用いられている語として最も適当なものを、次の各群の①〜⑥のうちから、それぞれ一つずつ選べ。 （センター）

・荊《けい》ノ荘《さう》哀《あい》王《わう》猟シ二於雲《うん》夢《ぼう》ニ一、射テ二随《ずい》兕《じ》ヲ一、(ア)中ツレ之ニ。

・荊興シレ(イ)師ヲ、戦ヒ二於両《りやう》棠《たう》ニ一、大イニ勝ツレ晋《しん》ニ。 〈呂氏春秋〉

（注） ○荊荘哀王——春秋時代の楚国《そこく》の王の名。荊は楚の別名。 ○雲夢——楚の地名。
○随兕——水牛に似た珍獣の名。 ○両棠——国名。 ○晋——国名。

(ア)「中」
① 中枢
② 道中
③ 中略
④ 集中
⑤ 中毒
⑥ 夢中

(イ)「師」
① 師団
② 法師
③ 師事
④ 京師
⑤ 師匠
⑥ 薬師

やさしい)」の意である。

答 (ア)⑤ (イ)①

解説 (ア)「中」を「あツ（＝あてる）」と読めることがポイント。「命中・的中」の「中」であるが、選択肢の中では⑤の「中毒（毒に中《あ》たる）」が近い。
(イ)「師」は軍隊、戦争のことで、古代の中国では二千五百人を一師、五百人を一旅とした。

態も、昔も今も変わりがない。

訳 ・荊の荘哀王は雲夢で狩りをし、随兕に矢を射て、これに命中させた。
・荊は軍を出して、両棠で戦い、大いに晋を敗った。

□29 ★★ 傍線部(1)「首」・(2)「称」と同じ意味で用いられている語として最も適当なものを、次の各群の①～⑤のうちから、それぞれ一つずつ選べ。

（センター）

・太《たい》祖《そ》ノ馬《ば》鞍《あん》在リテレ庫ニ、而為ル二鼠《ねずみ》ノ所トレ齧《かじ》ル。庫吏懼《おそ》レ二必ズ死センコトヲ一、議シテ欲スルモ二面縛シ(1)首《まう》サントレ罪ヲ、猶ホ懼ルレ不ルヲレ免レ。

・太祖数《しばしば》対シテ二群臣ニ一(2)称述シ、有リ二欲スルノレ伝ヘントレ後ヲ意一。

〈三国志〉

（注）○面縛——自ら両手を後ろ手に縛ること。罪に服する気持ちをあらわす。
○伝レ後——（曹沖《そうちゅう》を）後継者にする。

(1)「首」
① 部首
② 首位
③ 斬首
④ 首肯
⑤ 自首

(2)「称」
① 敬称
② 称賛
③ 対称
④ 称号
⑤ 呼称

答 (1)⑤　(2)②

解説 (1)「首」は「罪をまうす」のだから、当然⑤の「自首」である。ふりがながついているが、「まうす（＝申す）」と読めることがポイントで、「まうす」は他に「白」も注意したい。
(2)「称」はここでは「たたふ（＝たたえる。ほめる）」。①・④・⑤の「称」は「となふ（＝となえる）」の意。

訳 ・太祖の馬の鞍が倉庫にあって、鼠にかじられた。倉庫番の役人はきっと死罪になるであろうことを恐れ、相談して自ら両手を縛り自首しようと思ったが、それでもなお罪を免れないであろうことを恐れた。
・太祖はたびたび群臣たちに対して（曹沖のことを）ほめ、後継者にしたいという気持ちがあった。

★★ □30 波線部「道」と同じ意味で用いられている語として最も適当なものを、次の①～⑤のうちから一つ選べ。（センター）

今ノ人ノ被《き》ルハ二朱紫ヲ一、多下道ヒテ二先王ノ法言ヲ一、号シ二士君子ト一、又従ヘ二騶《すう》哄《こう》ヲ一、坐シテ二堂上ニ一、曰フモノ中貴人ト上、〈鉄囲山叢談〉

（注）○朱紫――高位高官の者が身につける服。
○先王法言――昔の聖王の遺《のこ》した、のっとるべき言葉。
○騶哄――貴人を先導する従者。さきばらい。

道
① 人道
② 報道
③ 道理
④ 道程
⑤ 道具

答 ②

解説「道」は「いふ」と読めることがポイントである。「言う」意味だとすれば、②の「報道」以外はない。
設問の主旨がやや不明瞭であるが、選択肢の中の「道」の意味・用い方が文中の「道」と同じものを選べということであろう。

訳 今の世の中で朱や紫の高官用の衣服を身につけ、昔の聖王の名言を口にし、（自分は）士君子だと称して、従者を引きつれ、宮廷の座に座って、（自分は）貴人だと言う者が数多くいるが、

第21節 意味の重要語

★★ 1	字	あざな	成人した時点で本名とは別につける呼び名。
★★★ 2	幾何	いくばく	どれほど。どれくらい。（＝幾許《いくばく》・幾《いくばく》）
★ 3	夷狄	いてき	異民族。野蛮人。（＝胡《こ》・夷《えびす》）
★★★ 4	所謂	いわゆる	世間で言うところの。世に言われている。
★★★ 5	器	うつわ	才能。度量。人物の大きさ。「器《き》とす」は立派な才能の持ち主と認めること。
★ 6	英雄	えいゆう	才知・武勇のすぐれた人物。非凡な事業を成しとげる人。
★★ 7	王道	おうどう	君主の人徳によって天下を治める政治のあり方。徳治《とくち》政治。（↔覇道《はどう》）
★★★ 8	以為	おもえらく	思うに。思っているのには。（＝謂《おも》へらく）

COMMENT

意味を問う問題は古文よりは少ない。読みが問われるものも多いので注意しよう！

No.	語	読み	意味
★9	海内	かいだい	国内。天下。（＝宇内《うだい》・四海《しかい》）
★10	科挙	かきょ	高級官吏の登用試験制度。（＝進士《しんし》）
★★★11	郭	かく	郊外。町（＝城）をとり囲んだ城壁の外側。（↔城《じょう》）
★★★12	客	かく	訪問者。旅人。食客《しょっかく》。
★★★13	寡人	かじん	王や諸侯の自称・謙称。「徳の寡《すくな》い私」の意。（＝孤《こ》・不穀《ふこく》）
★★14	干戈	かんか	武器。戦争。（＝戎馬《じゅうば》・兵《へい》）
★★★15	諫言	かんげん	王などの目上の人の過ちを諫《いさ》めることば。
★★★16	鬼	き	死んだ人間の霊。
★★★17	奇	き	めずらしい。普通でない。非常にすぐれている。思いがけない。あやしい。「奇とす」は非凡であると認めること。「奇才」はすぐれた才知・人物。（＝異）
★★★18	義	ぎ	人として当然ふみ行うべき正しい道。意味。わけ。

第3章 ▼重要語 21 意味の重要語

★★★19	貴賤	きせん	身分の上下。身分が高いことと身分が低いこと。
★★20	期年	きねん	まる一年。「期年ならずして」は一年も経たないうちに、の意。
★★21	堯舜	ぎょうしゅん	中国古代の伝説上の聖天子《せいてんし》である、堯《ぎょう》と舜《しゅん》のこと。理想的な帝王の代名詞。（↔桀紂《けっちゅう》）
★22	匈奴	きょうど	戦国時代から前漢のころ、中国北方のモンゴル地方を中心に勢力を持っていた遊牧民族。王を「單于《ぜんう》」という。
★23	郷人	きょうじん	俗人。凡人。村の人。故郷の人。
★24	郷里	きょうり	村里（＝郷党《きょうとう》・郷閭《きょうりょ》）。故郷（＝郷関《きょうかん》）。同郷の人（＝郷党）。
★★25	曲直	きょくちょく	まちがっていることと正しいこと。
★★★26	禽獣	きんじゅう	恩義を知らない人をののしっていう語。鳥やけもの（動物）。
★★★27	君子	くんし	人徳のすぐれた立派な人。人の上に立って政治を行う人。
★28	卿	けい	天子・諸侯の臣で、国政を掌る大臣・家老などの要職にある人。

★29	傾国	けいこく	絶世の美女。（＝傾城《けいせい》）
★★★30	桀紂	けっちゅう	夏《か》の桀《けつ》王と殷《いん》の紂《ちゅう》王のこと。**暴君《ぼうくん》の代名詞。**（↔堯《ぎょう》舜《しゅん》）
★31	乾坤	けんこん	**天地。**宇宙。陰陽《いんよう》。
★★32	賢人	けんじん	「聖人」に次《つ》いで、才知・徳行にすぐれた人。（＝賢者《けんじゃ》・賢士《けんし》）
★★33	賈	こ	商《あきな》い。商売。「賈《こ》す」は**売る、商う**の意。（＝鬻《ひさ》ぐ）
★★34	光陰	こういん	**時間。歳月。**月日。※「寸陰」はわずかな時間。
★35	公卿	こうけい	高位高官の人。
★★36	後生	こうせい	あとから生まれる者。若者。（↔先生《せんせい》）
★37	孝悌	こうてい	父母や年長者に従順によく仕えること。
★38	叩頭	こうとう	頭を地面にすりつけておじぎをすること。（＝稽首《けいしゅ》）

No.	語	読み	意味
★★39	胡越	こえつ	北方の異民族（胡）と南方の異民族（越）。遠く隔っているたとえ。
★40	国士	こくし	国家のために命をかけて尽くす人物。天下の名士。
★★★41	古人	こじん	昔の人。亡くなっている人。
★★★42	故人	こじん	旧友。昔なじみ。（＝故旧《こきゅう》）
★43	虎狼	ころう	残忍で悪賢いもののたとえ。
★★44	左遷	させん	高い地位から低い地位に落とすこと。（＝左降《さこう》・謫《たく》）
★★★45	左右	さゆう	側近の臣。近臣。侍臣。（＝舎人《しゃじん》）
★★★46	子	し	あなた。先生。
★★47	士	し	卿・大夫《たいふ》に次《つ》ぐ官吏。学徳のある者。
★★48	師	し	軍隊（＝兵《へい》・旅《りょ》）。先生（＝夫子《ふうし》）。都（＝京《けい》）。

★49	市井	しせい	町。ちまた。
★50	四体	したい	両手両足（＝四支《しし》）。全身（頭・胴・手・足）。
★★51	社稷	しゃしょく	国家。朝廷。
★★★52	舎人	しゃじん	側近（＝左右《さゆう》）。食客《しょっかく》・家来。宿屋の主人。
★★53	十一	じゅういち	十分の一。
★★★54	豎子	じゅし	子供。童僕。青二才。未熟者（＝孺子《じゅし》）。※「孩提《がいてい》」は幼児。
★★★55	須臾	しゅゆ	しばらく。わずかの間。（＝暫時《ざんじ》・食頃《しょっけい》・寸陰）
★★56	春秋	しゅんじゅう	春と秋。年月。年齢。（＝星霜《せいそう》）
★★★57	書	しょ	手紙。書物。記録。文字。『書経《しょきょう》』のこと。
★★58	上	しょう	君主を指す尊称。陛下《へいか》。君《きみ》。

番号	語	読み	意味
★★★59	城	じょう	城壁をめぐらした町なか。街。（↔郭《かく》）
★60	丞相	じょうしょう	天子を補佐して政治を行う人。総理大臣。（＝宰相《さいしょう》・相国《しょうこく》）
★★★61	小人	しょうじん	人格の低いつまらぬ人間。身分の低い卑しい者。
★62	丈夫	じょうふ	一人前のしっかりした男子。
★★★63	食客	しょっかく	客分としてかかえている家来。いそうろう。（＝客《かく》・舎人《しゃじん》・門人《もんじん》）
★★★64	信	しん	うそがないこと。正直。誠実。まこと。
★★★65	仁	じん	いつくしみの心。思いやりの心。愛。儒教の最高の徳目。
★★★66	人間	じんかん	世間。世の中。人間の世界。
★★67	人事	じんじ	人間のすること。人間社会のことがら。
★★★68	寸毫	すんごう	ほんのわずかなこと。（＝一毫《いちごう》・秋毫《しゅうごう》・毫毛《ごうもう》）

番号	語	読み	意味
★★69	聖人	せいじん	知徳のすぐれた最高の人格者。堯《ぎょう》・舜《しゅん》や孔子《こうし》のことをいう。
★70	禅譲	ぜんじょう	天子が、平和裏《り》に位を有徳者に譲ること。※不徳の君主を討伐して力づくで位につくことは「放伐《ほうばつ》」、子孫が代々位をつぐことは「世襲《せしゅう》」という。
★★71	千乗国	せんじょうのくに	兵車千台を出せるほどの大諸侯の国。※「万乗国《ばんじょうのくに》」は兵車一万台を出せるほどの大国をいう。
★★72	先王	せんのう	昔のすぐれた天子。堯《ぎょう》・舜《しゅん》・禹《う》・殷《いん》の湯《とう》王・周《しゅう》の文《ぶん》王などのことをいう。
★★73	千里馬	せんりのうま	一日に千里も走るような良馬。俊才。（＝驥《き》。↔駑《ど》・駘《たい》）
★74	宗廟	そうびょう	祖先をまつったみたまや。（＝廟堂《びょうどう》）
★★★75	粟	ぞく	穀物。俸禄《ほうろく》。
★76	大丈夫	だいじょうふ	意志が強く、立派な人物。
★★77	他日	たじつ	別の日。先日。後日。（＝異日《いじつ》・異時《いじ》）※「一日《いちじつ》」はある日。
★78	断腸	だんちょう	はらわたがちぎれるほど、つらく悲しいこと。

No.	語	読み	意味
★79	誅	ちゅう	「誅《ちゅう》す」で、とがめる、責める、罰する、殺す。 ※一族を皆殺しにするのは「族《ぞく》す」。主君など目上の者を殺すのは「弑《しい》す」。
★80	忠恕	ちゅうじょ	まごころと思いやり。
★★81	朝	ちょう	天子が政務を執る所。まつりごと。「朝《ちょう》す」は参内する意。
★★82	長者	ちょうじゃ	年長者。目上の人。徳の高い人。権勢のある人。富豪。
★★83	長幼	ちょうよう	年上と年下。大人と子供。
★84	涕泗	ていし	涙と鼻汁のことであるが、「涕泗」で涙のことをいう。
★85	天年	てんねん	寿命。天寿。
★86	党	とう	村里。故郷（＝郷里《きょうり》・郷党《きょうとう》・郷関《きょうかん》）。仲間。
★★87	南面	なんめん	君主として政治をすること。（↔北面《ほくめん》）
★★★88	二三子	にさんし	おまえたち（先生が弟子に呼びかける語。＝小子《しょうし》）。弟子たち。

番号	語	読み	意味
★★★89	白頭	はくとう	白髪《しらが》あたま（＝白首《はくしゅ》・霜鬢《そうびん》）。※白髪まじりは「二毛《にもう》」。
★★90	鄙	ひ	いなか。辺境の村。素朴だ。ひなびている。いやしい。
★★91	匹夫	ひっぷ	一人の男。身分のいやしい男。道理にくらい男。つまらぬ男。
★★★92	為レ人	ひととなり	人柄。性格。天性。
★★★93	百姓	ひゃくせい	人民。庶民（＝億兆《おくちょう》・庶人《しょじん》）。多くの役人。
★★★94	布衣	ふい	平民。無位無官の者。（＝庶人《しょじん》）
★★★95	夫子	ふうし	先生。あなた。（男子・賢者・長者に対する敬称）
★★★96	不肖	ふしょう	おろかなこと。自分の謙称。
★★★97	兵	へい	武器。兵士。武力。戦争。「兵《へい》す」は殺す意。
★★98	柄	へい	権力。権限。※「政柄」は政権のこと。

★★99	病	へい	病気。苦しみ。憂い。心配。欠点。
★★100	妄言	ぼうげん	みだりなことば。いつわりのことば。（＝妄語《もうご》）
★101	方士	ほうし	方術（仙人の行う神秘的な術）を行う人。（＝道士《どうし》）
★102	方寸	ほうすん	きわめて狭い所。心。胸中。　※「尺寸《せきすん》」はわずかばかりであること。
★103	北面	ほくめん	臣下として主君に仕えること。（↔南面《なんめん》）
★★104	道	みち	道徳。道理。人としてふみ行うべき正しいあり方。（＝義） 老荘《ろうそう》思想でいう「道」は、宇宙万物の根源をなす永久不変の絶対的存在。
★105	門人	もんじん	食客。いそうろう。弟子（＝門下《もんか》）。門番（＝門吏《もんり》）。
★★★106	所以	ゆえん	理由。わけ。方法。手段。…するところのもの。…するためのもの。
★★107	予	よ	私。自称。（＝余《よ》・我《われ》・吾《われ》）
★★108	吏	り	官吏。役人。

番号	語	読み	意味
★★109	廉直	れんちょく	心が清く、私欲がなく、行いが正しいこと。（＝廉潔《れんけつ》・廉節《れんせつ》・清廉《せいれん》）
★110	陋巷	ろうこう	むさくるしい町。狭くて汚い町。
★111	楼台	ろうだい	たかどの。二階建以上の建物をいう。（＝楼《ろう》・楼閣《ろうかく》）

実戦問題

□1 ★★★ 傍線部①「於是」・②「寡人」の意味として正しいものを後の選択肢の中から一つ選べ。（獨協大）

荘《さう》辛《しん》去リテ之キレ趙ニ、留マルコト五月、秦《しん》果シテ挙ゲ二鄢《えん》、郢《えい》、巫《ふ》、上《じやう》蔡《さい》、陳《ちん》之地ヲ一、襄《じやう》王流二‐揜ス於城陽ニ一。①於是使ム三人ヲシテ発シテレ騶《すう》ヲ徴セ二荘辛ヲ於趙ヨリ一。荘辛曰ク、諾ト。荘辛至ル。襄王曰ク、②寡人不シテレ能ハ三用キルコト二先生之言ヲ一、今事至レリ二於此ニ一。為スコトレ之ヲ奈何セント。〈戦国策〉

（注）○荘辛――人名。　○鄢・郢・巫・上蔡・陳――楚に属する地方の地名。
○流揜――流亡して困窮すること。　○城陽――地名。　○騶――騎士。

①於是
1　しかし
2　そこで
3　けだし
4　やはり
5　おそらく

②寡人
1　わたし
2　あなた
3　先生
4　だれも
5　彼ら

答　①2　②1

解説　①「於是」は「ここにおいて」。読みの問題にも頻出する。「これにおいて」と読まないことが大事。意味は「乃（すなはち）」「因（よりて）」などと同義で、「そこで」。
②「寡人」は、王や諸侯の自称、謙称。「人徳の寡（すくな）い私」の意。「孤・不穀《ふこく》」も同義語である。

訳　荘辛は（楚を）去って趙に行き、滞在すること五か月で、秦が鄢・郢・巫・上蔡・陳の地を占拠し、（楚の）襄王は城陽に流亡して困窮した。そこで（襄王は）使者に騎士を付けて荘辛を趙に迎えに行かせた。（それに対して）荘辛は「承知しました」と答えた。荘辛が到着した。襄王は言った、「私は先生のご忠告を聞くことができず、とうとうこんな状態に陥ってしまった。どうすればよいだろうか」と。

★★★
□2 傍線部「故人」とはここではどういう意味か。最も適当なものを次の中から一つ選べ。（早稲田大）

八月十五日夜、禁中ニ独リ直《ちょく》シ、対レシテ月ニ憶フ二元《げん》九《きう》ヲ一

銀台金闕《けつ》夕ニ沈沈タリ

独宿相思ウテ在リ二翰《かん》林《りん》ニ一

三五夜中新月ノ色

二千里外故人ノ心〈後半略〉

（注）○元九――人の呼び名。元稹のこと。
○銀台・金闕――ともに翰林院周辺の建築物。
○翰林（院）――詔書の起草を行う宮中の役所。

イ　すでに亡くなった知人。
ロ　故事に登場する人物。
ハ　古くからの友人。
ニ　ゆえあって左遷された人。

答 ハ

解説 白居易の有名な七言律詩の前半。「故人」はここでは「元九」のことを指しており、「古くからの友人」。親友」の意である。「すでに亡くなった人」を表すことも皆無ではないが、ここでは元九は亡くなってはいない。「すでに亡くなった人」は原則は「古人」である。

訳 八月十五日夜、宮中にただ一人宿直し、月に向かって元稹を思いやる（宮中の）銀台や金闕に夜は静かにふけてゆき／（私は）ひとり宿直し君を思って翰林院にいる／十五夜、出たばかりの月の光に／二千里の彼方の旧友の心を思う／〈後半略〉

☐3 ★★★ 傍線部「須臾」の意味として最も適当なものを、次の中から一つ選べ。（学習院大）

東西《ニ》各有《リ》レ床。帳《ちやう》帷《ゐニ》設《ケ》二七宝《ノ》瓔《やう》珞《らくヲ》一、非《ズ》二世《ニ》所《ニ》レ有《ル》。左右《ノ》直、悉《ク》青衣端正《ニシテ》、都《すべテ》無《シ》二男子一。須臾《ニシテ》下《ス》二胡《ご》麻《ま》飯・山羊《ノ》脯《ほヲ》一。甚《ダ》美《ナリ》。〈蒙求〉

（注）○瓔珞――玉に糸を通して作った首飾り。　○脯――干し肉。

1　すぐに　2　むりやり　3　うれしくて　4　張り切って

☐4 ★★★ 二重傍線部「異」はどのような意味で用いられているか。次の中から一つ選べ。（山口大）

九月二十八日、因《リテ》下坐《シテ》二法華《ノ》西亭《ニ》一、望《ムニ》中西山《ヲ》上、始《メテ》指《サシテ》異《トス》レ之《ヲ》。〈始得西山宴游記〉

（注）○法華――寺の名。

ア　危険である。　イ　安全である。
ウ　平凡である。　エ　非凡である。

答 1

解説 「須臾《しゅゆ》」は、ごくわずかな時間のことをいう。「食頃《しょっけい》」もほぼ同義語。「寸陰」もわずかな時間をいう。

訳 東西にそれぞれ寝台が置いてある。（その周りに）垂らした幕には七宝で作った首飾りがしつらえてあって、この世のものとは思えないくらい見事なものであった。傍らにいる召し使いは、全員青い衣服を着てきちんとしており、男は一人もいない。すぐにごまをまぜて炊いたご飯とやぎの干し肉が出された。非常に美味であった。

答 エ

解説 「異とす」「奇とす」には、「非凡であると見る。すぐれていると見る」の意がある。

訳 九月二十八日、法華寺の西の亭《あずまや》に座って、西山を眺めて、指さしながらこの山をすばらしいと思った。

★★ □ **5** 傍線部(ア)「政柄」・(イ)「為レ人」の意味として最も適当なものを、次の各群の中から一つずつ選べ。 （センター）

及ビ二仲寝ヌルニレ疾ニ、桓《くわん》公《こう》詢《はか》ルニ以テシ二(ア)政柄ノ所ヲレ属《しよく》スル、且ツ問フ二鮑《はう》叔《しゆく》之(イ)為リヲレ人ト。対ヘテ曰ハク、「鮑叔ハ君子也。千乗之国モ、不レバレ以テセ二其ノ道ヲ一、予《あた》フルモ之ヲ不ルレ受ケ也。雖モレ然リト、其ノ為リハレ人ト好ミテレ善ヲ而悪《にく》ムコトレ悪ヲ已‐甚《はなはだ》シク、見レバ二一悪ヲ一、終身不レ忘レ、不レ可カラ二以テ為スレ政ヲ。」 〈千百年眼〉

（注）○仲――斉の宰相。管仲《かんちゆう》。 ○桓公――斉の君主。
○鮑叔――春秋時代の斉の重臣。管仲との交友関係は「管鮑の交わり」として知られる。
○千乗之国――兵車千両を出すことのできる大国。

(ア)政柄
① 政局の行方
② 政界の利権
③ 政権の委譲
④ 政治の実権
⑤ 政策の是非

(イ)為レ人
① 評判
② 実績
③ 習癖
④ 短所
⑤ 性格

答 (ア)④ (イ)⑤

解説 「政柄」の「柄」には「権力」の意がある。法家の思想家韓非《かんぴ》子《し》の言う「二柄」は、アメとムチつまり「賞」「罰」の二つの「権限」のことをいう。この場合、病に倒れた宰相にかわって「政柄」を「属す（＝まかせる）」べき人物について尋ねているという文脈からも類推したいところ。
「人となり」は日本語としても通用している語である。

訳 管仲が病に伏した時、斉の桓公は（管仲に）政治の実権を委ねるべき人物について相談し、さらに鮑叔の人柄について尋ねた。（管仲が）答えて言うには、「鮑叔は徳を備えた立派な人物です。（兵車千両を出すことのできるような）大国でも、大義にはずれていれば、これを与えたとしても受け取ろうとはしません。しかしながら、鮑叔の人柄は善行を好んで悪事を憎み嫌う心が甚だしく、一つの悪事を見れば、一生忘れない、（不正を嫌うあまり、融通のきかない人物であるので、）政治を行うことはできません」と。

□6 傍線部「器」の意味として最も適当なものを、次の①～⑤のうちから一つ選べ。（センター）

白《はく》敏《びん》中《ちゆう》在リシトキ二郎《らう》署《しよ》ニ一、未ダレ有ラ二知ル者一。唯ダ李《り》衛《ゑい》公《こう》ノミ器トシレ之ヲ、多シレ所二延誉スル一。〈唐語林〉

（注）○郎署――宮中に宿衛する官吏の役所。　○延誉――ほめて評判を広める。

① 部下として働かせる
② 教養を身につけさせる
③ 器用なところを認める
④ 才能を高く評価する
⑤ 容姿が気にいる

□7 傍線部(1)「何則」・(2)「不レ敵」の意味として最も適当なものを、後の各群の中から一つずつ選べ。（センター）

「草食之獣ハ、不レ疾《にく》マレ易《か》フルヲレ藪《やぶ》ヲ。水生之虫ハ、不レ疾マレ易フルヲレ水ヲ。行フモ二小変ヲ一而不ルレ失ハ二其ノ大常ヲ一也ト。」知ルレ此レヲ者ハ可シ二以テ用フ一レ兵ヲ矣。(1)何トナレバ則チ、夫レ用フルレ兵ヲ之法ハ、有リ二所謂《いはゆる》常一、有リ二所謂変一。什《じふ》ナレバ則チ囲ミレ之ヲ、伍《ご》ナレバ

答 ④

解説 名詞としての「器」には「才能。器量。人物の大きさ」の意がある。動詞「器とす」は「立派な才能の持ち主であると認める」の意。

訳 白敏中が郎署に勤めていた頃、まだ彼の能力を知る者はいなかった。ただ李衛公だけが彼の才能を高く評価し、機会あるごとに彼をほめてその評判を広めた。

答 (1)⑤　(2)③

解説 (1)「何となれば則ち」は、「則ち」には訳すほどの意味はなく、「何となれば（＝なぜならば）」に意味がある。
(2)「敵せざれば」は語そのものが重要単語ではないので、文脈から考える。直前の「什

訳 （『荘子』に）「草食動物は、自分の棲む草むらを変えることを厭わない。水棲動物は、自分の棲む水の場所を変えることを厭わない。（なぜかといえば、棲む場所を変えるという）小さな変化があったとしても（草を食べ水に棲むという）根本原理が失われることはないか

則チ攻メレ之ヲ、不レバ敵セ則チ逃《のが》ルルハレ之ヲ、兵之所謂常也。〈淮海集〉

(2)は「不レ敵」の箇所を示す。

（注）○草食之獣、不レ疾レ易レ藪——草食動物は、自分の棲《す》む草むらをかえることを厭《いと》わない、の意。
○水生之虫——水棲《すいせい》動物。
○什則囲レ之、伍則攻レ之——自分の軍勢が敵の十倍であれば敵を包囲して降服させ、五倍であれば攻撃して破る、の意。

(1) 何則
① どれほどかといえば
② どちらにせよ
③ 何になるかといえば
④ 何となく
⑤ なぜかといえば

(2) 不レ敵
① 相手が弱敵でなければ
② 相手に敵意を持たなければ
③ 相手に匹敵しなければ
④ 相手が宿敵でなければ
⑤ 相手が敵対しなければ

則囲之、伍則攻之」についている（注）と並べて見れば、自分の軍勢が「敵せざれば」逃げるのが常道だ、と言っているのであるから、「かなわないとわかっていれば」のような意味が必要である。

らだ」とある。このことを知っている者は兵を動かすことができる。なぜかといえば、そもそも兵を動かす方法には、いわゆる常（不変不動の要素）と、いわゆる変（変化変動する要素）がある。味方の軍勢が敵の十倍なら敵を包囲して降服させ、五倍であればこれを攻撃してうち破り、かなわない時には退却するというのは、用兵のいわゆる常である。

★□8 次の文は、筆者が飼っていたラバについて述べたものである。傍線部「四体」の意味として最も適当なものを、次の①～⑤のうちから一つ選べ。（センター）

色《ハ》純黒、高《サ》五尺、甚《ダ》痩《やセタリ》。雖《モ》下加《ヘテ》二芻《すう》豆《とうヲ》一飼《フト》上之《ヲ》不《ル》レ肥《エ》也。然《レドモ》力《ハ》甚《ダ》堅勁《けい》、日《ニ》行《キ》二百余里《ヲ》一、雖《モ》レ竟《をフト》レ月《ヲ》不レ疲《レ》。性極《メテ》霊、上二下《シ》岡《かう》坂《はんヲ》一、宜《よろシク》レ左《スルニ》宜《シク》レ右《スルニ》、不《ルコト》レ待《タ》二攬《とルニ》以《テスルヲ》レ轡《たづなヲ》、真《ニ》如《キ》二四体之不《シテ》レ言而喩《さとルガ》一也。

〈簷曝雑記〉

（注）○芻豆――飼料用のほし草と豆。　○里――長さの単位。一里は約六〇〇メートル。

① 手足
② 首尾
③ 腹背
④ 耳目
⑤ 心肺

答 ①

解説 「四体」は「頭・胴・手・足」の「全身」のことをいうこともあるが、「四肢（四支）」と同じで「両手両足」のことをいうこともある。

訳 色は真っ黒で、高さは五尺あり、ひどく痩せていた。ほし草と豆を加えて飼育したが太らなかった。しかし力ははなはだ屈強で、一日に百里余りも進み、ひと月が過ぎても疲れを知らない。生まれつきたいそう賢くて、坂道を上り下りし、左折するも右折するも自由自在で、操るのに手綱を取るまでもなく、まったく（自分の）手足が命じなくても意のままになるのと同じであった。

★□ **9** 次の文章は母及び兄と財産を争った李三《りさん》という男に対する訴訟の判決文の一節である。文中の傍線部「小人」の意味を記せ。（二松學舍大）

原《たづヌレバ》二李三之心《ヲ》一、亦《タ》特《たダ》因《リテ》二財利之末《ニ》一、起《コスノミ》二紛争之端《ヲ》一。小人見《テ》レ利《ヲ》而不レ見レ義《ヲ》、此《レ》亦《タ》其《ノ》常態耳。恕《ゆるシ》二其《ノ》既往之愆《あやまチヲ》一、開《キ》二其《ノ》自新之路《ヲ》一、他時心平《ラカニ》気定《マレバ》、則《チ》天理未《ダ》二必《ズシモ》不《ンバアラ》レ還《ラ》、母子兄弟、未《ダ》三必《ズシモ》不《ンバアラ》二復《スルコト》如《クナラ》レ初《メノ》也。

〈名公書判清明集〉

答 **人格の低いつまらぬ人間**

解説 「君子」の対義語としての語。人徳や器量の劣った小人物をいう。「身分の低い人民、庶民」のことや、状況によっては「背の低い人」のことをいうこともある。

訳 李三の心中を推測するに、やはりただわずかな財産にこだわったことが、この紛争の発端となったのであろう。人格の低いつまらぬ人物は利益には目を向けて礼儀には目を向けないもので、これまた人格の低いつまらぬ人物のいつもの姿であるにすぎない。李三がすでに犯した過ちを許してやり、李三が自分から新たな道を切り開いて、いずれ精神状態が落ち着いたら、天の道理が必ずしも彼の許に帰ってこないとは限らず、母子兄弟の関係が、必ずしも昔どおりに戻らないということもあるまい。

第3章 ▼重要語 21 意味の重要語

文学史

李白・杜甫・白居易などの唐代の詩人と唐宋八大家がポイント！

★ 詩経《しきょう》

紀元前一〇〇〇～六〇〇年頃の歌を集めた、**中国最古の詩集**。

★ 楚辞《そじ》

長江流域の楚《そ》の地方の歌謡集。**屈原**《くつげん》の「漁父辞《ぎょほのじ》」などが有名。

★★ 陶淵明《とうえんめい》

東晋《しん》の時代の**田園詩人**・文人。「帰去来辞《ききょらいのじ》」「桃花源記《とうかげんのき》」など。

★★★ 李白《りはく》

盛唐の詩人。自由奔放な天才肌の詩人で、「**詩仙**《しせん》」と呼ばれる。

★★★ 杜甫《とほ》

盛唐の詩人。憂愁・憂国の詩人で、「**詩聖**《しせい》」と称えられている。

★★ 王維《おうい》

盛唐の詩人。穏やかな詩風の自然詩人で、「**詩仏**《しぶつ》」と呼ばれる。

★ 孟浩然《もうこうねん》

盛唐の詩人。王維・韋応物《いおうぶつ》・柳宗元《りゅうそうげん》とともに**自然詩人**として知られる。

★★★ 白居易《はくきょい》

中唐の詩人。字《あざな》は**楽天**《らくてん》。社会を諷刺した平易な古詩を得意とした。

★★★ 白氏文集《はくしもんじゅう》

白居易の詩文集。「**長恨歌**《ちょうごんか》」などで、日本の文学にも大きな影響を与えた。

★★ 韓愈《かんゆ》

中唐の詩人。**柳宗元**とともに**古文復興**を唱えた文章家としても著名。

★ 杜牧《とぼく》

晩唐の代表的詩人。**李商隠**《りしょういん》とともに「晩唐の李杜」と呼ばれる。

★ 四六駢儷文《しろくべんれいぶん》

六朝～唐代に流行した、対句《ついく》や典故《てんこ》を多用する**美文調の文章**。

★★★ 古文復興《こぶんふっこう》

内容・思想を重んじて、**前漢以前の古文に戻る**ことを主張した運動。

★★★ 唐宋八大家《とうそうはちたいか》

韓愈・**柳宗元**・**欧陽脩**《おうようしゅう》・**蘇軾**・**王安石**《おうあんせき》などの、八人の古文の名文家。

★★ 蘇軾《そしょく》

宋代を代表する詩人・文章家。字は**東坡**《とうば》。父洵《じゅん》・弟轍《てつ》も八大家である。

★ 白話小説《はくわしょうせつ》

『三国志演義《さんごくしえんぎ》』『西遊記《さいゆうき》』『水滸伝《すいこでん》』などの、**口語**で書かれた小説。

第4章 CHAPTER

漢《かん》詩《し》

PARAGRAPH

22

漢詩の決まり

漢詩の決まり

COMMENT

漢詩の決まりの出題のポイントは、偶数句末の空欄の「押韻」の問題！

1 漢詩の形式（詩形）

□1 漢詩は一句の字数と、全体の句数で、次のような種類がある。

絶《ぜっ》句《く》 ｛ 一句が五文字で、四句で構成……［1 ★★］／一句が七文字で、四句で構成……［2 ★★］

律《りっ》詩《し》 ｛ 一句が五文字で、八句で構成……［3 ★★］／一句が七文字で、八句で構成……［4 ★★］

古《こ》詩《し》 ｛ 一句が五文字で、句数に制限なし…［5 ★★］／一句が七文字で、句数に制限なし…［6 ★★］

※一句が五文字のことを［7 ★★］といい、七文字のことを［8 ★★］という。

◆古詩には「四言《しごん》」のものなどもあるが、覚える必要はない。

◆古詩は、句数に制限はないが、必ず偶数句である。

2 漢詩の構成

□1 漢詩は常に［1 ★］でひとまとめで、奇数句末で「、」、偶数句末で「。」。

←正解

(1) 五言絶句《ごごんぜっく》
(2) 七言絶句《しちごんぜっく》
(3) 五言律詩《ごごんりっし》
(4) 七言律詩《しちごんりっし》
(5) 五言古詩《ごごんこし》
(6) 七言古詩《しちごんこし》
(7) 五言
(8) 七言

(1) 二句

□**2** 絶句の構成…各句は次のように呼ぶ。一句の中の語の構成は、五言では「二・三」、七言では「二・二・三」と区切れるのが原則である。

○○○○○、……(2 ★★)句…歌い起こす。
○○○○●。……(3 ★★)句…第一句の内容を承《う》ける。
○○○○○、……(4 ★★)句…前半の感じを一転させる。
○○○○●。……(5 ★★)句…全体をまとめて結ぶ。

□**3** 律詩の構成…律詩は、二句をひとまとめにして「聯《れん》」と呼び、各聯は次のように呼ぶ。

○○○○○○●、
○○○○○○●。……(6 ★)聯

○○○○○○○、
○○○○○○●。……(7 ★)聯…対句《ついく》にしなければならない

○○○○○○○、
○○○○○○●。……(8 ★)聯…対句にしなければならない

○○○○○○○、
○○○○○○●。……(9 ★)聯

◆●は押韻《おういん》する字である。
◆各聯の構成は、絶句の「起承転結《きしょうてんけつ》」とほぼ同じ形である。

(2) 起《き》 (3) 承《しょう》 (4) 転《てん》 (5) 結《けつ》

(6) 首《しゅ》 (7) 頷《がん》 (8) 頸《けい》 (9) 尾《び》

3 対《つい》句《く》

□ **1** 次のように、語の構成が同じ二句を［1 ★★］という。

	S	V	S	V
	国	破レテ	山河	在リ
	城	春ニシテ	草木	深シ

国破《くにやぶ》れて　山河《さんが》在《あ》り

城春《しろはる》にして　草木深《さうもくふか》し

※対句になるのは、原則として隣り合った奇数句・偶数句（例えば第一句と第二句のように）である。

□ **2** 律詩では［2 ★］聯（第三句と第四句）、［3 ★］聯（第五句と第六句）は対句にしなければならない決まりである。

□ **3** 律詩の［4 ★］聯（第一句と第二句）、［5 ★］聯（第七句と第八句）は対句にしなければならない決まりはないが、対句にしてもかまわない。

□ **4** 四句しかない［6 ★］には、対句を作らなければならないという決まりはないが、対句があってもかまわない。

□ **5** 古詩にも［7 ★★］はあるが、どの位置でという決まりはない。

4 押《おう》韻《いん》（韻をふむ）

□ **1** 決められた位置で、母音《ぼいん》の響きをそろえる決まりを［1 ★★］という。

正解

3 (1) 対句
(2) 頷　(3) 頸
(4) 首　(5) 尾
(6) 絶句
(7) 対句

4 (1) 押韻

□**2** 五言の詩では、[2★★★]句の末尾字が押韻する。
七言の詩では、第一句末と[2★★★]句末の字が押韻する。

〈五言〉
○○○○○
○○○○●
○○○○○
○○○○●

〈七言〉
○○○○○○●
○○○○○○●
○○○○○○○
○○○○○○●

●…押韻する字

（例）
渡リレ水ヲ復《ま》タ渡リレ水ヲ
看レ花ヲ還《ま》タ看ルレ花ヲ　kȧ
春風江上ノ路《みち》
不レ覚エ到ル二君ガ家ニ一　kȧ

水《みづ》を渡《わた》り復《ま》た水《みづ》を渡《わた》り、
花《はな》を看《み》還《ま》た花《はな》を看《み》る。
春風江上《しゆんぷうかうじやう》の路《みち》、
覚《おぼ》えず君《きみ》が家《いへ》に到《いた》る。

□**3** 五言の詩でも第一句末が押韻している場合もある。一方、七言の詩でも第一句末が押韻していない場合があり、これを[3★]という。

□**4** 五言・七言の押韻のしかたは、絶句・律詩だけでなく、古詩の場合も同じであるが、古詩の場合、全体を通して同じ韻でそろえる「一韻到底《いちいんとうてい》」の形と、段落で韻の種類を変える[4★]の形とがある。

(2) 偶数
(3) 韻のふみ落とし
(4) 換韻《かんいん》

実戦問題

★★ □ **1** 次の詩を読んで、後の問いに答えよ。

① 十月鷹出《テ》レ籠《かごヲ》、
② 草枯《レテ》雉《ち》兎《と》肥《ユ》。
③ 下《リテ》レ韝《こうヨリ》随《したがヒ》二指顧《ニ》一、
④ 百擲《てきシテ》無《シ》二一［A］一。
⑤ 鷹《ノ》翅《つばさ》疾《はやキコト》如《ク》レ風《ノ》、
⑥ 鷹《ノ》爪《つめ》利《するどキコト》如《シ》レ錐《きりノ》。
⑦ 本為《なり》二鳥《ノ》所《ト》レ設《クル》、
⑧ 今為《ル》二人《ノ》所《ト》レ資《スル》。
⑨ 孰《カ》能《ク》使《メン》二之《ヲシテ》然《ラ》一、
⑩ 有《リ》二術《ノ》甚《ダ》易《やすキ》レ知《リ》。
⑪ 取《リ》二其《ノ》向背《ノ》性《ヲ》一、
⑫ 制《スルハ》在《リ》二飢飽《ノ》時《ニ》一。
⑬ 不レ可《カラ》レ使《ム》二長《ク》飽《カ》一、
⑭ 不レ可《カラ》レ使《ム》二長《ク》飢《エ》一。
⑮ 飢《ウレバ》則《チ》力不レ足《ラ》、
⑯ 飽《ケバ》則《チ》背《キテ》レ人《ニ》飛《ブ》。
⑰ 乗《ジテ》レ飢《エニ》縦《ゆるシ》二搏《はく》撃《スルヲ》一、
⑱ 未《ダ》レ《ルトキ》飽《カ》須《ク》《シ》二縶《ちふ》維《ゐス》一。
⑲ 所《ゆ》以《ゑニ》爪《さう》翅《しノ》功《アルモ》、
⑳ 而人坐《ざシテ》収《ム》レ之《ヲ》。

（センター）

答 問1 ②　問2 ③

解説 五言詩であるから、偶数句の末尾字が押韻する。④句目の空欄以外の偶数句末を音読みしてみると、
②肥（hi）⑥錐（sui）
⑧資（shi）⑩知（chi）
⑫時（zi）⑭飢（ki）
⑯飛（hi）⑱維（i）
⑳之（shi）㉒斯（shi）
㉔師（shi）
つまり「イ（i）」という母音で押韻していることがわかる。
選択肢は、
❶中（chū）❷遺（i）
❸敗（hai）❹至（shi）
❺失（shitsu）
可能性があるのは❷の「遺」と❹の「至」であるが、「至」らないのでは文脈に合わない。「遺」は「のこす。もらす」の意。

訳 ①十月に鷹は籠から出され、②草は枯れてきじやうさぎはまるまると太ってきた。③(鷹は)革具から下りて(鷹匠の)指示に従い、④百回放って一度の失敗もない。⑤鷹の翼は風のように速く、⑥その爪は錐のように鋭い。⑦(鷹の翼や爪は)もともと鷹自身のために備えられているものなのに、⑧今では人の役に立てられている。⑨誰が鷹をそのようにさせることができるのか、⑩そのやり方を知るのはとても簡単である。⑪鷹の時には従順で時には反抗的な性質を利用して、⑫空腹時か満腹時かによって操りわけるのである。⑬長く満腹の状態にさせてはいけないし、⑭長く空腹の状態にさせて

㉑ 聖明ノ馭《ぎよ》スル二英雄ヲ一、　㉒ 其ノ術モ亦《また》如シレ斯《かく》ノ。

㉓ 鄙《ひ》語不レ可カラレ棄《す》ツ、　㉔ 吾聞ケリ二諸《これ》ヲ猟師ニ一。

〈白居易「放鷹」〉

（注）○鞲——鷹を止まらせるために腕につける革具。　○指顧——指示。
○擲——投げ放つ。　○搏撃——襲いかかる。　○縶維——つなぐ。

問1　空欄［A］に入る語として最も適当なものを、次の❶～❺のうちから一つ選べ。

❶ 中　❷ 遺　❸ 敗　❹ 至　❺ 失

問2　この詩の中には対句が用いられている。次の組合せの中から双方とも対句であるものを選ぶとすれば、どれが適当か。❶～❺のうちから一つ選べ。

❶ ①②と⑪⑫
❷ ⑤⑥と⑮⑯
❸ ⑦⑧と⑬⑭
❹ ⑬⑭と⑮⑯
❺ ⑰⑱と㉑㉒

古詩であるため対句の位置に決まりはないが、⑤と⑥、⑦と⑧、⑬と⑭はそれぞれ対句である。⑮と⑯は上の二字の形は対句のようであるが、下の二字の形が異なる。

もいけない。⑮（なぜなら）空腹だと獲物を捕る力が足りないし、⑯満腹だと人の命令を聞かずに飛び去ってしまうからだ。⑰（だから）空腹時を利用して獲物に襲いかからせ、⑱満腹時にはつなぎ止めておくのがよい。⑲そのようなわけで鷹に翼や爪をもつという利点があっても、⑳人は座ったままで鷹を支配できるのだ。㉑立派な君主が英雄を意のままに動かす、㉒その方法もやはりこれと似ている。㉓俗世間で言われている言葉も聞き捨てるべきではない、㉔私はこの話を猟師から聞いたのである。

★★□ 2 次の詩の詩形と押韻している文字をそれぞれ答えなさい。〈福岡女子大〉

鏡与レ人倶ニ去リ　鏡帰シテ人未ダレ帰セ
無ク二復タ姮《こう》娥《が》ノ影一　空シク留ム二明月ノ輝キヲ一

〈太平広記〉

（注）○姮娥――月中に住むという仙女。

★□ 3 次の詩を読んで、後の問いに答えよ。〈佐賀大〉

縛ルレ鶏ヲ行《うた》　杜甫

小奴縛リレ鶏ヲ向カヒテレ市ニ売ル
鶏被ルルコトレ縛ラ急ニシテ相喧《けん》争ス
家中厭《いと》フモ三鶏ノ食ラフヲ二虫蟻《ぎ》ヲ一
不レ知ラ鶏ノ売ラルレバ還《ま》タ遭《あ》フヲレ烹《に》ラルルニ
虫鶏於イテレ人ニ何ゾ厚キト薄キトアランヤ
吾叱《しっ》シテ二奴人ヲ一解カシム二其ノ□ヲ一
鶏虫ノ得失無シ二了《をは》ル時一
注ギテ二目ヲ寒江ニ一倚《よ》ル二山閣ニ一

〈杜詩詳注〉

答 五言絶句／帰・輝

解説 五言詩は偶数句末が押韻する。

答 問一 七言古詩　問二 李白・王維・孟浩然（白居易など）　問三 縛

解説 全体が八句であるが、第三・四句、第五・六句が対句になっておらず、前半と後半で押韻も異なっているので律詩ではなく、古詩と判断する。

□は、第八句末の「閣（kaku）」と同じ響きが必要なので、「迫」「柵」「縛」のうちのどれかである。

問二は盛唐という条件はないので、中唐の

訳 鏡と人とはともに去り、（今）鏡は（自分のもとに）帰って来たが愛する人はまだ帰って来ない。もはや鏡には姮娥（つまり妻）の姿は無く、むなしく満月の光が映っているだけだ。

訳 鶏《にわとり》を縛《しば》る行《うた》　杜甫

童僕が鶏を縛って市場に売りに行こうとする／鶏はきつく縛られて騒ぎ立てている／家族が鶏が虫や蟻を食べてしまうことを嫌ったからなのだが／鶏は売られてしまえば煮て食べられてしまうことに気づいていない／虫も鶏も人から見れば、どちらが親しく、どちらが疎遠だということはない／童僕を叱りつけて鶏の縄をほどかせた／だが、鶏を助けた方がよいのか、虫を助けた方がよいのか、この議論に終わりはない／（結論が出せず）私は山沿いの二階屋から寒々とした川の流れを眺める

（注）○奴――使用人。　○厚薄――人間に対する親しさと疎遠さ。
○鶏虫得失――鶏と虫についての利害損得、優劣など。
○寒江――寒々とした川。ここでは長江を指す。
○山閣――当時杜甫が住んでいた山沿いの二階屋。

問一　この詩形は何か。漢字で答えよ。
問二　作者杜甫と同じ唐代の詩人を三人、漢字で記せ。
問三　空欄に入る最も適当な漢字を次の中から一つ選べ。
　虫　走　迫　柵　迷　倉　縛　競　鶏

□4 ★★★ 空欄[A]に入る語とその読み方として最も適当なものを、次の①～⑥のうちから一つ選べ。（センター）

欲《シ》レ下《サント》二丹青《ノ》筆《ヲ》一、先《まヅ》拈《とル》二宝鏡《ノ》端《ヲ》一。
已《ニ》驚《ク》顔《ノ》索《さく》寞《ばくタルニ》、漸《やうやク》覚《ユ》鬢《びんノ》凋《てう》残《ざんスルヲ》。
涙眼描《キ》将《ゆクコト》易《ク》、愁腸写《シ》出《ダスコト》[A]。
恐《ル》二君《ノ》渾《すベテ》忘却《センコトヲ》一、時《ニ》展《ひろゲテ》二画図《ヲ》一看《ヨ》。
〈雲渓友議〉

（注）○凋残――衰えて抜け落ちる。

①痛　いたし　②難　かたし　③哀　かなし
④寂　さびし　⑤辛　つらし　⑥安　やすし

白居易・韓愈や、晩唐の杜牧などでも可。

ばかりだ。

答 ②

解説 五言律詩であるから、偶数句末が押韻するはずであるから、二・四・八句末の字を音読みしてみる。「端（tan）」「残（zan）」「看（kan）」と同じ「an」になるのは、選択肢では、②「難」と⑥「安」。第五句末の「易」と意味上対語になることから判断すると、答えは「難」である。

訳 絵の具をつけて絵筆を下ろそうとして／まず鏡の端を手にとった／すぐに鏡の中の自分の顔の寂しさに驚き／やがて髪が衰えて抜け落ちることを感じた／涙を流す私の眼は描きやすいが／憂いに沈んだ心を描くことは難しい／あなたがすべてを忘れ去ってしまうことを恐れます／時々はこの画を広げてご覧ください。

☐5 ★★ 傍線部「一片白雲数点□」について、(a)空欄に入る語と、(b)この句全体の解釈との組合せとして最も適当なものを、次の①〜⑤のうちから一つ選べ。

（センター）

我来リテ二揚子江頭ニ一望メバ
一片ノ白雲数点ノ□
安クンゾ得ン丁置キ二身ヲ天柱ノ頂ニ一
倒《さかしまニ》看ルヲ丙日月ノ走ルヲ乙人間ヲ甲

〈竹葉亭雑記〉

① (a)淡——(b)白い雲の切れ間から数本の淡い光が差し込んでいる。
② (a)楼——(b)空の片隅に浮く白い雲と幾つかの建物が見えている。
③ (a)雨——(b)白い雲が空一面に広がり雨がぽつぽつと降り始める。
④ (a)山——(b)ひとひらの白い雲と幾つかの山があるばかりである。
⑤ (a)鳥——(b)空には一つの白い雲が漂い数羽の鳥が飛んでいる。

☐6 ★★★ 傍線部「姑自□」について、(i)空欄に入る語、(ii)その解釈として最も適当なものを、次の各群の①〜⑤のうちからそれぞれ一つずつ選べ。

（センター）

答 ④

解説 七言絶句であるから、第一句末と偶数句末が押韻するはずであるが、「望（bou）」は韻のふみ落としになっている。しかし、偶数句末は絶対に押韻するので、「間（kan）」と合致するのは、①の「淡（tan）」と④の「山（san）」。「望」の方に合わせて考えてはいけない。①は、「数点の淡」を「数本の淡い光」と解釈するのは、「一片の白雲」の情景から考えて無理がある。

訳 私が揚子江のほとりにやって来て遠くを眺めやると／ひとひらの白い雲と幾つかの山があるばかりである／我が身を天柱のいただきに置いて／太陽や月が人間界を巡るのを逆に上から眺めることができたらなあ。

答 (i)④　(ii)①

解説 七言絶句であるから、第一句・第二句末の「遺（i）」「斯（shi）」と同じ「イ（i）」になるのは、(i)の中ではズバリ④の「欺（gi）」

訳 銅雀台のあった跡は建物も崩れて何も残っていない／（なのに）その遺跡の瓦で作ったという硯がどうしてこんなに多く出回るのか／文士というものはたいがい珍奇な物

銅《どう》雀《じゃく》台《だい》ノ址《あと》頽《くづ》レテ無レシ遺《のこ》ス
何ゾ乃チ剰《じょう》瓦《が》ノ多キコト如レクナラン斯クノ
文士例《おほむね》有リ二好ムノレ奇ヲ癖一
心ニ知ルモ二其ノ妄ナルヲ一姑《しばら》ク自ラ□

〈閲微草堂筆記〉

（注）○銅雀台――魏《ぎ》の曹操が築いた展望台。この建物の瓦《かわら》を用いて作った硯《すずり》がもてはやされた。

(i)
① 愉
② 娯
③ 詐
④ 欺
⑤ 虚

(ii)
① とりあえず自分の心をごまかすのである。
② そのうちに自然と愛着がわいてくるのである。
③ やがて自分も他人をだますのである。
④ 時とともに自然と執着心がなくなるのである。
⑤ ともかく自分の趣味を楽しむのである。

のみ。あとは、①「愉(yu)」②「娯(go)」⑤「虚(kyo)」なのであてはまらない。
(i)が「欺(あざむく)」であれば、(ii)は①か③であるが、「姑《しばら》く自《みずか》ら」から考えて、③の「他人をだます」は無理がある。

をありがたがる癖がある／心中うそだとわかっていても、とりあえず自分の心をごまかすのである。

★□7 次のAの漢詩とBの注釈を読んで、後の問いに答えよ。〈宮城教育大〉

A　照《ラシテ》レ鏡《ニ》見《ル》二白髪《ヲ》一　張《ちやう》九《きう》齢《れい》

宿昔青雲《ノ》志　蹉《さ》跎《たタリ》白髪《ノ》[a]

誰《カ》知《ラン》明鏡《ノ》裏《うち》　b 形影自相憐

B　照《ラシテ》レ鏡《ニ》始《メテ》見《ル》二白髪《ヲ》一、愕《がく》然《ぜんトシテ》已《ニ》嘆《ズ》二夙《しゆく》志《しノ》不《ルヲ》レ成《ラ》。無《ケレバ》二人《ノ》知《ル》レ之《ヲ》者一、c 則《チ》為《ニ》レ我《ガ》相憐《レム》者《ハ》惟《ダ》我耳。鏡中之影却《かへッテ》傷レ我《ヲ》也。〈唐詩選箋註〉

（注）○宿昔――むかし。　○蹉跎――つまずく。　○形影――自分の姿と鏡に映った自分の姿。
○愕然――びっくりするさま。　○夙志――若いころの志。

(一) (1)空欄aにふさわしい文字、及び(2)傍線の部分cの「傷」の読み方としてふさわしいものを次の中から選べ。

(1) ア 苦　イ 新　ウ 嘆　エ 年　オ 老

(2) ア いたむ　イ きずつく　ウ そこなう
エ そしる　オ やぶる

(二) 傍線の部分bの意味を、注釈Bを踏まえて分かりやすく説明せよ。

答 (一)(1)エ　(2)ア
(二)鏡に映った自分の姿は、まるで私を憐れんでいるようだ。

解説 五言絶句であるから、[a]に入るのは第四句末の「憐（ren）」と同じ響きになる、エの「年（nen）」しかない。

傍線部bは、Bの注釈では「鏡中の影却って我を傷むなり」と説明している。

訳 A 鏡に映して白髪を見る　張九齢

昔は大きな夢を抱いたものであったが／すっかりつまずいて（いつのまにか）白髪の年となった／誰が知ろう、自分と鏡に映った／自分とが互いに憐れみあうことになろうとは。

B ある日初めて鏡に映る白髪を見て、もう既に若い頃の志が達成できなかったことを知り愕然として嘆息した。自分が既に年老いたことを知る者はいないので、自分を憐れむ者はただ自分のみである。鏡に映る自分の姿が私自身を憐れむのである。

★★ □8 次の詩を読んで、後の問いに答えよ。（東京大）

題ス二帰夢ニ一　李《り》賀《が》

長安風雨ノ夜　書客夢ム二昌谷ヲ一

怡《い》怡《い》タル中堂ノ笑ヒ　少弟裁ツ二澗《かん》菉《ろく》ヲ一

家門厚重ノ意　望ム三我ガ飽カシムルヲ二飢腹ヲ一

労労タリ一寸ノ心　灯花照ラス二魚目ヲ一

（注）○李賀――中唐の詩人。　○書客――科挙の受験生。　○昌谷――李賀の故郷。
○怡怡――なごやかなさま。　○中堂――居間。　○澗菉――谷川のこぶなぐさ。
○灯花――灯心の燃えかすが花のようになったもの。
○魚目――魚の目はつぶらないことから、眠れない目をいう。

㈠ 第三句「怡怡中堂笑」にはどういう情景がうたわれているか、具体的に説明せよ。

㈡ 第五・六句「家門厚重意　望三我飽二飢腹一」を平易な現代語に訳せ。

㈢ この詩が作られたときの詩人の境遇と心境について説明せよ。

答 ㈠作者の故郷昌谷の家の居間で、家族がなごやかに笑いながら団らんしている情景。
㈡家族は私が科挙に合格して出世して、家族を養ってくれるようになることを大いに期待している。
㈢故郷を離れ、長安の都で科挙の受験勉強に励む作者が、望郷の想いにかられながらも、家族の期待に重圧を感じ、夜も眠れないような心境でいる。

解説 ㈠は「怡怡」「中堂」の（注）を活かす。
㈡は、第六句が、第五句の「家門」の「厚重の意」の具体的内容になっている。
㈢は、境遇は「故郷を離れていること」と「科挙の受験生であること」、心境は「望郷の想い」と「家族の期待に対する重圧」、以上の四点に言及する。

訳 故郷に帰る夢を見て　李賀
長安で風雨の夜に／科挙の受験生である私は故郷の昌谷を夢に見た／（家族は皆）なごやかに居間で笑い／弟は谷川のこぶなぐさを摘んでいる／――／――／その期待の重さに）私の小さな心は疲れきっている／燃えかすが花のように溜まった灯心が眠れない私の目を照らしている。

索引

INDEX

※この索引には、本書の第1章・第2章の「POINT」に掲載された重要な知識・句法と第3章の重要語をまとめています。

第1章 CHAPTER 1 訓読

第01節 返り点

レ点		13
一二点・一二三点		13
上下点・上中下点		15
甲乙点・甲乙丙丁点		15

第03節 置き字

而		27
於・于・乎		27
矣・焉・也		27
兮		27

第04節 再読文字

未二……一	いまダ…セず	29
将二……一	まさニ…セントす	29
当二……一	まさニ…スベシ	31
応二……一	まさニ…スベシ	31
宜二……一	よろシク…スベシ	31
須二……一	すべかラク…スベシ	33
猶二……一	なホ…ノ［スルガ］ごとシ	33
盍二……一	なんゾ…セざル	33

第2章 CHAPTER 2 句法

第05節 否定の基本形

不二……一	…セず	43
非二……一	…(スル)ニあらズ	43
無二……一	…(スル(モノ))なシ	43

第06節 不可能形

不レ可二……一	…スベカラず	49
不レ能二……一	…スル(コト)あたハず	49
無二能……一	よク…スル(モノ)なシ	49
不レ得二……一	…スルヲえず	49

第07節 禁止形

無二……一	…スル(コト)なカレ	55
不レ可二……一	…スベカラず	55

第08節 二重否定

無レ不二……一	…セざル(ハ)なシ	61
無レ非二……一	…ニあらザル(ハ)なシ	61
非レ不二……一	…セざルニあらズ	61
非レ無二……一	…なキニあらズ	61
未二嘗不一レA	いまダかつテAセずンバアラず	63
不二敢不一レA	あへテAセずンバアラず	63
不レ可レ不レA	Aセざルベカラず	63
不レ能レ不レA	Aセざルあたハず	63

第09節 部分否定と全部否定

不二常……一	つねニハ…セず	71
不二復……一	まタ…セず	71

第10節 疑問形・反語形

…乎　…か…スルか…スや　77
…乎　…センや　77
何…(乎)　なんゾ…スル(や)　77
何…(乎)　なんゾ…セン(や)　77
安…(乎)　いづクンゾ…スル(や)　79
安…(乎)　いづクンゾ…セン(や)　79
安……　いづクニカ…スル　79
安……　いづクニカ…セン　79
誰……　たれカ…スル　79
誰……　たれカ…セン　79
孰……　いづレカ…スル　79
何以……　なにヲもつテカ…スル　81
何以……　なにヲもつテカ…セン　81
……何如　…ハいかん　81
如二……一何　…ヲいかんセン　81
如何……　いかんゾ…スル　81
如何……　いかんゾ…セン　81
幾何　いくばく(ゾ)　83
……何也　…(スル)ハなんゾや　83
何……　なにヲカ…スル　83
何……　なにヲカ…セン　83
豈……(哉)　あニ…セン(や)　85
独……(哉)　ひとリ…セン(や)　85
敢……(乎)　あヘテ…セン(や)　85

第11節 使役形

A使二B C一　ABヲシテCセしム　101
A命レB C　ABニめいジテCセシム　101

第12節 受身形

見二……一　…る…せらル　111
A為二B所一レC　ABノCスルところトなル　111
A C二於B一　AハBニCセラル[Cル]　111

第13節 比較形・選択形

A不レ如レB　AハBニしカず　121
A無レ如レB　AハBニしくハなシ　121
A C二於B一　AハBヨリモC(ナリ)　121
A莫レC二於B一　AハBヨリC(ナル)ハなシ　123
与レA寧B　AよりハむしロBセヨ[セン]　123
与レA不レ如レB　AよりハBニしカず　123
寧A無レB　むしロAストモBスル(コト)なカレ　125
寧A不レB　むしロAストモBセず　125
A孰二与B一　AハBニ[ト]いづレゾ　125

第14節 仮定形

如……　もシ…セ[ナラ]バ　133
苟……　いやシクモ…セ[ナラ]バ　133
縦……　たとヒ…ストモ[スルモ]　135
雖二……一　…トいへどモ　135
微二……一　…なカリセバ　135

第15節 抑揚形・累加形

A且（猶・尚）B、況C乎　Aスラかツ[なホ]B、いはンヤCヲや ― 145

A且（猶・尚）B、安C乎　Aスラかツ[なホ]B、いづクンゾCンや ― 145

不二唯A一B　たダニAノミナラず、B ― 147

豈唯AB　あニたダニAノミナランヤ、B ― 147

何独AB　なんゾひとリAノミナランヤ、B ― 147

第16節 限定形

……耳　…（スル）のみ ― 157

唯……（耳）　たダ（ニ）…（スル）のみ[ノミ] ― 157

独……（耳）　ひとリ…（スル）のみ[ノミ] ― 157

第17節 願望形

願……　ねがハクハ…セン ― 163

願……　ねがハクハ…セヨ ― 163

請……　こフ…セン ― 163

請……　こフ…セヨ ― 163

庶……　こひねがハクハ…セン ― 163

庶……　こひねがハクハ…セヨ ― 163

第18節 比況形

1 如二……一　…ノ[スルガ]ごとシ ― 169

2 猶二……一　なホ…ノ[スルガ]ごとシ ― 169

3 似二……一　…ニにタリ ― 169

第19節 詠嘆形

1 ……矣　…ナルかな ― 175

2 A矣B也　A（ナル）かなBや ― 175

3 嗚呼……（矣）　ああ…ナル（かな） ― 175

4 何……也　なんゾ…ナル[スル]や ― 177

5 豈不レA哉　あニAナラ[セ]ずや ― 177

6 不二亦A一乎　またAナラ[セ]ずや ― 177

第3章 CHAPTER 重要語

第20節 読みの重要語

1 同訓異字

いささカ 186
いフ 186
かクノごとシ 186
かすかニ 186
こたフ 186
ことごとク 186
しばらク 186
すくなシ 187
すなはチ 187
たちまチ 187
つひニ 187
なんぢ 187
にはかニ 187
はなはダ 187
ひそカニ 187
ほしいまま 187
まタ 188
みル 188
もとヨリ 188
やうやク 188
ゆク 188
よリ 188

2 同字異訓

与 189
已 189
故 189
夫 189
且 189
為 189
而 190
見 190
者 190
之 190
如 190
焉 190

3 動詞

中ッ あツ 190
諫ム いさム 191
道フ いフ 191
与カル あづカル 191
見ハル あらハル 191
易フ かフ 191
肯ンズ がヘンズ 191
与ス くみス 191
対フ こたフ 191
数ム せム 191
事フ つかフ 192
悪ム にくム 192
走グ にグ 192
鬻グ ひさグ 192
白ス まうス 192
見ユ まみユ 192
釈ス ゆるス 192
説ブ よろこブ 192

4 形容詞・形容動詞

普シ あまねシ 193
衆シ おほシ 193
寡シ すくなシ 193
詳カナリ つまびらカナリ 193
利シ とシ 193
全シ まつたシ 193
宣ナリ むベナリ 193
少シ わかシ 193

5 副詞

徒ニ いたづらニ 194
一ニ いつニ 194
自カラ おのづカラ 194
凡ソ およソ 194
嘗テ かつテ 194
反ッテ かへッテ 194
蓋シ けだシ 194
向ニ さきニ 194
頗ル すこぶル 195
立チドコロニ たチドコロニ 195
早ニ つとニ 195
毎ニ つねニ 195
具サニ つぶサニ 195
倶ニ ともニ 195
殆ンド ほとンド 195
略 ほぼ 195
方ニ まさニ 195
尤モ もつとモ 196

因《リ》テ　よリテ …… 196

6 接続語

於《イテ》是《ニ》　ここニおイテ …… 196
是以《ヲ》テ　ここヲもつテ …… 196
然《ラバ》則《チ》　しかラバすなはチ …… 196
雖《モ》然《リト》　しかリトいへどモ …… 196
然《ル》後《ニ》　しかルのちニ …… 196
然《レドモ》　しかレドモ …… 196
不《ンバ》者　しからずンバ …… 197
不《ンバ》則《チ》　しからずンバすなはチ …… 197
何《トナレバ》則《チ》　なんトナレバすなはチ …… 197

7 畳語

いよいよ …… 197
おのおの …… 197
こもごも …… 197
しばしば …… 197
そもそも …… 198
それぞれ …… 198
たまたま …… 198
ますます …… 198
みすみす …… 198

8 句法上の読みの重要語

ああ …… 199
あニ …… 199
いかん …… 199
いかんセン …… 199
いくばく …… 199
いづクンゾ …… 199
いづレゾ …… 199
いやシクモ …… 199
かな …… 200
こひねがハクハ …… 200
しム …… 200
たダ …… 200
たとヒ …… 200
なシ …… 200
なんすレゾ …… 200
なんゾ …… 200
のみ …… 200
もシ …… 201
や・か …… 201

第21節 意味の重要語

字　あざな …… 214
幾何　いくばく …… 214
夷狄　いてき …… 214
所謂　いわゆる …… 214
器　うつわ …… 214
英雄　えいゆう …… 214
王道　おうどう …… 214
以為　おもえらく …… 214
海内　かいだい …… 215
科挙　かきょ …… 215
郭　かく …… 215
客　かく …… 215
寡人　かじん …… 215
干戈　かんか …… 215
諫言　かんげん …… 215
鬼　き …… 215
奇　き …… 215
義　ぎ …… 215
貴賤　きせん …… 216
期年　きねん …… 216
堯舜　ぎょうしゅん …… 216
匈奴　きょうど …… 216
郷人　きょうじん …… 216
郷里　きょうり …… 216
曲直　きょくちょく …… 216
禽獣　きんじゅう …… 216
君子　くんし …… 216
卿　けい …… 216
傾国　けいこく …… 217
桀紂　けっちゅう …… 217
乾坤　けんこん …… 217
賢人　けんじん …… 217
賈　こ …… 217
光陰　こういん …… 217
公卿　こうけい …… 217
後生　こうせい …… 217
孝悌　こうてい …… 217
叩頭　こうとう …… 217
胡越　こえつ …… 218
国士　こくし …… 218
古人　こじん …… 218

故人　こじん　218
虎狼　ころう　218
左遷　させん　218
左右　さゆう　218
子　し　218
士　し　218
師　し　218
市井　しせい　219
四体　したい　219
社稷　しゃしょく　219
舎人　しゃじん　219
十一　じゅういち　219
豎子　じゅし　219
須臾　しゅゆ　219
春秋　しゅんじゅう　219
書　しょ　219
上　しょう　219
城　じょう　220
丞相　じょうしょう　220
小人　しょうじん　220
丈夫　じょうふ　220
食客　しょっかく　220

信　しん　220
仁　じん　220
人間　じんかん　220
人事　じんじ　220
寸毫　すんごう　220
聖人　せいじん　221
禅譲　ぜんじょう　221
千乗国　せんじょうのくに　221
先王　せんのう　221
千里馬　せんりのうま　221
宗廟　そうびょう　221
粟　ぞく　221
大丈夫　だいじょうふ　221
他日　たじつ　221
断腸　だんちょう　221
誅　ちゅう　222
忠恕　ちゅうじょ　222
朝　ちょう　222
長者　ちょうじゃ　222
長幼　ちょうよう　222
涕泗　ていし　222
天年　てんねん　222

党　とう　222
南面　なんめん　222
二三子　にさんし　222
白頭　はくとう　223
鄙　ひ　223
匹夫　ひっぷ　223
為レ人　ひととなり　223
百姓　ひゃくせい　223
布衣　ふい　223
夫子　ふうし　223
不肖　ふしょう　223
兵　へい　223
柄　へい　223
病　へい　224
妄言　ぼうげん　224
方士　ほうし　224
方寸　ほうすん　224
北面　ほくめん　224
道　みち　224
門人　もんじん　224
所以　ゆえん　224
予　よ　224

吏　り　224
廉直　れんちょく　225
陋巷　ろうこう　225
楼台　ろうだい　225

MEMO

大学受験　高速マスターシリーズ
漢文 一問一答【完全版】

発行日：2012年 9 月25日　初版発行
2025年 4 月29日　第17版発行

著　者：**三羽邦美**
発行者：**永瀬昭幸**
発行所：株式会社ナガセ
〒180-0003　東京都武蔵野市吉祥寺南町 1-29-2
出版事業部（東進ブックス）
TEL：0422-70-7456／FAX：0422-70-7457
www.toshin.com/books（東進WEB書店）
（本書を含む東進ブックスの最新情報は，東進WEB書店をご覧ください）

編集担当：松尾朋美

カバーデザイン：LIGHTNING
本文デザイン：東進ブックス編集部
DTP・編集協力：株式会社群企画
制作協力：有限会社 KEN 編集工房／向山美紗子／佐々木絵理
印刷・製本：シナノ印刷株式会社

ISBN978-4-89085-550-6　C7381

東進の合格の秘訣が次ページに

合格の秘訣1

全国屈指の実力講師陣

東進の実力講師陣 数多くのベストセラー参考書を執筆!!

東進ハイスクール・東進衛星予備校では、そうそうたる講師陣が君を熱く指導する!

本気で実力をつけたいと思うなら、やはり根本から理解させてくれる一流講師の授業を受けることが大切です。東進の講師は、日本全国から選りすぐられた大学受験のプロフェッショナル。何万人もの受験生を志望校合格へ導いてきたエキスパート達です。

英語

雑誌『TIME』やベストセラーの翻訳も手掛け、英語界でその名を馳せる実力講師。

宮崎 尊先生
[英語]

爆笑と感動の世界へようこそ。「スーパー速読法」で難解な長文も速読即解!

渡辺 勝彦先生
[英語]

100万人を魅了した予備校界のカリスマ。抱腹絶倒の名講義を見逃すな!

今井 宏先生
[英語]

本物の英語力をとことん楽しく! 日本の英語教育をリードするMr.4Skills.

安河内 哲也先生
[英語]

関西の実力講師が、全国の東進生に「わかる」感動を伝授。

慎 一之先生
[英語]

全世界の上位5%(PassA)に輝く、世界基準のスーパー実力講師!

武藤 一也先生
[英語]

いつのまにか英語を得意科目にしてしまう、情熱あふれる絶品授業!

大岩 秀樹先生
[英語]

数学

明快かつ緻密な講義が、君の「自立した数学力」を養成する!

寺田 英智先生
[数学]

「ワカル」を「デキル」に変える新しい数学は、君の思考力を刺激し、数学のイメージを覆す!

松田 聡平先生
[数学]

論理力と思考力を鍛え、問題解決力を養成。多数の東大合格者を輩出!

青木 純二先生
[数学]

数学を本質から理解し、あらゆる問題に対応できる力を与える珠玉の名講義!

志田 晶先生
[数学]

国語

ビジュアル解説で古文を簡単明快に解き明かす実力講師。

富井 健二先生
[古文]

東大・難関大志望者から絶大なる信頼を得る本質の指導を追究。

栗原 隆先生
[古文]

明快な構造板書と豊富な具体例で必ず君を納得させる!「本物」を伝える現代文の新鋭。

西原 剛先生
[現代文]

「脱・字面読み」トレーニングで、「読む力」を根本から改革する!

輿水 淳一先生
[現代文]

文章で自分を表現できれば、受験も人生も成功できますよ。「笑顔と努力」で合格を!

石関 直子先生
[小論文]

小論文、総合型、学校推薦型選抜のスペシャリストが、君の学問センスを磨き、執筆プロセスを直伝!

正司 光範先生
[小論文]

幅広い教養と明解な具体例を駆使した緩急自在の講義。漢文が身近になる!

寺師 貴憲先生
[漢文]

縦横無尽な知識に裏打ちされた立体的な授業に、グングン引き込まれる!

三羽 邦美先生
[古文・漢文]

理科

「いきもの」をこよなく愛する心が君の探究心を引き出す!生物の達人。

飯田 高明先生
[生物]

「なぜ」をとことん追究し「規則性」「法則性」が見えてくる大人気の授業!

立脇 香奈先生
[化学]

化学現象を疑い化学全体を見通す"伝説の講義"は東大理三合格者も絶賛。

鎌田 真彰先生
[化学]

正しい道具の使い方で、難問が驚くほどシンプルに見えてくる!

宮内 舞子先生
[物理]

地歴公民

世界史を「暗記」科目だなんて言わせない。正しく理解すれば必ず伸びることを一緒に体感しよう。

加藤 和樹先生
[世界史]

"受験世界史に荒巻あり"と言われる超実力人気講師!世界史の醍醐味を。

荒巻 豊志先生
[世界史]

つねに生徒と同じ目線に立って、入試問題に対する的確な思考法を教えてくれる。

井之上 勇先生
[日本史]

歴史の本質に迫る授業と、入試頻出の「表解板書」で圧倒的な信頼を得る!

金谷 俊一郎先生
[日本史]

「今」を知ることは「未来」の扉を開くこと。受験に留まらず、目標を高く、そして強く持て!

執行 康弘先生
[公民]

政治と経済のメカニズムを論理的に解明しながら、入試頻出ポイントを明確に示す。

清水 雅博先生
[公民]

わかりやすい図解と統計の説明に定評。

山岡 信幸先生
[地理]

どんな複雑な歴史も難問も、シンプルな解説で本質から徹底理解できる。

清水 裕子先生
[世界史]

※書籍画像は2024年10月末時点のものです。

合格の秘訣2 ココが違う 東進の指導

01 人にしかできないやる気を引き出す指導

夢と志は志望校合格への原動力！

東進では、将来を考えるイベントを毎月実施しています。夢・志は大学受験のその先を見据える、学習のモチベーションとなります。仲間とワクワクしながら将来の夢・志を考え、さらに志を言葉で表現していく機会を提供します。

夢・志を育む指導

受験は団体戦！仲間と努力を楽しめる

東進ではチームミーティングを実施しています。週に1度学習の進捗報告や将来の夢・目標について語り合う場です。一人じゃないから楽しく頑張れます。

チーム制

一人ひとりを大切に君を個別にサポート

東進が持つ豊富なデータに基づき君だけの合格設計図をともに考えます。熱誠指導でどんな時でも君のやる気を引き出します。

担任指導

現役合格者の声

東京大学 文科一類
中村 誠雄くん
東京都 私立 駒場東邦高校卒

林修先生の現代文記述・論述トレーニングは非常に良質で、大いに受講する価値があると感じました。また、担任指導やチームミーティングは心の支えでした。現状を共有でき、話せる相手がいることは、東進ならではで、受験という本来孤独な闘いにおける強みだと思います。

02 人間には不可能なことをＡＩが可能に

学力×志望校 一人ひとりに最適な演習をＡＩが提案！

東進のＡＩ演習講座は２０１７年から開講していて、のべ１００万人以上の卒業生の、２００億題にもおよぶ学習履歴や成績、合否等のビッグデータと、各大学入試を徹底的に分析した結果等の教務情報をもとに年々その精度が上がっています。２０２４年には全学年にＡＩ演習講座が開講します。

ＡＩ演習

現役合格者の声

千葉大学 医学部医学科
寺嶋 伶旺くん
千葉県立 船橋高校卒

高１の春に入学しました。野球部と両立しながら早くから勉強をする習慣がついていたことは僕が合格した要因の一つです。「志望校別単元ジャンル演習講座」は、ＡＩが僕の苦手を分析して、最適な問題演習セットを提示してくれるため、集中的に弱点を克服することができました。

AI演習講座ラインアップ

高3生 苦手克服＆得点力を徹底強化！

「志望校別単元ジャンル演習講座」
「第一志望校対策演習講座」
「最難関4大学特別演習講座」

高2生 大学入試の定石を身につける！

「個人別定石問題演習講座」

高1生 素早く、深く基礎を理解！

「個人別基礎定着問題演習講座」 2024年夏 新規開講

2024年 東進現役合格実績

受験を突破する力は未来を切り拓く力！

東大現役合格実績日本一[※1] 6年連続800名超！

現役生のみ！講習生を含まず！

※1 2023年東大現役合格実績をホームページ・パンフレット・チラシ等で公表している予備校の中で最大(2023年JDnet調べ)。

東大834名

文科一類	118名	理科一類	300名
文科二類	115名	理科二類	121名
文科三類	113名	理科三類	42名
学校推薦型選抜	25名		

東進生現役占有率 834/2,284 **36.5%**

全現役合格者に占める東進生の割合

2024年の東大全体の現役合格者は2,284名。東進の現役合格者は834名。東進生の占有率は36.5%。現役合格者の2.8人に1人が東進生です。

学校推薦型選抜も東進！

東大25名

学校推薦型選抜 現役合格者の27.7%が東進生！

推薦入試でも東進生現役占有率 27.7%

法学部	4名	工学部	8名
経済学部	1名	理学部	4名
文学部	1名	薬学部	2名
教育学部	1名	医学部医学科	1名
教養学部	3名		

京大493名 昨対+21名

総合人間学部	23名	医学部人間健康科学科	20名
文学部	37名	薬学部	14名
教育学部	10名	工学部	161名
法学部	56名	農学部	43名
経済学部	49名	特色入試（上記に含む）	24名
理学部	52名		
医学部医学科	28名		

早慶5,980名 昨対+239名

早稲田大 3,582名 史上最高！※2

政治経済学部	472名
法学部	354名
商学部	297名
文化構想学部	276名
理工3学部	752名
他	1,431名

慶應義塾大 2,398名 史上最高！※2

法学部	290名
経済学部	368名
商学部	487名
理工学部	576名
医学部	39名
他	638名

医学部医学科 1,800名 昨対+9名

国公立医・医1,033名 防衛医科大学校を含む

私立医・医 767名 史上最高！※2

国公立医・医1,033名 防衛医科大学校を含む

東京大	43名	名古屋大	28名	筑波大	21名	横浜市立大	14名	神戸大	30名
京都大	28名	大阪大	23名	千葉大	25名	浜松医科大	19名	その他国公立医・医	700名
北海道大	18名	九州大	23名	東京医科歯科大	21名	大阪公立大	12名		
東北大	28名								

私立医・医 767名 昨対+40名 史上最高！※2

自治医科大	32名	慶應義塾大	39名	東京慈恵会医科大	30名	関西医科大	49名	その他私立医・医	443名
国際医療福祉大	80名	順天堂大	52名	日本医科大	42名				

旧七帝大＋東工大・一橋大・神戸大 4,599名

東京大	834名	東北大	389名	九州大	487名	一橋大	219名
京都大	493名	名古屋大	379名	東京工業大	219名	神戸大	483名
北海道大	450名	大阪大	646名				

上理明青立法中21,018名

上智大	1,605名	青山学院大	2,154名	法政大	3,833名
東京理科大	2,892名	立教大	2,730名	中央大	2,855名
明治大	4,949名				

国公立大16,320名

※2 史上最高…東進のこれまでの実績の中で最大。

国公立 総合・学校推薦型選抜も東進！

旧七帝大＋東工大・一橋大・神戸大 434名

東京大	25名	大阪大	57名
京都大	24名	九州大	38名
北海道大	24名	東京工業大	30名
東北大	119名	一橋大	10名
名古屋大	65名	神戸大	42名

国公立医・医 319名

国公立大学の総合型・学校推薦型選抜の合格実績は、指定校推薦を除く、早稲田塾を含まない東進ハイスクール・東進衛星予備校の現役生のみの合同実績です。

関関同立13,491名

関西学院大	3,139名	同志社大	3,099名	立命館大	4,477名
関西大	2,776名				

日東駒専9,582名

日本大	3,560名	東洋大	3,575名	駒澤大	1,070名	専修大	1,377名

産近甲龍6,085名

京都産業大	614名	近畿大	3,686名	甲南大	669名	龍谷大	1,116名

ウェブサイトでもっと詳しく 東進 検索

2024年3月31日締切

各大学の合格実績は、東進ネットワーク（東進ハイスクール、東進衛星予備校、早稲田塾）の現役生のみ、高３時在籍者のみの合同実績です。一人で複数合格した場合は、それぞれの合格者数に計上しています。

東進へのお問い合わせ・資料請求は
東進ドットコム www.toshin.com
もしくは下記のフリーコールへ！

ハッキリ言って合格実績が自慢です！ 大学受験なら、

東進ハイスクール 0120-104《トーシン》-555《ゴーゴーゴー》

●東京都

[中央地区]

□市ヶ谷校	0120-104-205
□新宿エルタワー校	0120-104-121
*新宿校大学受験本科	0120-104-020
高田馬場校	0120-104-770
□人形町校	0120-104-075

[城北地区]

赤羽校	0120-104-293
本郷三丁目校	0120-104-068
茗荷谷校	0120-738-104

[城東地区]

綾瀬校	0120-104-762
金町校	0120-452-104
亀戸校	0120-104-889
□★北千住校	0120-693-104
錦糸町校	0120-104-249
□豊洲校	0120-104-282
西新井校	0120-266-104
西葛西校	0120-289-104
船堀校	0120-104-201
門前仲町校	0120-104-016

[城西地区]

□池袋校	0120-104-062
大泉学園校	0120-104-862
荻窪校	0120-687-104
高円寺校	0120-104-627
石神井校	0120-104-159
□巣鴨校	0120-104-780
成増校	0120-028-104
練馬校	0120-104-643

[城南地区]

大井町校	0120-575-104
蒲田校	0120-265-104
五反田校	0120-672-104
三軒茶屋校	0120-104-739
□渋谷駅西口校	0120-389-104
下北沢校	0120-104-672
□自由が丘校	0120-964-104
□成城学園前駅校	0120-104-616
千歳烏山校	0120-104-331
千歳船橋校	0120-104-825
都立大学駅前校	0120-275-104
中目黒校	0120-104-261
□二子玉川校	0120-104-959

[東京都下]

□吉祥寺南口校	0120-104-775
国立校	0120-104-599
国分寺校	0120-622-104
□立川駅北口校	0120-104-662
田無校	0120-104-272
□調布校	0120-104-305
八王子校	0120-896-104
東久留米校	0120-565-104
府中校	0120-104-676
□★町田校	0120-104-507
三鷹校	0120-104-149
武蔵小金井校	0120-480-104
武蔵境校	0120-104-769

●神奈川県

青葉台校	0120-104-947
厚木校	0120-104-716
川崎校	0120-226-104
湘南台東口校	0120-104-706
新百合ヶ丘校	0120-104-182
センター南駅前校	0120-104-722
たまプラーザ校	0120-104-445
鶴見校	0120-876-104
登戸校	0120-104-157
平塚校	0120-104-742
□藤沢校	0120-104-549
□武蔵小杉校	0120-165-104
□★横浜校	0120-104-473

●埼玉県

□浦和校	0120-104-561
□大宮校	0120-104-858
春日部校	0120-104-508
川口校	0120-917-104
川越校	0120-104-538
小手指校	0120-104-759
志木校	0120-104-202
せんげん台校	0120-104-388
草加校	0120-104-690
所沢校	0120-104-594
□★南浦和校	0120-104-573
与野校	0120-104-755

●千葉県

我孫子校	0120-104-253
市川駅前校	0120-104-381
稲毛海岸校	0120-104-575
□海浜幕張校	0120-104-926
□★柏校	0120-104-353
北習志野校	0120-344-104
□新浦安校	0120-556-104
新松戸校	0120-104-354
千葉校	0120-104-564
□★津田沼校	0120-104-724
成田駅前校	0120-104-346
船橋校	0120-104-514
松戸校	0120-104-257
南柏校	0120-104-439
八千代台校	0120-104-863

●茨城県

つくば校	0120-403-104
取手校	0120-104-328

●静岡県

★静岡校	0120-104-585

●奈良県

★奈良校	0120-104-597

★は高卒本科(高卒生)設置校
*は高卒生専用校舎
□は中学部設置校

※変更の可能性があります。
最新情報はウェブサイトで確認できます。

全国約1,000校、10万人の高校生が通う、

東進衛星予備校 0120-104《トーシン》-531《ゴーサイン》

近くに東進の校舎がない高校生のための

東進ハイスクール 在宅受講コース 0120-531《ゴーサイン》-104《トーシン》

ここでしか見られない受験と教育の最新情報が満載！

東進ドットコム www.toshin.com

東進 検索

東進TV

東進のYouTube公式チャンネル「東進TV」。日本全国の学生レポーターがお送りする大学・学部紹介は必見！

大学入試過去問データベース

君が目指す大学の過去問を素早く検索できる！ 2024年入試の過去問も閲覧可能！

※2024年4月現在